ARISTOTLE

亚里士多德全集

第五卷

苗力田　主编

中国人民大学出版社
·北京·

《亚里士多德全集》编译组成员

苗力田　徐开来　秦典华
余纪元　颜　一　喻　阳
申　明　崔延强　李秋零

目　录

论动物部分

崔延强 译

peri Zoioon Morioon　据《洛布古典丛书》希腊文本。

第　一　卷

【1】 关于任何理论和研究，无论崇高还是卑微，似乎 639a
存在着两种有效的方式。一种可以被恰当地称为获得事物的知识，而另一种则可大致称为教育。因为受教育者能够对所提出的观点进行好与不好的正确判断。实际上，正是这样的人我们视之为受过一般教育者。受教育本身就是能够做上述之事。此外，我们把受一般教育认定为某人凭自己一人的能力能够判断所有知识领域内的问题，而不是使能力限于某些特殊自然哲学部门。当然，对于一个人来讲，具备某种有限部门知识的能力是可能的。

显然，在有关自然的研究方面，必须首先具备确定的原则，由之可以检验所提出的方法的可接受性，而不管这些原则本身是真是假。我是说，或者我们应当首先把每一种实体拿来，根据它们的自身本性分别加以界定和划分，如对人、狮子、牛等等分别进行讨论，或者确定它们相同具有的相同属性。当然，不同种类的实体会有相同的属性，如睡眠、呼吸、成长、衰老、死亡以及其他类似的感受和状态。现在讨论这些属性既非明了，又非确定。十分明显，如果我们分别探讨不同的实体，那么将不得不重复论及上述种种属性，因为上述的每一种属性都存在于马、狗和人之中。因此，如果分别探讨每种实体的属性，我们必然会多次描述同一些属性，即那些存在于不同“属”的动物之中，但自身没有差异的属性。而且可能还有其他一些属性，尽管在“属”的意义上相互区别，但可以归于同一范畴，如飞行、游动、行走、爬行，显
639b 然它们不属于某个单一的“属”，但都是动物运动的属性。

因此，我们一定不能忽视如何进行研究这个方法论问题，我是说，我们必须首先讨论那些共同的、“种”的意义上的特征①，然后讨论个别特征，还是直接讨论每种实体本身，关于这个问题现在还不能确定。另外还有一个将要谈到的问题也不能确定：自然哲学家应当按照数学家在天体理论中所运用的那种方法，即首先考察每种动物呈现出来的所有现象，继而剖析它们的构成部分，之后再揭示出根据和原因，还是应当按照其他什么方法？此外，我们发现自然生成的原因不只一个，例如事物“为什么”而被生成和运动产生的本原。我们必须断定两种原因何为第一，何为第二。显然，第一位的是我们称作“为什么”的目的因。因为它是事物的逻各斯，而逻各斯乃是自然作品同样也是技艺作品的原则或本原。医生和建筑师或用理智或用感觉来界说健康和房屋，进而揭示出

① koinei kata genos，在与“属”（eidos）相对应的语境下应把 genos 译为“种”，在一般语境下译作“种类”。

它们的逻各斯，并解释他们所做每一件事情的原因以及为什么必须这样做。目的因或善在自然作品中比在技艺作品中更为重要。再者，必然性根据自身的本性，在一切上述作品中并非都有同等的意义。几乎所有的哲学家都致力于解说必然性。但他们忽视了剖析必然性的不同含义。有一种属于永恒事物的绝对必然性，还有一种属于所有被生成事物的有条件的必然性①，如作为技艺作品的房屋等等。如果一座房屋或其他类似的目的业已确立，那么必然会采用什么样的质料，一种东西必须首先被生成，并使之运动，然后是另一种东西，如此继续下去，直至达到目的，即每种事物生成和存在的目的因。自然生成的事物也具有类似性。然而，自然知识与 640a 理论知识在论证的方法和必然性存在的方式上有所差异（理论的或思辨的知识我在其他著作中②已经谈过）。理论知识的出发点或原则为“是”，自然知识的出发点或原则为“将来是”。③因为“将来是”的东西，如“健康”或“人”具备某种本性，所以某物为了实现这种本性必然成为存在或必然被生成。并非因为某物现在存在或已经被生成，所以另一物现在或将来必然存在。因为在这类证明的过程中，不可能无限追溯必然性直至一个起点，由之你可以说，因为这个存在，所以那个

① haploos tois aidiois，绝对必然性。to de eks hupotheseos，有条件的必然性。hupotheseos，原指“假设的”或“设定的”。

② 见《形而上学》，1025ᵇ 以下。

③ to on，“是”或译为“存在”。to esomenon，“将来是”或译为“将在”。

存在。在另外的著作中我已经谈到了这个问题，在那里我表明了必然性存在于什么领域之中，什么范围内的必然性是可互换的以及为什么可以互换。①

我们将要讨论每种动物的生成方式，还是每种动物的存在方式，前者也是先哲们研究的课题，这个问题不容忽视。因为两者之间存在着不小的差异。我们应当遵循前面提及的方法，即首先抓住每个物种的现象，之后再来揭示这些现象的原因，在分析动物的生成问题上同样如此。如在房屋建造方面，其产生的过程之所以如此乃是因为房屋的形式本身正是如此，而不能说，因为其产生的过程如此，所以房屋本身就如此。生成为了实体，并非实体为了生成。当恩培多克勒声称动物的许多特征只是生成过程中偶然性之结果时，他错了。例如他说脊骨之所以如此乃是因为胚胎的扭动偶然导致粉碎。在这个问题上他没有认识到：第一，构成动物的种子一开始就具备特殊的潜能。第二，无论在逻辑上还是在时间上，父代总是先于子代而存在。人由人而生，正因为父代如此，其子代的生成也如此。同样，对于明显地由自发性生成的事物，对于技艺的作品也可以这样认为，因为由自发性生成的事物如“健康”与来自技艺的作品往往具有相同的结果，即都可以自发地发生。但像雕塑这样的技艺，创制者总是在先存在的，因此不能自发地生成，因为技艺本身乃是可以离开质料

① 见《论生成和消灭》，337^b25 以下。

的创制活动的逻各斯。偶然性的结果同样如此，因为它们被生成的方式相同于技艺作品。由此看来，讨论问题的最恰当方式乃是说：人之所以具有这样的部分，因为人的本性就是这样，没有这样的本性就没有人；如果不可以如是说，那最 640b
接近这种意思的说法是：如果人具备的不是这样的本性，人就不能存在，或者说，人应当具备这样的本性才是完善的。接下来可以说，因为人本性如此，所以人的生成必然如此，必然如此发生。首先形成这一部分，然后形成另一部分。所有由自然创造的事物都具有相似的生成方式。

那些最初对自然进行哲学思考的先哲们致力于发现质料的本原和原因，探索它是什么以及具有什么样的特征；探索宇宙如何由之生成，什么使之运动，如憎、爱、努斯、自发性，并设定载体[①]具有必然的本性，如火的本性为热，土的本性为冷，前者轻，后者重。这就是他们解释宇宙生成的方式。按同样方式，他们阐述了植物和动物的生成。他们说，体内的水通过循环造成了胃和其他进食或排泄的器官，呼吸通过流通打开了鼻腔的出口，气和水乃是构成躯体的质料。他们全都断言，自然正是由类似的物质构成的。然而，如果人、动物及其部分是自然的产物，则必须说明肉、骨、血以及所有其他“同类的部分”[②]，同样也要解释面、手、足这样的“异

① kupokeimenee hulee，本意为躺在下面的质料。

② to homoiomeron。

类的部分”[①]。必须考察这些部分的每一种如何，借助怎样的潜能成为它自身的。只说明动物由何种质料构成，如由火或土构成乃是远远不够的。如果我们讨论“床”或其他类似的物体，应当尽力确定它的形式而非质料，如铜或木。如若不能，就应当确定作为整体性的质料，因为“床”是寓于某种质料中的某种形式，或者说，“床”是具有某种形式的某种质料。在解释中，我们必须涉及它的形状和形式的种类，因为形式的本性比质料的本性更为重要。

如果每种动物及其每一部分乃是由其形状和颜色决定的，那么德谟克里特所说的就是正确的了。显然这是他的观点，他说每个人都明白，人是类似于他的形状的东西，因为正是通过形状和颜色人才可以被认识。然而尸体具有同样的形状和颜色，但那不是人。再者，一只用铜或木或用其他什
641a 么方式制成的手，除了一个名称外，不能算是真实的手。另外，画中的医生，雕塑中的笛子不能完成名副其实的功能。准确地讲，尸体的任何一部分，我指的是眼和手，都不是真正意义上的眼和手。他讲得过于简单，就像一位工匠坚持说他做出的手是一只真实的手一样，自然哲学家对生成和动物形状的原因的解释也是如此。通过什么样的潜能手或躯体被创造出来？工匠会说，通过斧头和钻子；自然哲学家会说，通过气和土。这两种答复，工匠的稍显合理。但对工匠来说，仅

① to anomoiomeron。

仅声称借助工具的运作，一部分制成凹面，一部分制成平面乃是不够的。他必须解释为什么要做成这个样子，这样做的目的，即一块木头最终应当被制成这种或那种形状的根据。

显然，自然哲学家们的观点是不正确的。我们必须表明使动物区别开来的基本特征是什么，其性质如何以及动物的各个部分是怎样的，正像前面我们描述“床”的形式那样。

如果生物的形式是灵魂，或是灵魂的部分，或是某种离开灵魂便不能存在的东西（那么无论如何，当它的灵魂离去之时，剩下的东西不再是有生命的存在，每一部分除了外形都不能保持原本状态，如同神话故事中变成石头的动物），如果这是事实，自然哲学家的使命就在于关怀灵魂、探究灵魂，如果不能涉及灵魂的整体，也至少是动物据此而成为自身的灵魂的部分。他要断定什么是灵魂，或灵魂的这一部分是什么，同样也要讨论符合于本质的属性。因为“自然”被解释为而且本身就具有两种意义：作为质料的自然和作为本质或实体的自然①，后者又包括动力因和目的因。正是在后一种意义上，整体的灵魂或部分的灵魂构成了动物的本质或实体。对于探索自然的理论，必须优先讨论灵魂而非质料，因为正是灵魂使质料成为动物的本质或实体，而不是相反。一块木料被做成了床和三角祭坛，因为在潜能意义上它是这样的。

① hoos hulees，“作为质料的自然”。hoos ousias，“作为本质或实体的自然”。

以上所述提出了一个问题：自然哲学讨论作为整体的灵魂还是讨论作为部分的灵魂。如果讨论作为整体的灵魂，那么除了自然哲学之外，没有给其他哲学留下任何讨论这个问题的余地。因为讨论处于相对关系下的对象往往属于一种理论的范围，如感觉和可感对象处于相对关系之下，理智和思想的对象也处于相对关系之下，两者都要为同一种理论所探讨，这就意谓着自然哲学将要把所有问题包揽无余。或许作为整体的灵魂以及灵魂所有部分的集合都不是运动的本原或原则。灵魂的某一部分，比如植物所具有的那一部分，是成长的动因，另一部分即感觉部分是质变的动因，还有一部分即非理智的某一部分是运动的动因。不仅人，其他动物也具有运动的力量，尽管这些动物无一具有理智。显然，我们必须探讨的不是作为整体的灵魂。因为不是作为整体的灵魂构成动物的本性，只是灵魂的某个部分和某些部分。

自然理论探讨的不是从事物中分离抽象出来的东西，因为自然创造所有事物都是为了某种目的。显然，如同技艺寓于技艺作品之中，在事物本身中存在着某种本原和原因，它们正像“热”和“冷”那样，来自一切事物。如果天有生成的话，那它是由这种原因生成的，并由这种原因来维系存在的，相信这个事实比相信有死的动物如此生成和存在更具有充分的理由。因为秩序和确定性在天体中比在我们身上显示得更为突出，而变化和偶然性更是有死之物的特征。但有人承认每种动物由自然而存在和生成，却认为天乃是由偶然性和自发性产生和维系存在的，尽管事实上在天体中没有任何偶然性和无序性的征象显现出来。十分明显，必定存在着运动趋向的最终目的，如果运动过程中没有任何东西阻碍，我们总是说此物是他物的目的因。显然，存在着一种我们称为“自然”的东西。因为一种特定的种子不会产生任何偶然的东西，也不会由偶然的东西产生，某种东西只能来自某种东西。因此，种子由之产生的东西是由种子产生的东西的本原和创制者。因为这是由自然所决定了的，无论如何子代根据自然由种子发育而成。同时，子代在逻辑上先于种子，因为种子是一种生成，而实体才是目的。先于两者的是种子从中产生的东西。种子有两种意义：它由之而生的东西和它所产生的东西。它既是产生它的东西的种子，如马，又是它所产生的东西的种子，如骡子。这里所讲述的是两种不同形式的种子。种子是潜能意义上的存在，我们已经知道潜能之于现实是何 642^{a}
种关系。

存在着两种原因，即目的因和必然性。因为许多事物由必然性而生成。或许有人会问，当我们在说必然性时，说的是什么样的必然性。这里所讲的大概不是在其他哲学著作中所讲的那两种的任何一种。[①] 在所有生成的事物中存在着第三种必然性。比如我们说“营养”是一种必然性，但并非那两种意义上的必然性，而是说如果没有它，动物便不会存在。

① 《政治学》，1282^{b}19；《优台谟伦理学》，1217^{b}23。

这种必然性即“条件的必然性”。比如，一把斧子，为了劈开木头必然是坚硬的。如果是坚硬的，必然由铜或铁做成。躯体也是如此，因为它也是一种工具。（作为整体的躯体和躯体的每个组成部分一样，都是为了某种目的而存在，）如果要实现目的，必然具有某种特定的性质，必然由某种质料构成。

显然，存在着两种样式的原因，在这里必须尽可能对两者做出说明，或者至少必须做出说明的尝试。那些不能做出说明者实际上没有告诉我们有关自然的任何事情。因为事物的自然或本性比质料更是本原。（的确，在某些方面恩培多克勒触及了这个问题，在真理性事实的引导下，他不得不说逻各斯是构成事物的实体和自然。如在说明什么是骨头时，他并没有说它是一种、二种、三种或所有各种元素，而是说它是元素混合的逻各斯。显然，他会用同样的方式说明肉以及每种同类的部分是什么。）我们的先哲们之所以没有达到这种解决问题的途径，原因在于在他们那里没有“是其所是”的观念，没有关于实体或本性的界定。第一位论及该问题的当属德谟克里特，但他并未把它视为自然理论的必然方法，只是迫于事实不能不采用。在苏格拉底时代，对该方法的认识有长足的发展，然而那时人们放弃了对自然的探究，哲学家们把注意力转向有益的德性和政治学。

这种方法的例子如下。在讨论“呼吸”问题时，我们必须指出其发生是为了某种目的，并且发生过程的每一环节都出于必然性从另一环节中产生。必然性有时意谓着如果某物的目的因将是如此，则必须存在着达到该目的的前提条件；有时必然性又意谓着某物之所以是其自身，乃是出于自身的本性。“热”必然有进有出以提供机体的抗力，“气”的流入也 642b
是必然的。在制冷过程中体内的“热”提供着抗力，这就导致了体外的“气”进出通道的产生。以上我们举出了如何运用方法的例子，并例示了我们所必须寻找的种种现象的原因。

【2】 有些人试图借助把物种划分为两个不同的“属差”系列来把握动物的绝对形式，这种方法既非容易，亦非可能。有些物种只有一个“属差”系列，如“有足的”、“两足的”和“分趾的”，其余所加均属多余，这个“属差”系列是唯一具有确定性的系列，如果不如此划分，必然会做出许多无谓的重复。另外，把每个物种进行拆散分离是不恰当的，正像某些作者在分类时所做的那样，把一些鸟分为一类，把另一些鸟分为另一类。在他们那里，一些被列为“水栖的”，其他的被归为另一类。（对这两类来说，一类被命名为“鸟”，另一类被叫做“鱼”，但还有其他的类并不具有名称，如“有血的”和“无血的”，两者中任何一种都没有名字。）如果一定不能分离拆散同种动物，那二分法就是无效的了，因为这种划分方法必然意谓着分离和拆散。如把“多足的”动物中的一些分为“陆生的”，另一些分为“水栖的”。

【3】 再者，二分法必然导致缺失性词项[1]的产生，坚持二分法的人实际上正是这样做的。缺失性词项因为其缺失性从而否定了“属差”的存在。因为不可能存在着根本不存在的“属”，如“无足的”或“无羽毛的”，它们不能像“有足的”或“有羽毛的”“属”那样存在着；一个普遍性的“属差”必然包含着“属”，如果不是这样，那又根据什么说它是普遍的，而不是个别的呢？一些“属差”的确是普遍的，并包含着“属”。如“有羽毛的”，有些是“有刺的”，有些是“无刺的”；又如“有足的”，一些是“多分趾足的”，一些是“偶分趾足的”，像具有双分趾蹄的动物，还有一些是“无分趾足的”或“不分裂的”，像具有坚硬蹄子的动物。要把不同动物归于某个包含着“属”的“属差”之下，每一种动物都要包括在内，而且同一种动物不能同时出现在多于一种的“属差”之中，这是非常困难的。（如“有翼的”和“无翼的”，像蚂蚁、萤火虫和其他一些生物同时具有两种“属差”。）
643a 用二分法把它们划分为相互对立的两类“属差”系列更是困难重重，实际上也是不可能的。因为每个“属差”必须属于某些“属”，同样否定性的“属差”也要属于某些“属”。对于不同“属”的动物来说，它们具有某些相似的本质特征，但这些本质特征不能完全是“一”而不可分割，它们总是有所区别的。（如鸟和人都是“两足的”动物，但两者的“两足”是截然有

---

[1] steresia，即根据二分法必然划分出肯定与否定两大系列。

别的。而且如果它们都是“有血液的”动物，那么“血液”必然是不同的，否则“血液”就不能作为它们本性的一部分。）如果承认了上述事实，那么一个“属差”必将属于两个“属”。如果这样，显然，缺失性词项就不能是“属差”。

假如每个“属”都是不可分的，而且每个“属差”也是不可分的，又假如各个“属”之间没有共同的“属差”，那么“属差”的数目必将等同于“属”的数目。（如果一个“属差”尽管是不可分的，却能够共同属于不同的“属”，那么显然，由于具有共同的“属差”，不同“属”的动物就会处于同一个划分单位中。如果包含所有不可分的“属”的“属差”是个别的，那必然不存在共同性的“属差”，否则不同“属”的动物就会处于同一个分类单位中。）既不应当把同一个不可分的“属”置于两个以上的被划分的“属差”系列，也不应当把不同的“属”归于同一个被划分的“属差”系列。每个“属”必须被置于某个合适的“属差”系列。显然，像那些使用二分法的人试图通过划分动物或其他的“种”来把握不可分的“属”乃是不可能的。因为按照他们的观点，最后“属差”的数目必将等于动物的全部不可分的“属”的数目。设定存在某个“种”，它的第一“属差”是“白色的”和“非白色的”。按此方法，两个“属差”的每一种又会分出其他两个“属差”，这样继续分下去，直到发现最后的不可分的“属差”，其数目或为四，或为二的乘方，这也是最后的“属”的数目。

（“属”是处于质料中的“属差”。没有任何一种动物的部分可以离开质料而存在，也没有任何一种动物的部分只是纯粹的质料：因为躯体的存在并不是动物或动物的部分，正像我多次讲的那样。）

再者，必须根据事物的实体或本性进行划分，而不能仅仅根据事物的属性。比如，在划分几何图形时，把图形分为“内角和等于两直角的”和“内角和大于两直角的”乃是错误的做法，因为这只是内角和等于两直角的三角形的属性而已。

另外，他们通过“相互对立的词项”① 进行划分。〔“相互对立的词项”即相互区别的“属差”〕如“白的”和“黑的”、“直的”和“曲的”。〔如果划分双方中的任何一方，必须借助“相互对立的词项”进行，而不能一方用“会游泳的”，另一方用“有颜色的”。〕此外，他们还根据属于肉体和灵魂的共同功能划分生物，如上面提及的“行走的”和“飞翔的”。然而有些物种如蚂蚁，具有双重属性，既是“有翼的”
643b 又是“无翼的”。再者，按照“野生的”和“驯服的”对动物划分，似乎把同一个“属”肢解分裂，因为正如我所讲的，所有“驯服的”动物恰恰同样都是“野生的”，如人、马、牛、狗、猪、山羊和绵羊。如果所有所谓的“驯服的”和“野生的”动物都拥有一个共同的名称，实际上在它们之间并未做出划分；如果每种动物在“属”上都是“一”，则“野生

① antikeimena。

的”和“驯服的”就不是有效的差异。

总之，无论采用何种“属差”系列进行划分，都必然产生同样的困难。所以应当像大多数人划分鸟类和鱼类那样，根据动物的种类尽力把握物种的形式。每一种类都是通过多种差异系列界定的，并非通过二分法。借助二分法不能把握全部种类。（因为同类动物会被归于多种不同的分类单位之中，异类动物会被置于同一种分类单位之中。）或者借助二分法只能得到唯一的一个“属差”，这个单一的或复合而成的唯一“属差”构成了最高的“属”。如果他们找不到某种“属差”的“属差”，便不得不像那些通过自由组合方式缀词造句的人那样，使划分保持连续一致性。我是说，比如他们把动物划分为“无翼的”和“有翼的”，又把“有翼的”划分为“驯服的”和“野生的”，或划分为“白色的”和“黑色的”。“驯服的”和“白色的”都不是“有翼的”的“属差”，而是另一系列“属差”的开始，出现在这里纯粹是偶然的。正如我们所说，必须首先坚持“多分法”①，这样，“缺失性词项”就使差异成为有效的差异，但在二分法当中，它就不能使差异成为有效的差异。

像某些人所想象的那样，借助把“种”一分为二的方法来把握所有的“属”乃是不可能的。从下述分析来看，这个道理十分明显。

① dio pollais to hen eutheos diaireteon，原意为从多个方面直接把一分开。

显然，存在一个包括所有种类的“属差”系列是不可能的，不管这个“属差”是单一的，还是复合的。〔如果不含有诸如“分趾足的”这样的“属差”，我称之为“单一的”；如果除了含有“分趾足的”，还含有“多分趾足的”这样的“属差”，我称之为“复合的”。〕因为在由对“种”的划分开始的整个过程中，“属差”系列的持续性意谓着：全部分类系统是“一”。然而，由于这种表述形式的要求，唯有系列的最后一个词项才被认为是构成“属差”的词项。〔如“多分趾足的”或“两足的”，而“有足的”和“分趾足的”实为多余。〕显
644a
然，按照这种划分方法不可能有多种此类的“属差”存在，因为划分不断进行，直到最后的“属差”。〔但无论如何也不可达到最后的词项和最后的“属”。〕例如，如果我们对“人”进行划分，唯一的“属差”要么是单一的，如“分趾足的”，要么是复合的，如“有足的”、“两足的”和“分趾足的”。如果人只是“分趾足的”动物，那这是一个由正确方法找到的唯一“属差”。但人并非仅仅如此，必然会有许多“属差”，它们不能被一种划分单位所包括。同一种动物的多种“属差”不会被二分法的两个分支系列的任何一个所容纳，因为任何一个系列都以一个“属差”而终结，因此对于使用二分法的人来说，要想借助这种方法来把握或发现全部动物的种类是不可能的。

【4】 难免有人疑惑：出于什么原因人们没有把“水栖

的”和“有羽毛的”动物归于一种更为普遍的类，并寻找某个名称来概括指称它们呢？既然两者都有某些共同特征。然而我们认为，现有的分类方式是正确的。因为凡是仅仅在程度上[①]或多或少存在着差异的动物被划为同一种类；凡在特征上具有类比或类似关系的动物被归于不同的种类。如鸟与鸟的差异只是程度上或多或少的差异（有些羽毛长一些，有些短一些）。鸟和鱼是通过类比获得相似性的（在鸟身上为羽毛的东西，在鱼那里相应的是鱼鳞）。要对全部动物的特征作出比较和划分决非易事，因为大多数物种的共同性要靠类比来揭示。

既然最高的“属”是实体，而包含在它之内的个体在“属”的意义上是没有差异的（如苏格拉底和库里斯科），那么，正如前面所提到的，我们必须首先描述物种的普遍属性，或是每每重述同一些东西。（“普遍的”即“共同的”。我们把同时属于多种事物的东西称为“普遍的”。）应当遵循哪一种方法，或许有人感到迟疑。一方面，既然在“属”的意义上不可分的东西才是实体，那么如果能够胜任，最佳途径莫过于分别考察研究每个在“属”的意义上不可分的种类，如人和鸟（因为“种”包含着“属”），鸟又包含了不可分的“属”，如画眉和仙鹤，也要研究它们。另一方面，这种方法在某种程度上显得不太合理和冗长繁琐，因为它使我们一次

① kath huperokheen，原指从超出、优越方面。

又一次地重复同一些属性，这些属性为许多种类所共有。或644b 许正确的方法在于描述每个种类的共同属性，这些种类具有一种共同本性，并在自身内包含着关系不甚疏远的“属”，不管这些种类是被人们的日常用语所正确划分出来的，如鸟类和鱼类，还是没有一个通称来命名，但包含了相近的“属”。至于那些不能如此描述的种类，则分别考察每一种类的属性，如人和其他可能存在的类似的种类。

实际上，正是通过躯体的部分的形状或整个躯体的形状之间存在的相似性使各个种类区别开来，如鸟类、鱼类、头足类和贝类。在每类动物之间，各个部分之间的区别不可能大到这种程度，以至于它们只有借助类比才具有相似性，如人的骨头和鱼的脊骨。它们只是在躯体的性质或状况上有所区别，如大小、硬软、粗细等等，总之是在或多或少上的差别。

现在我们已经表明，如何证明关于自然的研究方法，什么是研究自然的最系统、最便利的方式，在划分问题上什么方法最为有用，为什么二分法既是不可能的，又是无效的。对上述这些问题，我们已经作出初步的剖析，现在转入下个问题。

【5】 在自然创造的实体当中，有些是非生成的、不死的和永恒的，有些则是生成的和有死的。前者最富价值，是神圣的，但我们的理论对之所获甚微。（因为感官所提供的能

让我们探究它们以及一切想解释的问题的明证甚少。）然而对于有死的植物和动物，我们所知甚丰，因为我们就生存于它们中间。只要愿意不辞劳苦，我们就能收集有关所有物种的丰富材料。但两种实体各自具有各自的魅力。尽管对永恒实体的认识只是一瞥，然而根据这种实体自身的价值，这一瞥所产生的快乐远远胜过获得关于我们生存于其中的那个世界的知识所带来的快乐。正像对所爱之人瞬间一瞥所产生的快乐超过对其他事物进行精细观察所产生的快乐一样，不管这些事物数有多少，量有多大。另一方面，因为我们能够获取有关地界事物更多、更完备的认识，这一方面的知识具有一 645a
定的优越性；还因为地界事物与我们更接近一些，与我们的自然或本性更加息息相通、血脉相连，因此它们能够同有关神圣实体的哲学交换位置。对于神圣实体我们已经讨论过了，现在放下这个问题，接下来探讨动物及其自然，尽最大努力不要疏漏任何一种，无论是卑微的，还是有价值的。尽管它们对于感官缺乏吸引力，但造化它们的自然会给那些能够剖析原因、在本性上具有哲学气质的人带来理论研究上的无法量度的快乐。如果我们在研究动物的相似性上乐此而不疲，因为这可以沉思造化之神功，但又对自然作品本身的研究缺乏爱心或兴趣，这的确是一件怪谬之事。因此我们不应孩子气地耻于对那些卑微动物的探究，因为自然王国中的每种事物都是神奇美妙的。据说，某客人欲见赫拉克利特。当他来访时发现赫拉克利特正在厨房的火炉旁取暖，便踌躇不前。赫拉克利特说：“无妨，请进，火炉里面充满了神灵。”同样，我们不应迟疑和羞耻，而应大胆闯入动物世界的每一角落进行探索追问，因为每种动物无不展示着自然，展示着美。

在自然作品中没有偶然性，只有目的因。构造和生成过程的目的因充斥于美的事物的各个领域。如果有人认为研究动物是一件无价值的事，那他对于自然的研究必定也会持同样的观点。然而，没有过多的反胃就能观察血、肉、骨、脉等构成人体的要素，这是不可能的。当讨论任何部分和结构时，我们一定不能认为质料是关注的对象，也不能认为讨论就是为了质料，作为整体的形式才是目的。如房屋，我们注意的不是砖块、砂浆和木料，而是结构和形式。因此对于自然，我们讨论的是构造和作为实体的整体，不是那些离开了实体便无从寻找的质料。

645b 首先，我们必须描述每个种类的属性，即那些属于每种动物的、根据自身本性的属性，然后尽力揭示出它们的原因。前面已经谈过，有许多同时属于多种动物的共同属性，或是绝对同一的（如足、羽毛、鳞片以及相似的感受性等），或是类比的（如有些动物有肺，有些没有，但有对应于肺的部分；有些动物有血液，有些只有某种类似于血液、同血液具备相同功能的部分）。前面已提及，分别谈论那些属于所有动物的共同属性意谓着无谓的重复，因为许多动物具有共同属性。此乃有关该问题的界说。

因为躯体的每一部分和所有其他器官一样，都是为了某种目的即为了某种活动而存在，显然作为整体的躯体必然为了某种复杂的活动而存在。正像“锯齿”为了“锯齿的活动”，并非“锯齿的活动”为了“锯齿”，因为“锯齿的活动”是器官的使用。同样，躯体为了灵魂而存在，躯体的部分为了它们各自所适合的功能而存在。

我们必须首先描述具有共同性的活动、属于“种”的东西和属于“属”的东西。“共同性的”是指属于所有动物的东西；“属于种的”是指属于那些在程度上具有差异的动物的东西，如鸟。人是“属”的例子，另外所有不承认定义上的差异的东西也是“属”的例子。这三种共同性分别为类比的、“种的”和“属的”。

显然，当一种活动是为了另一种活动时，那么完成这两种活动的器官之间也建立了类似的关系。如果一种活动先于另一种活动或者是另一种活动的目的，那么前一种活动从中发生的那部分将先于后一种活动从中发生的那部分，或者是先于后一种活动从中发生的那部分的目的。另外还有第三种可能性，即一种活动和部分是另一种活动和部分的必然结果。（“感受性”和“活动”是指生成、成长、交媾、苏醒、睡眠、行进及其他类似的活动。“部分”是指鼻、目、面，每种被叫做“肢体”或“器官”①，其他部分同样如此。） 646a

有关研究的方法问题我们已经谈了很多，现在让我们竭

① melos。

力描述所有这些事情的或特殊或共同的原因，按照确定的原则，我们首先从第一个问题谈起。

第 二 卷

【1】 在《动物志》中，我已详尽地说明构成动物的部分是什么以及数目有多少。现在我们必须探究决定每种动物构成方式的原因，这个问题同我在《动物志》里所讲的截然有别。

有三种不同程度的构成方式。第一种是来自某些被人们称为“元素”的东西的构成，如土、气、水、火。或许更为恰当的说法是来自“潜能”的构成，但只是来自某些“潜能”，并非全部，正如我在以前几部著作中所说的那样。湿与干、冷与热构成了复合物的质料，其他一些构成复合物的质料的相互差异的性质，如轻重、疏密、粗细等都是继随它们而来的派生性质。第二种是动物中“同类的部分”的构成，如骨、肉等，这些东西是由原初物质构成的。第三种即最后一种是“异类的部分”的构成，如脸面、手掌等。

事物的生成和实体在顺序上总是相反的。因为凡生成在后者本性在先，本性在先者生成在后。（房屋不是为了砖块和石头而存在，而是这些东西为了房屋而存在。对于其他质料同样如此。不仅通过归纳，而且依据证明都可以表明这一点。因为生成是一种从某物到某物、从一个本原到另一个本原的过程，即从已经开始具有某种本性的初始动因到某种形式或其他类似的目的的过程。如人生人，植物生植物，每种情况下的个体都是由载体生成。）在时间上质料和生成必然在先，但在逻辑上实体和每种事物的形式必然在先。如果我们揭示出生成的定义，这一点就非常清楚了。如“建房屋”的定义蕴含了“房屋”的定义，但“房屋”的定义并不蕴含“建房屋”的定义。这个分析同样适于其他类似的情况。因此，作为元素的质料必然为了“同类的部分”而存在，因为“同类的部分”在生成过程中后于质料。“异类的部分”在生成过程中也后于“同类的部分”，因为“异类的部分”作为第三种构成方式，已经达到了目的和目标，正是在这一点上，生成过程实现了最终的完善。

动物既是由“同类的部分”又是由“异类的部分”构成。前者为了后者，因为肌体的功能和活动由后者来承担，如眼、鼻、整个的脸面、手指以及整个的臂膀。由于动物的整体和部分的活动与运动是多种多样的，因此构成整体和部分的物质必然具备复杂多样的潜能。柔软对一部分有用，坚硬对另一部分有用；某些部分必然能够伸展，某些部分必然能够弯曲。

在各种“同类的部分”中，这些潜能是单一的或分别存在的。如一种“同类的部分”是柔软的，另一种是坚硬的；一种是潮湿的，另一种是干燥的；一种是黏性的，另一种是易碎的。在各种“异类的部分”中，这些潜能是以复合体的形式存在的、并非单一的。如手需要某种潜能来施加压力作用，需要另一种潜能来握拳。因此，肉体的器官部分是由骨骼、肌腱、肌肉以及其他类似的东西构成的，而不是相反。

如上所述，决定两类不同部分之间关系的原因是目的因。如果我们进一步探究它们何以必然具有这种关系，那么十分明显，因为它们从一开始就必然具有这种彼此的相互关系。“异类的部分”能够由“同类的部分”构成，或者由多种、或者由一种构成。如内脏就是由一种“同类的部分”构成，尽管它们具有多种形式和状态，然而可以绝对地说，它们是由一种同类部分的物质构成。但“同类的部分”不可能由“异类的部分”构成，因为那样一种同类的物质就会由许多异类的物质复合而成了。

正是基于这些原因，一些动物的部分是单一的和同类的， 647a
而另一些则是复合的和异类的。

动物的部分可以分为官能的部分和感觉的部分。如前所述，每种官能的部分是“异类的部分”，而感觉在内发生的部分是“同类的部分”。因为每种感觉总与某种可感对象相关联，感官必然能够接受它们的对象。潜在地具有某种特征的事物必定受现实地具有某种特征的事物的影响，因此两者属于同一类事物。如果影响他物的事物是单一的，则被影响的事物也是单一的。因此，对于手臂、脸面或其他类似的部分，没有一位自然哲学家想说一种是土，另一种是水，还有一种是火，而会把这些元素的每一种同各种感官配对联结，表明一种感官是气，另一种是火。

感觉在躯体的单一的部分中发生。我们具有充足的理由认为，触觉从中发生的感官是所有感官中最单一的，尽管它和其他感官一样都是“同类的部分”。因为触觉比其他感觉更能与多种不同的对象发生联系，更能辨认多种对立的性质，如热与冷、干与湿等等。因此，感知这些对象的感官如肉或其他与肉相对应的部分在所有感官中乃是最富物体性的。没有感觉动物就不可能存在，因此由之得出的结论是：每种动物必然具有某些“同类的部分”。感觉在这些“同类的部分”中发生，而“异类的部分”用以提供肌体的活动功能。

再者，正如我在其他著作中所说，感觉、运动和营养的能力都处于动物体内的同一部分，因此作为上述这些本原的第一位置必然既是一种单一的部分，又是一种“异类的部分”。作为单一的部分，因为通过感觉可以感受所有可感对象；作为“异类的部分”，因为它可以完成运动和活动。在有血动物中，这一部分即为心脏。在无血动物中，这一部分是同心脏相类似的那部分。像其他内脏一样，心脏可以被划分为“同类的部分”，但另一方面因为它具有构造上的形状，又是“异类的部分”。每种其他被称为内脏的器官也是如此。它们全部都是由同样的质料构成的，其本性都是有血的，因为它
647b 们位于血管和支血管的通道上。除了心脏，所有这些内脏好

像河流淤积而成的泥巴，它们本身就是血管中血流的淤积物。至于心脏，作为血管的起点，它拥有某种制造原初血液的潜能，我们具有充足理由相信心脏是由发源于自身的同样的营养物构成的。

我们已经陈述了为什么内脏在形式上是有血的，为什么既是“同类的部分”，又是“异类的部分”。

【2】　动物中“同类的部分”有些是柔软的和潮湿的，有些是坚硬的和干燥的。前者当中有些是永恒潮湿的，有些是暂时潮湿的，其潮湿性同它在生物体内的时间一样长，例如血液、浆液、软脂肪、硬脂肪、骨髓、精液、胆汁、乳汁（在有乳腺的动物中）和肌肉以及各种类似的部分。由于所述各部分并非存在于所有动物中，有些动物只有类比意义上的部分。所谓坚硬的和干燥的“同类的部分”是指骨骼、脊椎、肌腱和血管。对“同类的部分”还可以进一步划分：一方面，作为某部分的一份和作为某部分的全体拥有共同的名称，如一段血管也叫“血管”。另一方面，它们不具有同一种名称，作为“异类的部分”的一份，如脸面的一份无论如何也不能被称为“脸面”。

首先，潮湿的部分和干燥的部分两者都有多种原因。有些“同类的部分”充当“异类的部分”的质料（例如，每种器官都是由骨骼、肌腱、肌肉等“同类的部分”构成，这些部分或有益于器官的本性，或有助于器官的功能）；另外有些

“同类的部分”即潮湿的部分作为上述种种干燥的部分的营养发生作用，因为所有生长的事物都需要从潮湿的东西中获取养分；第三种“同类的部分”是从第二种排出来的残余物质，如那些来自干燥营养物的排泄物和那些有膀胱的动物从潮湿营养物中排出的排泄物。

每种特殊的“同类的部分”本身也存在着差异，这是为了追求善之目的。血液便是一个很好的例子。血液或稀或浓、或清或浊、或冷或热。在同一种动物的不同部分中血液可以不同，如血液处于上方位置的动物和处于下方位置的动物在上述种种血液的特性方面不会相同。当然一种动物的血液也
648a 不会与另一种动物相同。另外，有血动物和尽管无血，但有类似于血的物质的动物之间也存在着普遍的差异。

血液越浓、越热，它产生的力量就越大；血液越稀、越冷，它就越有益于感觉和心智。这种差异同样存在于那些类似于血液的液体中。这就说明了为什么蜜蜂和其他类似的生物比有血动物更具有智慧的本性；为什么在有血动物中，血液为冷、为稀者比其他动物更加聪明。最高级或最优秀的动物其血液是热的、稀的和清的，这样的动物既富勇气，又富智慧。在血液上，上部优于下部，雄性优于雌性，躯体的右部优于左部。

对于另外一些“同类的部分”以及“异类的部分”也存在着类似的差异。必须指明，这些差异一方面涉及动物的功能和本性，另一方面关系到动物的优劣。如一些动物的眼睛

由硬物质构成，另一些动物的眼睛由软物质构成；一些有眼睑，另一些则没有。这两方面的差异都归因于眼睛能够获得更高的视觉清晰度。

在进一步研究为什么所有动物必然具有血液或与血液本性相似的东西以及血液的本质究竟是什么这些问题之前，我们必须首先讨论热和冷。许多事物的本性都可追溯到这两种始基。在有关哪些动物和动物的哪些部分是热的或冷的问题上存在着各种分歧。有人声称，水栖动物比陆生动物热量大一些，因为其本性的热量可以补偿或平衡栖息场所的寒冷。另外，还说无血动物比有血动物热量大一些，雌性动物比雄性动物热量大一些。如巴门尼德以及其他一些人断言妇女比男人的热量大，因为正是她们的血液温度高、数量多，才产生月经。但恩培多克勒持相反观点。再者，有人说血液是热的，胆汁是冷的；另一些人说胆汁是热的，血液是冷的。因此，如果在有关热与冷的问题上存在着众多的分歧，而这是影响我们视线的最显然的障碍，那我们不考虑这个问题，反而考虑其他问题吗？

问题的困难似乎在于“比较热”一词往往在多种意义上被使用。因为尽管人们的表述存在着分歧，但每个人都说了某些方面。因此，我们一定不可忽视应当如何去称呼自然的复合物是“热的”和“冷的”、“干的”和“湿的”。显然，这些性质是生与死的原因，更是睡与醒、青春与衰老、健康与疾病的原因。但滑与粗、重与轻以及其他性质就没有这样的作用。因为这是合乎根据的事情，正像我在先前所说，热、冷、干、湿乃是自然元素的本原或原则。

人们是在一种意义上还是在多种意义上使用“热”一词的？为了回答这个问题，我们必须首先发现一种比他物更热的事物的功能是什么，如果有多种功能，究竟有几种。某物被说成比另一物“更热”，当且仅当它比另一物能够把更多的热量传递给与之相接触的物体；当且仅当与之接触时它能引起更强烈或更刺激的感觉，尤其在仅当这种感觉伴以痛苦时。然而这个标准似乎是错的，因为有时痛苦归因于感受者本身的一种状态；当且仅当它是更适合于熔化或燃烧的物质；如果某物与另一物由同样的物质构成，但某物的量多一些，那么就可以说某物比另一物的热量大；如果某物比另一物冷得慢一些，而热得快一些，这两种情况我们都可以说某物在本性上“更热”，正像当某物远离另一物时我们称某物与另一物“相反”，当某物接近另一物时我们称某物与另一物“相似”。某物被说成比另一物“更热”的多种意义如上所述，或许不只这些。然而，在所有这些意义上没有任何一种物体能够被称为“更热”。比如沸腾的水能够比火焰更有效地传递热量，但火焰能够引起燃烧和溶化，而水不能。再者，尽管沸腾的水比小火更热，但热水比小火冷却得更快、更彻底。因为事实上，火不会变冷，而水可以变冷。另外，沸腾的水对于触
649a 觉来说比油更热，但冷却、干结得更快。血液对于触觉比水和油更热，但凝固得更快。石头和铁块以及其他类似的物体

比水热得慢，但一旦变热，它们比水更能燃烧其他东西。此外，在被称为“热”的事物中还有一种区别：一些物体的热量属于自身具有的；另一些物体的热量是来自外部的。在两种方式的“热”之间有很大的差异，因为其中一种接近于“根据偶然性的热”，并非“根据自身的热”。如果一位发高烧的人碰巧是乐师，显然人们会说这位乐师比健康人热一些。因此，有些事物是“根据自身”的热，有些则是“根据偶然性”的热。前者冷得慢一些，后者无论如何要比前者在感觉上热得多；再者，前者具有更大的燃烧力，比如火焰就比沸腾的水具有更大的燃烧力，而沸腾的水因为它的热乃是“根据偶然性”的热，因此能引起更强烈的热感。由此十分明显，确定两种事物哪种更热决非易事。第一种事物在一种意义上更热一些，第二种事物在另一种意义上更热一些。的确，在某些情况下简单断言某物是热的或不是热的乃是不可能的。因为载体本身或许不是热的，当与热的东西结合时成为热的，例如“热水”或“热铁”正是在这种意义上被称为“热”的，同样在这种意义上血液是“热”的。在载体的热仅仅由外部影响所导致的情况下，显然冷不是单纯热的缺失，而是自身本性如此。或许火的本性，如果有的话，也是这样。火的载体可能是烟或炭。尽管烟总是热的，因为它是一种升腾的烟雾，但当烟消雾散后，炭就会变冷。油和木柴也以同样的方式变冷。另外，所有被燃烧的物质都在自身内具有某些热量，如煤渣、烟灰、动物的排泄物、作为分泌物的胆汁。这些东西在经过燃烧过程之后，残留下一部分热量。木柴和其他多油脂物质是在另一种意义上的热，即它们可以迅速转化为现实的火。

热似乎既能导致凝固，又能引起熔化。那些由水构成的物质只能通过冷来凝固，而由土构成的物质通过火来凝固。再者，热的物质被冷所凝固，当它们主要由土构成时，凝固的过程就迅速，凝固后的产物不再解体；当它们的主要构成成分是水的时候，凝固之后还会解体。什么物质可以被凝固以及凝固的原因是什么，这些问题我在其他著作中已做出更加详尽的解释。

什么是“热”，什么样的物体是“更热的”，乃是在多种
649b 意义上被述说的，对于所有事物不会有同一种意义。我们必须进一步解析，此物“根据自身”更热一些，另一物“根据偶然性”更热一些；此物在潜能上更热一些，另一物在现实上更热一些；此物在引起较强烈的触觉意义上更热一些，另一物在产生火焰和燃烧意义上更热一些。“热”一词乃是在上述多种意义上被使用的，因此显然“冷”一词也是如此。

对于“热”和“冷”、“更热”和“更冷”已做出充分界定。

【3】 紧接着上述问题，下一步必须讨论的是干与湿。它们也具有多种含义，如潜能意义上和现实意义上的干或湿。例如，冰或其他固态的潮湿物在现实意义上被说成是干的，而

在潜能意义上，“根据自身”的本性，它是湿的。土和灰等等与液体混合时，在现实意义上，“根据偶然性”，它们是湿的，但在潜能意义上，“根据自身”的本性，它们是干的。当这些混合物解体时，一方面我们可以获得带有水质的成分，这些成分具有混合物整体赋予的形状，它们无论在现实意义上还是在潜能意义上都是湿的。另一方面土质的构成成分全部都是干的，这种意义是“干”一词最正确、最绝对的使用。同样，只有那些在潜能和现实意义上都是湿的或热的或冷的物质才具有“湿”、“热”、“冷”这些词的最正确、最绝对的意义。

在做出上述区别之后，显然一方面我们说血是热的，因为这是由“血的是自身所是”[①] 所蕴含了的（正如我们说水是热的那样，如果能有某种“水的是其所是”这样的名称来指称它）；另一方面，就血的永恒的载体而言，血不是热的。这意味着在一种意义上血“根据自身”是热的。在另一种意义上血又不是热的。热蕴含在血的定义之中，正像白色蕴含在白的人的定义中那样。然而由于血的热量是由外部影响所致，因此血“根据自身”又不是热的。

对于干和湿同样如此。正是因为这个原因，那些在生物体内是热和湿的物质，当与生物体相分离时，呈现出冷和凝固化的特征，如血液就是这样。而另外一些物质如胆汁，在

① hoion ti een autooi to haimati einai。

生物体内是热的和坚固的，当离开生物体时，便经过了一个相反方向的变化，变成冷的和湿的。血液变得更为凝固化，胆汁变得更加潮湿。因此我们必须设定：这些物质或多或少地分有相反的性质。

650a 我们已经充分解释了在什么意义上血是热的，在什么意义上是湿的，血的本性在什么意义上分有相反的性质。

每一种生长之物必然摄取营养，所有营养都由湿的和干的物质构成，而营养的整合[1]和输送[2]乃是通过热的潜能完成的。因此所有动物和植物都基于这个原因，假如没有其他原因，必然具有热量的自然源泉或本原。存在着许多摄取食物活动的部分。对于那些靠嚼碎食物为生的动物，显然第一任务属于口腔和口腔的各个部分。但口腔的活动不是整合食物的原因，只是能够有利于整合活动，因为当食物被咀嚼成碎屑时，热量的活动就可以比较容易地施加其上。自然的热量协同腹腔的上部和下部一起对食物产生整合作用。正如口腔（在某些动物中与口腔相连接的被称为“食道”）是一种将未被整合加工的食物输送到胃的通道一样，必然存在着另一种通道，由之整个肌体可以从胃和肠道系统摄取营养，好比从槽中获取食料那样。植物通过它们的根摄取营养，因为这种营养在摄取时已经被加工精细化了，所以植物不会产生排泄

---

① pepsis。

② metabolee。

物，植物利用土和土中的热量而不是胃来制造营养。而所有动物，几乎没有例外，只要能够进行位置移动的动物都有胃或囊，这好比是体内的土。因此动物必须具备某种对应于植物的根那样的器官，由之可以从胃或囊中摄取营养，以便达到整合系列过程的最后目的。口腔的功能只在于把食物输送给胃，因此必然具有另一种器官，反过来从胃中汲取营养。这种功能由生于膈膜底部、蔓延伸展直至胃部的血管来承担。这些问题应当放在《解剖学》和《自然志》中进行研究。

存在着接受各种食物的器官，也存在着接受排泄物的器官，而血管就是一种容纳血液的器官，显然对于有血动物血液是最终的营养物质，对于无血动物营养物质乃是与血液相类似的东西。这就说明了为什么当不再进食的时候，血液的 650b 量就会变少，当不断进食的时候，血液的量就会增多；同样说明了为什么当食物的质量好的时候，血液就健康，当食物的质量不好的时候，血液就不健康。这些以及其他相似的事实表明，对于有血动物，血液的目的在于提供肌体的营养；这也说明了为什么在接触血液时不会产生任何感觉，就像接触肉体所产生的那种感觉一样。的确，排泄物和营养物都不会产生任何感觉。因为血液既不同肉发生联系，又不同肉共生，只存在于它的容器之中，即存在于心脏和血管之中。至于躯体各部分从血液中获得生长的方式以及有关营养的全部问题，更加适合在《论动物生成》或其他著作中讨论。现在需要阐明的是：血液为了营养而存在，即为了躯体各部分的营养而存在。

【4】 某些动物的血液含有被称为“纤维素”[1]的成分，有些动物如鹿和瞪羚的血液中没有。缺少“纤维素”的血液不能凝固。因为血液的大部分是水质的，不能产生凝固。而另一部分即土质的部分，在水质的部分蒸发后可以产生凝固。“纤维素”即属于血液中土质的部分。

某些水质血液的动物具有特殊的智慧。这不是因为它们的血液是冷的，而是因为它们的血液既稀薄又清纯，这些性质不属于土质血液。血液越稀薄、越清纯，其感觉能力就越敏锐、越灵活。如前所述，这就是某些无血动物比某些有血动物具有更智慧的灵魂的原因，如蜜蜂、蚂蚁等等这样的昆虫。但水质过多的血液使动物变得胆小怯懦，因为水被冷所凝固，而冷与恐惧相伴而生。那些心脏容纳水分过多的混合血液的动物就会产生这种感觉。这就解释了为什么一般说来无血动物比有血动物更加胆小，因而当它们受到恐吓时会停止不动，释放排泄物，在某些情况下还会改变颜色。另一方面，血液含有丰厚“纤维素”的动物更具备土质的本性，情绪暴躁，易迸发激情。激情产生热量。当干燥的固体受热之
651a 后会比潮湿的液体释放出更大的热量。因此，作为土质的和干燥的“纤维素”成为血液中的火种，在激情来临之时燃烧

① is，复数为 ines，原指“力量”、“张力”等。

升腾。这就是公牛和公猪容易发怒的原因。它们的血液中“纤维素”极为丰富，公牛的“纤维素”比其他动物能够更快地凝固。正像把土质成分从泥中提取之后，剩下的水不再凝固一样，当把由土构成的“纤维素”从血液中提取出去之后，血液不再凝固。如果它们不被提取，血液继续凝固，正像湿土遇冷那样：冷排除了热，使湿气挥发，如前所述，正是由于冷的干结作用，而不是热的作用，剩下的物质才能凝固。然而，只要血液在躯体之中，它就会因动物内的热而保持潮湿的液态。

血液的本性对于动物的激情和感觉之影响有很多原因。有充分理由认为：血液是全部肉体的质料，因为质料即营养，而血液就是最高的营养。造成种种差异的原因在于血液是热的还是冷的，是稀的还是浓的，是浊的还是清的。浆液或血清是血液中含水质的部分。之所以是水质的，或因为它还没有被整合，或因为它已经腐败了。因此一些浆液或血清是出于必然性之结果，另一些是为了造血之目的。

【5】　软脂肪与硬脂肪[1]之间的差异相应于血液中存在的差异。因为两者都是经过大量的营养作用而被整合的血液，即作为没有全部用来滋养动物的肉部分的剩余血液，它们具有良好的可整合性和丰富的营养价值。这一点可以通过它们

①　pimelee，stear，或译“油”和“脂”。

的油脂特征表现出来，湿润的油脂是由气和火共同结合而成。没有一种无血动物具有软脂肪或硬脂肪，因为它们没有血液。而在有血动物中，那些血液浓厚稠密者所具有的不是软脂肪，而是硬脂肪。硬脂肪是土质的，它含有很少的水分，主要由土构成。因此它可以凝固，正如含有“纤维素”的血液和肉汤可以凝固那样。由于这个原因，并非双腭都长齿的有角动物只具有硬脂肪，因为它们有角和髋骨这一事实表明其本性是由丰富的土元素构成的。的确，这些东西在本性上是干的和土质的。另一方面，那些双腭都长齿的、有足的、但无角的动物具有软脂肪而非硬脂肪。由于软脂肪不是土质的，所以它既不会凝固，又不会在干结时裂成碎片。

651b 当软脂肪和硬脂肪以适中的数量呈现在动物各部分中的时候是有益的（因为这样不会妨碍感觉功能，同时又有利于健康和力量）。一旦数量过度，它们就成了破坏性的和有害的东西了。如果整个肌体都成为软脂肪和硬脂肪，肌体就会死亡。因为动物之为动物在于它的感觉部分，而感觉部分在于肉或与肉相类似的东西。如前所述，血液不是感觉部分，软脂肪和硬脂肪作为被整合的血液，也不是感觉部分。因此，如果整个肌体都变成了软脂肪和硬脂肪，那么肌体就会完全失去感觉。正是由于这个原因，过度肥胖的动物衰老得快：因为它们的血液大部分用来制造脂肪，所剩无几。血液过少的任何东西实乃踏上了通向衰败之路。事实上，衰败恰恰是血液短缺的显现。一旦血液数量过少，肌体很容易遭受偶然性的冷热之侵袭。由此可以解释肥胖动物的繁殖力低下的现象：本当用来生产精液和种子的那部分血液现在被用来制造软脂肪和硬脂肪这些被整合了的血液。因此在肥胖动物中没有或几乎很少有分泌物产生。

关于血液、浆液、软脂肪和硬脂肪每一种的本性是什么以及为什么等问题，已经谈了很多。

【6】 髓也是一种具有血液之本性的东西，并非像某些人所认为的那样，是一种精液的生产能力。这一点在幼小动物身上体现得非常清楚。在胚胎期，各部分器官由血液构成，靠血液营养，骨中的髓具有血液般的外观。随着幼小动物的成长和日渐成熟，髓改变了颜色，如同肌体的其他器官和内脏。这些器官和内脏在动物年幼时因包含了大量血液，故而呈血液状。

具有软脂肪的动物其髓也同软脂肪相似，是软脂肪性的。当血液被整合成硬脂肪，不再呈现软脂肪的形式时，髓也具有硬脂肪的特征。因此在那些有角的、并非双腭都长齿的动物中，髓只是硬脂肪性的；而在双腭都长齿的、有分趾足的动物中，髓是软脂肪性的。（脊髓不可能具有这种本性，因为它必须是连续的，必须伸展贯穿于被分成一块块椎骨的整个脊椎之中而不能断裂；如果它是多脂肪的，它就不能像它原本那样结合成连续性的物质，而会变成易碎的或流动易变的东西。）

有些动物没有可以称得上是髓的东西。它们是骨头既强
652a 壮又坚硬的动物，如狮子。因为骨中所包含的髓数量微不足道，以至于看上去似乎什么也没有。既然动物的躯体必然具有骨或与骨相类似的东西如水栖动物的脊椎，那么某些骨也必然含有髓，因为生成骨的营养就包含在髓中。如前所述，普遍的营养是血液，因此理由很充分，髓应当是脂肪性的。因为血液通过产生于骨骼内部的热量而发生整合活动，自我整合了的血液即为脂肪性的。同样，对于那些具有强壮且坚硬的骨骼的动物，有些没有髓，有些只包含了少许，这是合理的，因为在这里营养被用于形成骼了。

在那些没有骨头只有脊椎的动物中，不存在其他的髓，唯有脊骨的髓。因为这些动物从本性上只具备少量的血，它们唯一中空的脊椎是脊骨的脊椎，因此髓从脊椎中产生：脊椎是唯一为髓提供空间的骨骼，也是唯一需要某种东西联结贯穿其中的骨骼，因为它被分割为若干部分。如前所述，这是脊髓之所以不同于其他骨髓的原因，为了起到固定连接作用，它必须具备胶着性，同时也要具备坚韧性以便能够伸展。

我们业已说过为什么髓存在于那些有髓的动物中以及髓的本性是什么。下述事实可以表明：髓是一种分布于骨骼和脊椎中从而发生整合作用的具有血液性质的营养剩余物质。

【7】 接下来需要说的是脑。有很多人认为脑本身就是一种髓，并且是髓的生成根基或本原，因为他们看到脊髓与

脑是联结在一起的。事实上，两者在本性上截然相反。脑是肌体所有部分中最冷的，而髓是热的，这一点可以由髓的脂肪性的特征所表明。的确，这也是脑与脊椎相连接的原因。自然总是有意将处于两极状态的一极与另一极相连接，目的在于平衡两极的对立。多种事实表明髓是热的。脑是冷的，这一点不仅对于触觉异常明显，而且还因为在肌体所有潮湿的部分中脑是最干燥的，它含有血液的数量最少，事实上它根本就没有血液，显然脑是冷的。脑既不是一种排泄物，又非处于相互连接关系中的某个部分。它具有属于自身的特殊本性，这完全是有根据的。观察表明脑与感觉部分没有任何联系，下述事实更进一步表明：当脑被接触时，它不产生任何感觉，正如血液和排泄物被接触那样。

脑属于动物，其目的在于维系整个肌体。有人把火或类似于火的某种潜能视为动物的灵魂，这种看法十分粗俗。比较恰当的说法是：灵魂由具备火的本性的实体构成。原因在于热的实体最有利于灵魂的功能，如灵魂的一种功能是营养，另一种是生成运动，通过热的实体这些功能最容易发挥出来。因此，说灵魂是火就好比说工匠或他的技艺是锯条和钻头一样，因为当锯条和钻头相配合时工作才得以完成。由以上所述可以表明，动物必然在自身内具备某些热量。每一事物都需要某种东西与之相抗衡，以便达到适度与中和（实体和逻各斯就在于此而非两极中的一极）。由于这个原因，自然有意使脑与心脏区域以及心脏内的热量相抗衡。这即是动物之所以有脑这种水和土构成的复合物的原因。一切有血动物都有脑，但没有一种无血动物有脑，除非像章鱼那样有一种类比意义上的脑。因为无血动物没有血液，所以就具有极少的热量。

脑使心脏中的热量及其沸腾得以减缓中和。为了使脑自身也具有适度的热量，诸血管从“大血管”和所谓的“主动脉”两处出发，一直通到脑四周的膜。为了避免由热量造成的损伤，脑周围的血管不是少而大，而是多而小，血液不是浊而浓，而是清而稀。这是流溢物发源于脑的原因。当脑周围各部分的温度较冷从而超过恰当比例时，这些物质便流溢
653[a] 出来。当营养气流物质沿血管升腾时，其分泌物被脑周围部分的潜能所冷却，造成了黏液和浆液的流出。通过以小比大的方法，我们应当相信这个过程同雨的形成有着异曲同工之处。当水蒸气从地面上升，被热量带入高空时，一旦遭遇空中冷气流，便因冷却而凝结为水，化作雨滴降落下来。就该问题作为自然哲学所讨论的对象而言，或许在《病理学原理》一书中论述较为得当。

再者，正是脑形成了动物的睡眠，如果一些动物没有脑，与脑相对应的东西也是如此。通过使来自食物的向上涌动的血液冷却下来，或通过其他类似的方式，脑加重了它存在于其中的那个部分的重量（这就是人在睡眠时头下垂的原因），导致热量随同血液一起向下扩散。因此，血液在肌体下部的过度集聚造成了睡眠，同时从那些本性上是直立的动物那里

夺去了直立的能力，从其他动物那里夺去了支撑头颅的能力。这些问题业已分别在《论感觉》和《论睡眠》中谈到。

脑是由水和土共同构成的，这一点可以由脑被煮沸时所发生的状况表明。因为此时它变得坚硬和干燥，在水分被热量蒸发掉之后，土元素留了下来。正像豆子和其他水果被煮沸一样，因为它们绝大部分是土，当被煮沸时其中的水分就被分离出去了。

在所有动物中，人脑是最大的。男人的脑比女人的大。这是因为人和男人在心脏与肺部区域血液的温度更热一些，数量更多一些。这也是人类乃唯一能够直立的动物的原因。由于热的本性内在于肌体之中，促使肌体从中心开始沿着自身的方向成长。为了与过分的热量相抗衡，存在着大量湿和冷的物质，正是由于这些物质大量存在，脑周围的骨（有人称之为“前囟”[1]）成为最后才变得坚硬的部分，热量经过很长一段时间把湿气蒸发掉。在其他有血动物中这种现象不会发生。再者，人类比其他动物，男人比女人具有更多的颅缝[2]。 653b
脑的大小也是出于这个原因。为了保障通风，脑越大，需要通风的量就越大。如果脑太湿或太干，它就难以完成自己特殊的功能，或不能使血液冷却，或使血液凝固，导致各种形式的疾病、疯癫和死亡的产生。心脏内的热量作为生命的源

① bregma。

② hraphee。

泉是最富可感受性的东西，如果脑周围的血液经过任何变化或遭受任何影响，热量立即可以被感受到。

我们已经说过了动物体内与肌体一起生长的所有潮湿性的液态物质。动物体内较后阶段生长的是营养的剩余物，即膀胱和内脏里的存留物。此外还包括精液和乳汁，这些液体只属于生来就具备它们的动物。关于营养的剩余物的讨论比较适合于放到对营养的逻各斯作一般性探索和研究的范围内，表明它们存在于什么动物中，原因是什么。关于精液和乳汁将在《论动物生成》中讨论，因为精液是生成的始基，乳汁是为了生成而存在的。

【8】 现在我们必须探讨其他“同类的部分”。让我们首先考察动物的肌肉，对于没有肉的动物，考察与肉相对应的部分。因为肉既是动物的本原又是躯体本身。这种研究顺序显然是符合逻辑的。动物被界定为某种具备感觉能力的，首要的是触觉这种第一感觉能力的东西。而肉或与肉相对应的部分是这种感觉的器官，或是第一感官，就像瞳孔是视觉的感官。或既是感官又是连结感官的媒介物，正如瞳孔和附着于其上的所有媒介物。然而对于其他感觉，自然不能使媒介物与感官相结合，同时这种结合也没有任何有意义的目的。但对于触觉，这种结合是由必然性决定了的，因为在所有感官当中，触觉器官是唯一物体性的或最富物体性的。显然，根据确切的感受经验可以表明，所有其他的部分如骨、皮肤、腱、

血管、毛发、各种指甲以及其他类似的东西都是为了触觉器官而存在。例如骨具有坚硬的本性，正是为了适合意在保护较软部分之目的。对于那些无骨动物，同样的功能是由某些与骨相类似的对应物完成的，如一些鱼类通过脊椎，另一些鱼类通过软骨。

对于某些动物，这种支撑性的物质存在于肌体内部，而对于无血动物，存在于肌体外部。甲壳类动物属于后一种情 654a 况，如螃蟹和蝲蛄，贝类动物也是这样，如被称为牡蛎的东西。所有这些动物的肉是在躯体内部的，而维系和保护这些肉的土质部分是外在的。土质部分不仅能够使软体部分得以维系，还因为这些动物是无血的，它们拥有极少的热量，所以外壳像炉盖保存余火那样，保持着体内微弱的热量。另一种动物，如乌龟和淡水中的龟似乎也是如此。然而昆虫和软体动物同上述动物的构成不一样，甚至它们相互之间的构成也不尽相同。因为它们似乎没有可以称得上是同肌体其他部分分离开来的骨或土质的部分。软体动物几乎完全是柔软的和肉感的，但为了避免肌体易受毁灭，这些肉感的动物是由界于肉和肌腱之间的物质构成的，既具备肉的柔性，又具备肌腱的韧性。在被切割时，正像切肉，并不呈现纵切面，而呈现圆切面。原因在于这种结构似乎最有利于力量的保护。在这类动物的体内也存在着类似于鱼的脊骨之类的对应物，如墨鱼的“墨汁”，枪乌贼的“枪”。但在章鱼属动物的体内没有这样的部分，因为它们的肌体即所谓的“头”是一个小空囊，而墨鱼和枪乌贼的“头”是较大的长方空间。为了确保它们能够伸直和弯曲，自然为它们有意设计了这种具有硬度的长方体支撑物，正像自然赋予有血动物以骨和脊椎一样。如前所述，昆虫的结构既不同于软体动物，又不同于有血动物。在昆虫身上，硬的部分和软的部分之间没有明显的区分，整个躯体都是坚硬的，其坚硬性与骨相比更像肉，与肉相比更像土质的和骨质的物质，其目的在于保护躯体不易破碎。

【9】 骨骼组织同血管组织具有相似性。两者都是从一个中心出发的内在联系着的系统。没有凭自身孤立存在的骨，每根骨或作为相互关联的整个组织的一部分，或通过附着或通过接触与其他的骨发生联系。因此，自然把骨用作内在相
654b 联系的单一的骨，当需要弯曲时，又用作两根不同的骨。和骨相似，没有凭自身孤立存在的血管，它们全部都是作为整体血管的各个部分。一根孤立的骨，如果存在的话，它首先不能完成骨之为骨的功能；如果它是非连续的、与其他骨相分离的，它就不能有效产生弯曲或伸展；不仅如此，它还有害于肌体，正像刺或箭插在肉里一样。同样，如果我们想象一条血管可以孤立存在，可以不和血管的本原发生联系，它就永远不能使血液保持良好状态，因为正是来自本原的热量避免血液发生凝固，这一点可以由血液与本原相分离从而产生腐败所表明。血管的本原或源泉是心脏，在一切有骨的动物中骨的本原是所谓的脊骨。所有其他的骨都与脊骨相连结，

因为正是脊骨连缀支撑着动物的长度和垂直高度。因为当动物运动时躯体必然发生弯曲，因此一方面脊骨是连续的统一体，另一方面由于它被分成若干骨片，因而是多个部分构成的统一体。在有骨的动物中，四肢的骨由脊骨发源，与脊骨相连。有些具有相互适合的末端，有的末端是中空的，有的末端是圆形的；或两者都是中空的，在它们中间是髋骨，作为连接的环节，以便弯曲和伸展，因为如果没有这样的结构安排，这些运动就根本不能完成，或无论如何也不能很好地完成。骨之间存在着某些接缝，两骨的接合末端处形状相似。〔这里是由腱连接的〕在两骨间填塞着软骨，像垫子一样避免相互磨损。

骨骼系统为肌体肉的部分而存在，肉环绕于骨的四周，借助细薄的纤维丝头附着其上。那些试图以黏土或其他湿软物质塑造动物的雕塑师首先把某种坚硬牢固的物体作为基础，然后围绕着它塑造形象。自然按同样的方式从肉中创造动物。除了一个例外，我们发现所有肉的部分都由骨来支撑：对于运动的部分，骨就被设计得有利于弯曲；对于静止的部分，骨就是为了起保护作用，如包围着胸部的肋骨其目的在于保 655a
护心脏区域的内脏。例外是腹腔。所有动物中这一部分是没有骨骼的，其目的是为了不妨碍因进食之后所必然引起的膨胀，在雌性动物那里是为了避免干扰胎儿的发育。

所有胎生动物，无论是内胎生的还是外胎生的，其骨骼的本性都是相似的。胎生动物在躯体比例上大于其他动物，其骨骼也比较强健。在某些地方如利比亚和其他热干地区，胎生动物往往长得高大。这些动物的体积越大，就越需要更强健、更庞大、更坚硬的支撑物，这一点是清楚地体现在那些生性凶猛的动物身上。因此，雄性的骨比雌性的更坚硬，食肉动物的骨比食草动物的更坚硬，因为食肉动物要通过厮杀战斗来获取食物。例如狮子，它具有一副坚硬的骨头，当被撞击时像石头一样会迸发出火星。应当注意，海豚作为胎生动物，具有骨骼，而不是脊椎。

在那些有血然而非胎生的动物中，自然使其骨骼发生了一系列些微变化。比如鸟尽管有骨，但不如胎生动物的坚硬。卵生的鱼类有脊椎，而不是骨骼。蛇的骨具有脊椎的本质特征，除了巨大的种类之外，它们都有骨，因为正像胎生动物那样，如果它们的躯体是强壮的，其坚硬的构架必须更加强壮。被称为“鲨类”[①]的动物，其脊椎由软骨构成。因为这类动物的运动必然具有某种柔韧性，与此相应，躯体的支撑构架必须是某种柔软的，而非易碎的东西。再者，自然把所有土质的部分都用于构造皮肤上了。自然不可能把同一种丰富的质料分配给躯体的多个不同的部分。甚至在胎生动物中，许多骨骼是软骨性质的。这种情况发生在下述部分中：在此处，为了有益于周围的肉，坚实的构架应当是柔软的和黏性的，如耳朵和鼻子就属于这种情况，因为在这种凸出部分中，易碎

① selakhee，拉丁文是 selachia。

的质料很快就会断裂。软骨和骨在本性上是同一种东西，它们的差异只是“或多或少”意义上的。因此一旦被切割下来，它们两者都不会重新生长出来。

陆生动物的软骨中不包含髓，即没有作为分离存在的髓。因为在骨中作为分离的髓实际上是与全部质料混合起来，并使软骨获得韧性和黏性。但在鲨类中，尽管脊骨是软的，然 655b
而它包含了髓，因为这里属于动物的是脊骨而不是骨。

对于触觉来说，非常相似于骨的部分有指甲、蹄爪、角、鸟嘴，所有这些部分都是为了自我保护目的而存在的。因为由这些部分构成并与它们同名的整体结构，如作为整体的蹄或角，乃是为了保存自己而被设计出来的。牙齿当属此类部分。在某些动物中，牙齿所具备的唯一功能，即咀嚼食物。而在另一些动物中，还有一种作为自我保护的武器的功能，如一切具有锯齿状锋利牙齿和獠牙的动物。所有这些部分在本性上必然是土质的和坚硬的，因为作为武器的潜能正在于此。所有这些部分在四足的胎生动物中比在人类中发展得更为充分，因为前者在其构成成分中具有更多的土元素。关于这些部分和其他与之密切相关的部分如皮肤、膀胱、膈膜、毛发、羽毛以及类似于这些部分的对应物都将在讨论“异类的部分”时一起考察。在那里，我们要探索它们的原因，为了何种目的分别存在于动物体内。对于上述这些部分，我们只有通过考察它们的功能方可获得有关它们的知识。其所以把它们列为“同类的部分”，原因在于这些部分和由之构成的整体结构拥有共同的名称，另外还在于它们的源泉或本原都是骨和肉。当我们研究潮湿液态的“同类的部分”时省略了精液和乳汁，因为精液是被生成事物的本原，乳汁是哺育它们的营养，因此在《论动物生成》中考察这些问题较为合适。

【10】 现在我们开始谈一谈新问题，先从最重要的谈起。在所有构造完善的动物中，存在着两个更为根本的部分，即摄取营养的部分和排除残余物的部分。因为离开了营养，生长和存在都是不可能的。（对于植物，尽管我们也把它们说成是具有生命的东西，但它们缺少排出残余物的部分，因为它们从土中汲取的营养物质在进入体内之前已经被整合调制了，反过来，它们生成果实和种子。）一切生物都有界于上述两个部分之间的第三个部分，这就是生命的原则或源泉之所在。然而植物由于其本性静止固定，因而没有大量不同的“异类的部分”。它们只有少量的活动，因此只需要少量的完成活动的器官。基于这个原因，我们必须分别研究植物及其构造形式。但那些不仅有生命而且能感觉的动物，其构造形式较为复杂多样，一些动物比另一些更为复杂，最为复杂的构造形式存在于那些不仅有生命而且具有高级生命的动物之中，如人。在所有为我们所熟知的动物中，人类是唯一具有神性的动物，或至少比其他动物分享得多。这是我们必须首先讨论人类的原因。再者，还因为人类外在的部分及其形状同其他动物相比更为我们所熟悉。另外还有一个显明的原因：

只在人类身上自然的部分占据自然的位置，人的上面的部分指向宇宙的上方，即人是唯一能够直立的动物。

人的头部几乎没有肉，这一点是我们业已说过了的关于脑的问题的必然结论。有人声称，如果头部多肉人就会比现在活得更长；还有人认为脑是感觉的器官，肉的缺失是为了完善感觉的功能，因为感觉不能穿越被肉所厚厚覆盖的部分。这两种观点都不真实。如果脑的周围长满了肉，这是同动物之所以有脑的目的直接相悖的，因为这会使脑本身变得太热从而无法冷却肌体的其他部分。再者，脑不是感觉的原因。除了分泌能力之外，它没有任何感觉能力。人们的错误在于未能发现某些感官之所以位于头部的原因。他们看到脑是最特殊的部分，由此进行推论，把感觉和脑联系在一起。然而，在《论感觉》中业已提出，心脏区域才是感觉的源泉或中心。在该书中还表明了为什么两种感觉即触觉和味觉非常明显地与心脏发生联系；至于剩下的三种即听觉、视觉和界于两者之间的嗅觉，正是因为这些感觉本身的本性使它们永远位于头部。所有动物的视觉都在头部，但听觉和嗅觉不完全是这样。如鱼类尽管能够听和嗅，但在它们的头部没有这些感觉活动明显可见的器官，这些事实表明我提出的观点是正确的。我们拥有充分的理由相信：视觉，只要存在，它总是应当位于 656[b]
脑的周围。因为脑是湿的和冷的，而视觉的本性是水质的，水在所有流变性物质中最易保持状态。比较精细的感官必然通过被置于血液最为纯净的部分而获得更为精确的感觉，因为血液的热运动会使感觉功能中止。这就是这些感官之所以位于头部的原因。

不仅头的前部没有肉，后部也没有肉。因为在所有有头的动物中，头比其他任何部分更需直立。没有任何一种负担过重的东西能直立，如果头部为肉所累，便不能直立起来。显然，这是另外一个表明头部缺肉并非为了脑的感觉活动的证据。因为头的后部没有脑，尽管头的后部同前部一样都是无肉的。

某些动物的听觉器官和视觉器官一样位于头部。这是合乎道理的，头部中所谓的“虚空”充满了气，而我们认为听觉器官也是由气构成的。有管道从眼睛出发直至脑周围的血管。另外，也有从耳出发连结脑后部的管道。

〔没有任何一个无血液的部分能感觉，血液本身没有感觉。由血液构成的部分才有感觉能力。因此有血动物的无血部分不能感觉，血液本身没有感觉，因为它不是动物的部分。〕

在所有有脑的动物中，脑位于头的前部。因为所有感觉活动发生的方向是指向前方的；又因为感觉的源泉即心脏位于肌体的前部；还因为感觉活动因有血的部分而发生，但头的后部的空囊中没有血管。

自然以美妙完善的方式安排设计了感官的位置。耳朵位于头的两边，因为这样不仅可以听到前方的声音，还可以听到四面八方的声音；眼睛被置于前面，因为视觉沿直线活动，我们必须能够沿着直线运动的方向观看。鼻子位于两眼之间，这是合乎道理的。因为躯体本身分为左右对称的两半，因此每种感官也是成双的。应当承认这种情况在触觉方面不太明显，原因是触觉的第一器官不是肉或与肉相似的部分，而是内在的某种东西。至于舌头是否成双并不十分清楚，但至少比触觉要明显。味觉本身实际上也是一种触觉。尽管如此，其成双性也是明显的，因为有些动物有着显然的分岔舌头。 657a
但这种成双性在其他感官那里更为显著：两只耳朵、一双眼睛、内在相联的两个鼻孔。如果嗅觉器官不被如此安排，而是像双耳一样一边一个，那它本身和它所位于其中的肌体的那个部分都不会完成功能。因为在有鼻的动物中，嗅觉是通过呼吸进行活动的，而呼吸器官处于前方居中的位置。这就是自然之所以使两个鼻孔并排内联在一起，把它们置于头部三个感官的中心，即置于呼吸运动发生的位置的原因。不仅人类，其他动物的感官也被如此美妙完善地安排以适应每种动物特殊本性之需要。

【11】 例如，四足动物的耳朵从头部探出，好像位于眼睛的上方。然而实际并非如此，只是看上去似乎如此，因为动物不能直立，只会四足爬行，由于动物总以这种姿势运动，因此耳耸立于空中并能灵活运动对它们是有益的，因为通过耳的转动可以更为有效地听到四面八方的声响。

【12】 鸟类只有听觉管道，因为它们的皮坚硬，长有羽

毛而非毛发，这就意味着它们不可能具备构造耳的有效材料。具有鳞片的四足动物同样如此。有一种胎生动物即海豹，只有听觉管道，没有耳，这是因为它是发展不完善的四足动物。

【13】 人类、鸟类以及胎生和卵生的四足动物都有保护性的眼睑。胎生四足动物每只眼有两个眼睑，可用来眨眼。一些鸟，尤其是躯体笨重的鸟和卵生四足动物只用下眼睑闭眼。鸟类借助来自眼角的膜眨眼。这些保护性的眼睑存在的原因在于眼是液态的，自然用眼睑确保视觉的敏锐性。如果眼由厚厚的皮构成，这当然可以减少外部感受所造成的伤害，但视觉会变得较为迟钝。为了保证视觉的敏锐性，瞳孔周围的皮是精细的，而眼睑的目的在于保护眼的安全。所有动物，尤其是人都要眨眼，这是进一步的保护性措施。眨眼这种活
657b 动（不是有意识的选择，而是自然的本能行为）意在避免什么东西落入眼中。人比其他动物眨眼的频率都高，因为眼里的皮更为精细。

眼睑是一种裹以皮肤的东西，因此它和包皮一样，一旦被切割就难以愈合，因为两者都是无肉的皮。

前面说过，一些鸟类和卵生四足动物只用下眼睑闭眼，这是因头部周围皮的坚硬所致。笨重的鸟类不善飞行，因此本应供羽翼生长的质料移为他用，导致了皮的加重。这种鸟类只用下眼睑闭眼，而鸽子以及类似的鸟类使用上下两个眼睑闭眼。至于卵生四足动物，由于身上长有比毛发更为坚硬的

鳞片，它们的皮比一般动物要坚硬。正是因为它们头部的皮比较硬，它们没有上眼睑。而眼下部的皮是多肉的，因此它们拥有单薄且能伸缩的下眼睑。

体积笨重的鸟不用下眼睑眨眼，因为下眼睑的运动缓慢，而是用业已提及的膜眨眼，因为膜运动迅速，眨眼恰恰必须快速地运动。膜源自靠近鼻腔的眼角，此处眼鼻内在相连，因为膜的发源位于一处比两处为好，而发源的位置在前面比在旁边为好。

卵生四足动物不用鸟类的方式眨眼，因为它们不像鸟类那样用眼作远距离观看，它们在地面上爬行，因此不必具备液态性质的眼和极为精确敏锐的视觉。有爪的鸟类视觉敏锐，因为它们要在空中观察猎物，这就是它们之所以比其他鸟飞得高的原因。而穿梭于地面，不善飞行的鸟类如家禽等，视觉不敏锐，因为在其生活中不需要敏锐的视觉。

鱼、昆虫和硬皮的甲壳类在眼睛上存在着许多差异，但它们无一具有眼睑。在硬皮的甲壳类动物中完全不存在眼睑，因为眼睑的活动需要皮作迅捷运动。由于缺少眼睑这种保护性的东西，所有这些动物都有坚硬的眼，好像眼睑就是眼球的一部分，由之进行观看。既然视觉为眼的硬度所钝化，自然就赋予昆虫，尤其是甲壳类动物以活动性的眼，正像赋予
某些四足动物以活动性的耳一样，为的是能够趋向光亮，捕 658a
捉光线从而使视觉更加敏锐迅捷。鱼类具有液态状的眼。它们要做大量的运动，因而必然视线更长。陆生动物在做运动

时，可以透过透明度极高的空气进行观看。但鱼在水中运动，这就妨碍了视觉的明晰性。因此为了平衡或对抗水的不透明性，鱼的眼是潮湿的液态物。另外，水含有不利于眼的有害物质比气少，因此鱼不需要眼睑，因为自然从来不做任何无益的事，所以鱼没有眼睑。

【14】 身上有毛发的动物在眼睑上长有睫毛，但鸟类和有鳞片的动物没有睫毛。只有一个例外，即利比亚的鸵鸟长有睫毛，原因将在以后解释。人类是唯一一种上下两个眼睑都长睫毛的动物。因为在四足动物中躯体背部的毛发多于内侧或腹部，而人类的情况恰好相反，前部的毛发多于后部，因为毛发的目的在于起保护作用。四足动物四脚爬行，背部更需要保护，因此它们的腹部没有毛发，尽管腹部在两者中更为高贵。人类直立行走，在需要保护的方面前部与后部处于均等状况。自然总是保护更为高贵的一方，在各种可能情况下它永远是最佳安排的原因。因此，四足动物没有下眼睫毛，尽管有些四足动物在下眼睑部位长有一些散乱的毛发。这也是四足动物没有人类所具有的腋毛和阴毛的原因。相反，它们中的一些在躯体的整个背部覆盖着厚密的毛发，如狗；一些长有鬃毛，如马和类似的动物，又如雄狮，也长有大量浓密的鬃毛。另外，如果一种动物长有一定长度的尾巴，自然就给它装饰以毛发。短尾配长毛，如马，长尾配短毛。但这种安排是根据动物躯体的其他部分的状况而定的，因为自然

总是把它从一部分提取的东西给予另一部分。因此当自然使动物的躯体毛发厚密之时，尾巴的毛发便所剩无几，熊就是突出的一例。658b

人类头部的毛发比其他动物都多。这首先是人类大脑的潮湿本性和颅骨上众多缝隙之必然结果。因为凡是最潮湿、最热的地方，必然发生最多的生长。其次，出于保护头部之目的，即毛发可以避免头部遭受过度的冷和热。由于人脑是最大和最潮湿的，因此需要最大程度的保护。因为越是潮湿的物质就越是容易遭受过度的热和冷的侵袭，而相反本性的物质不太容易受到此类的影响。

这有点离题，但又不能不讨论，因为这个问题与我们对睫毛原因的研究有着内在的联系。在恰当的地方我们还将就该问题进行进一步的探讨。

【15】 眉毛与睫毛两者都是为了保护眼睛而存在的。眉毛像屋檐一样避免被从头上流下的液体所侵袭；睫毛则像有时置于围墙前的栅栏一样，抵挡着突如其来的东西。眉毛位于两骨连接处的上方，这就是年老时眉毛往往长得浓密从而需要修剪的原因。睫毛位于细小血管的末梢，因为血管终结于皮肤本身终结之处。在这些地方，有形体的潮湿分泌物必然导致毛发的生长，除非自然为它提供了其他功能，移为他用。

【16】 胎生四足动物一般说来在嗅觉器官方面没有多大

的差异。但有些前腭凸出，逐渐尖细从而形成所谓“口鼻部”的动物，其鼻腔位于这个凸出部，这是唯一可行的位置。对于其他动物，腭与鼻腔更为明确地分离开来。大象的鼻子具有独一无二的特征，因为它的尺寸硕大，力量非凡。象以鼻为手，将干或湿的食物运至口中；用鼻缠绕树干，撕裂树木。事实上，象用鼻完成所有手的目的。因为象具有双重特性：
659a 既是陆生动物，又生活于沼泽中。一方面它必须从水中获取食物，另一方面又不能不呼吸，因为它是陆生动物，具有血液。由于它的体积硕大笨重，不能像其他能呼吸的有血四足动物那样从水中迅捷地爬到陆地，因此它必然同时适合于在水中和陆地生活。下海的潜水者常备有一种呼吸装置，由之能够呼吸水面上的空气，这就可以在水中停留很长一段时间。同样，自然也给大象提供了这样一种装置，即鼻子。一旦象要趟水过河，它便高扬鼻子，呼吸水面上的空气。这是可能的，因为正如我在前面所讲，象鼻就是鼻腔。如果象的鼻腔不是柔软的或不能弯曲，它就不能完成上述种种功能，就会因鼻子太长从而妨碍进食，正像人们所说的某种有角的牛那样，当进食时不得不倒退几步，因此象鼻是柔软而易弯曲的。一种东西除了原有的功能之外，自然通常还用它来满足其他目的：鼻可以代替前脚的功能。在多趾的四足动物中前脚用作手，而不仅仅为了支撑躯体的重量。象由于既无坚硬的蹄又无分趾足从而被列入该类动物，但它高大笨重，因此前脚只能用来支撑躯体。的确，因为象运动缓慢，不易弯曲，前脚不能用作其他目的。

正像所有有肺的动物那样，象鼻首先能使它呼吸；又因象要在水中度过大量的时间，不能迅速爬上陆地，它的鼻子因而长得很长，并被赋予盘绕能力。它的前脚被剥夺了完整的功能，所以正如我们所说，自然赐给它鼻子，用来帮助完成本当由前脚这个部分所承担的任务。

鸟、蛇和类似的有血卵生四足动物的鼻腔通道位于嘴的 659b
前面。除了在功能意义上可以被称作鼻子之外，实际上它们没有明显的构造意义上的鼻子。鸟不具备所谓的鼻，原因在于它的所谓的嘴是腭的替代物，这是由鸟的自然结构所决定的。鸟是有翼的两足动物。因此，它的头和颈必须轻，胸必须窄。鸟嘴由骨质的材料构成，因此既能作为武器，又能用来摄食。鸟嘴狭窄，因为它的头部比例小。在鸟嘴上有嗅觉孔道，但在那里不可能有鼻。

我们已经讲过那些不呼吸的动物，表明它们没有鼻的原因。有些用鳃嗅物，有些用气孔嗅物。昆虫用躯体的中间部位嗅物。所有这些动物都用躯体的“内在呼吸”嗅物，正像它们全都运动那样。这种“内在呼吸”是由自然置于所有这些动物体内的，不是从外面吸入的。

在所有长齿的有血动物中，唇位于鼻之下。如前所述，鸟类用骨质的嘴摄食和防卫，鸟嘴好像唇齿合而为一。假设把人的唇去掉，再把上齿捺合在一起，同样也把下齿捺合在一起，于是上下两排牙齿逐渐前凸变尖，形成鸟一样的嘴。

除人之外，所有动物的唇都是为了保存和防护牙齿。唇在构造上的差异直接与齿在构造上的精美完善程度成正比。人类的唇是柔软的、多肉的，能上下分离。正像其他动物，人类的唇目的在于防护牙齿，但不仅如此，还有更高级的目的，即唇是用来产生语言的部分。根据前面所说，自然使人类的舌不同于其他动物，赋予它感知味道和发出言语两种不 660a 同的功能，同样自然也使人类的唇具备发出言语和保护牙齿的双重功能。语言由字母构成，如果唇不是湿润的，舌不如此构成，那么大部分语词就发不出音来，因为有些语词由舌发音，有些则由唇的关闭发音。在语词的发音上有什么样的差异，其差异的本性和程度如何，应求教于音韵学家。

唇和舌这两个部分的每一个必须能够适合于上述的功能，具备那样的本性。因此它们由肉构成，而人的肉是最软的，因为人的触觉器官比其他任何动物都要敏锐。

【17】 舌在嘴的拱形上腭的下面。所有陆生动物的舌都是相同的，但其他一些动物的舌与陆生动物不同，它们之间也有所区别。人的舌最灵活、最柔软、最宽阔，其目的在于完成双重功能。一方面，舌用来感知种种味道（因为人类具有所有动物中最敏锐的感官，而味觉是一种触觉，舌必然最富感受性，因此舌是柔软的）；另一方面，舌的柔软性和宽阔性适合于字母和语词的发音，因为舌的这些性质辅之以灵活性最能使舌前伸后卷，运用自如。这点可以由下述事实表明：

如果某人的舌有些疲倦，他的谈吐便含混不清，口齿不灵，就是说有些字母发不出音来。

宽阔的舌能变窄，因为大的东西包含了小的东西而非相反。这说明了为什么最适合于发音的动物，甚至一些鸟类都有最宽的舌。但有血的胎生四足动物只能发出有限几个音节，因为它们的舌坚硬、厚重、不够灵活。有些鸟类，如比较小的种类，能发出各种丰富的音调。有爪的鸟具备较宽的 660b 舌。所有鸟类都用舌相互交流，但有些交流的程度较高，以至于在某种意义上好像真正地相互传递信息指令。这些问题在《动物志》中业已说过。

在大多数卵生和有血陆生动物中，舌并非用于发音之目的，因为它是固定的、坚硬的。但对于味觉却十分适宜，如具有长长的分岔舌的蛇和蜥蜴。蛇的舌很长，但能卷曲成团、长距离伸展。这些动物的舌是分岔的、精致的和多茸毛的，因为它们对食物极为贪婪。借助这种器官，它们从所尝之物中可以得到双倍的快感，由于它们的味觉器官似乎是双重的。

甚至某些无血动物也具有味觉器官。当然所有有血动物都有味觉器官，包括那些在大多数人看来并不具备这种器官的动物，例如某些鱼类拥有某种微不足道的舌，正如河里的鳄鱼所拥有的那样。大多数类似的动物之所以缺乏明显意义上的舌，原因首先在于这类动物的嘴是多刺的，其次还在于水栖动物感知味道的时间短暂，由于这种感觉使用的时间短暂，因此这种感觉器官的接合也是短小的。这类动物的食物之所以会迅速传至胃部，原因是它们不能花费大量时间咂取液汁，否则水会随之涌进胃中。如果不将它们的嘴撑开，作为舌的凸出部分就难以显露出来。其口腔是多刺的，因为它是由鳃混合而成的，而鳃具有多刺的本性。

妨碍鳄鱼的舌充分发育的因素在于其下腭的不运动，因为鳄鱼的舌接合在下腭上面。鳄鱼的上下腭恰好颠倒，而在其他动物那里上腭才是不动的。鳄鱼的舌并未接合在上腭里面，因为这会干扰进食，而是接合在下腭里面，实际上这是错了位的上腭。另外，尽管鳄鱼是陆生动物，但过着鱼类的生活，因此它必然具有一种不太分明的舌。

在许多鱼类中，嘴的上腭具有肉质特征，某些淡水鱼，
661a 如著名的鲤类鱼[1]的上腭多肉、柔软，以致于那些粗心的观察者视之为舌。根据业已阐明的原因，鱼类的舌尽管作为分离的部分存在着，但并未如此分明。再者，味道的感受能力并非扩展到类似于舌的器官的全部，而是主要限于尖端部分，因此对于鱼类，只有尖端部分才与嘴的其他部分相分离。

所有动物都能从食物中感受到味觉的快乐，它们都有渴求食物的欲望，因为欲望意在获得快乐。然而从中产生对食物的感受的那一部分不尽相同。有些动物的舌运用自如，有些则不具备发音功能，被固定了；一些动物的舌坚硬，一些则柔软或多肉。甲壳类动物如螯虾等，头足类动物如乌贼和

---

① kuprinoi。

章鱼，它们都在嘴中具有类似于舌的部分。至于昆虫类，有些在嘴里有这个部分，如蚂蚁和许多有壳昆虫。另一些在嘴外有这个部分，像刺一样，呈海绵状，是中空的，因此既能用之感受味觉，又能用之摄取食物。显然，苍蝇、蜜蜂以及所有类似的昆虫，另外还有某些有壳昆虫都属于这种例子。又如紫螺类动物的这一部分很有力量，能够在水生贝壳类动物和蜗牛的外壳上钻洞，这两类动物被用来作为捕捉紫螺类动物的诱饵。同样，虻、蝇能够刺穿人体的皮肤，有些甚至可以刺穿其他动物的皮。此类动物的舌在本性上可与象鼻相类比。这些动物具备有用的刺，正像象具有防护性的鼻一样。

所有其他动物的舌同我们业已做出的说明相一致。

第 三 卷

661a35 **【1】** 接下来我们谈一谈牙齿以及由牙齿所包围和构成的嘴。

661b 所有动物的牙齿有一个共同本性，即对食物施加作用。此外，根据动物种类的不同，牙齿还有其他特殊功能。某些动物以牙齿为武器，或是进攻或是防卫。有些动物，如食肉类动物的牙齿既用来进攻，又用来防卫；另一些动物，包括野生的和家养的，只用牙齿来防卫。

人类的牙齿十分完美地适合所有动物的牙齿的功能。前牙尖锐以便咬碎食物，臼齿宽阔扁平以便磨细食物。犬齿使两者相分离，其本性在于两者之间，因为中道同时分有两极的本性，因此犬齿的一部分宽阔，另一部分尖锐。除了那些所有的牙齿都是尖锐的动物之外，其他每种动物都有上述三种类型的牙齿。但人类的牙齿在数目和性质上最适合于语言之目的，因为前牙齿十分有益于字母的发音。

如前所述，某些动物的牙齿只有一种功能，即咀嚼食物。至于那些以牙齿为防卫和进攻武器的动物，有些具有獠牙如猪，有些则具有锋利的、内在相接合的牙齿，即所谓的“锯齿”。此类动物的力量系于牙齿，其锋利是保证力量的手段。作为武器的牙齿上下吻合，当腭关闭时就可以避免相互磨损从而使它变钝。没有一种长锯齿的动物同时长獠牙。因为自然从不毫无目的或多余地创制任何事物。獠牙以进攻而自卫，锯齿以断咬而自卫。如母猪因为没有獠牙，只能断咬。

（这里我们必须提出一种普遍性原则，它不仅有助于分析上述事例，而且对研究后面的许多事例也大有裨益。自然把防卫和进攻的武器只分配给那些能够使用它们的动物，或以比较完善的程度分配给它们，而以最完善的程度分配给那些能够以最大的程度使用它们的动物，这些武器是刺、距、角、獠牙等等。比如，雄性比雌性更强劲有力，更富于激情或生气。因此有时雄性动物具有一种作为武器的器官，而雌性没有；有时雄性动物的器官发展得较为完善。尽管雌性动物具备某些必需的器官，如营养所必需的器官，但只是在低级水平上具备，而对于那些并非必需的器官，根本不具备。因此牡鹿有角，牝鹿则没有。同样，母牛的角有别于公牛的角， 662a
母羊的角不同于公羊的角。在许多动物中，雄性有距，雌性没有，其他器官也是如此。）

除了一种所谓的“鹦嘴鱼”之外，所有鱼类都有锯齿。许多鱼类的牙齿长在舌上和嘴的腭上。这是因为它们生活在水中，当进食时嘴里不能不涌入一些水，因此必须尽快排出。如果做不到这一点，并且还要用一定时间来咀嚼食物，水就会会灌进内腔。因此鱼类所有的齿锋锐尖利以便咬碎食物。另外，齿的数量多，遍布于嘴中，因为齿的数量多就能将食物咬成细屑，这就取代了碾磨过程。再者，鱼类的齿是弯曲的，因为所有鱼类的防卫武器几乎都在于齿。

嘴在动物中担负着与齿相同的功能。此外，在那些能呼吸和靠外部因素冷却的动物中，嘴还有一种功能，即发生呼吸作用。如前所述，自然通常根据自身的要求把共同属于所有动物的某个部分用来达到某种特殊目的。因此，嘴共同属于所有动物，其普遍功能在于处理食物。但对于某些动物，除了这种功能外，还有作为武器的额外功能，对另一些动物，可以作为语言的手段。对于许多动物，尽管不是全部，还有呼吸功能。自然把所有这些功能置于一种器官之中，并根据不同种类的动物变化其构成、特征以适应种种不同的活动。因此，一些动物的嘴紧缩窄小，一些则宽大开阔。前者用嘴进食、呼吸和发音，后者以嘴为自卫的武器。所有有锯齿的动物属于后者，因为其进攻方式在于撕咬，因此长有宽大开阔的嘴是有利的。嘴张得越大，吞噬的范围就越广，参与活动的齿的数量就越多。撕咬的和食肉的鱼具有这种类型的嘴，而非食肉的鱼只有口鼻部，这同它使用嘴的目的相适应，宽大的嘴对之毫无用处。

在鸟类中，鸟嘴代替了唇与齿的功能。鸟嘴根据其使用功能和防护目的而相互区别开来。那些有所谓“弯爪”的鸟
662b 具有弯曲的或钩状的嘴，因为它们以肉为食，不吃蔬菜食物，

这种形式的嘴对捕捉猎物十分有用，更适宜于施展凶猛的力量。这类鸟嘴是一种进攻武器，爪是另一种进攻武器，因此它的爪比一般动物更为弯曲。同样，每种其他类型的鸟嘴也适应于自己的特殊生活方式。例如啄木鸟具有强劲、坚硬的嘴，乌鸦及其类似的其他鸟类也是如此。而体积较小的鸟类长有结构精致的嘴，便于啄取种子和捕捉小动物。以草木植物为生和生活于沼泽中的鸟类，如那些会游水的和蹼足鸟类，嘴宽大开阔，这适应于它们的生活环境。因为宽大开阔的嘴能使这些鸟类更加容易地挖掘植物的根系，正像以食根系为生的四足动物中的猪那样，用其宽阔的口鼻部进行挖掘。这些以食根系为生的鸟类和其他具有相似习性的鸟类，它们的嘴尖利而坚硬，这就使它们易于处理草本植物。

我们已经讲述了所有位于头上的部分。但就人而言，在头与颈之间的部分被称作脸或面，无疑该部分得名于它的功能。因为人作为唯一直立的动物，也是唯一向前看[①]、向前发音的动物。

【2】 现在我们应当谈一谈角，这个部分也存在于头部之上。唯独胎生动物长角，尽管其他动物根据一定的相似性，在比喻意义上有所谓的角。然而没有一种所谓的角能真正完成角的功能。胎生动物长角的目的在于自卫和进攻，这种情况并不存在

① “脸”（prosopon）由 pros（向前）和 oops（观看）两词构成。

于其他动物身上，因为它们不用“角”来进行防卫和进攻这种需要力量的活动。多趾动物无角，因为它们有其他防卫武器。自然赋予它们爪或牙齿从事战斗，或赋予其他能用来防卫的合适手段。大多数分趾蹄动物和某些单蹄动物长有作为进攻武器
663a 的角。另外，角在某些动物那里用于防卫，这些动物并没有被自然赋予其他防卫武器，像马被赋予速度，骆驼和象被赋予巨大躯体这些足以避免被其他动物毁灭的手段。还有一些动物通过獠牙保护自己，如猪，尽管它们是分趾蹄动物。

那些角是无用的附属物的动物，自然给它们另外一些防卫手段。鹿被给予速度，因为鹿角庞大多枝，与其说是一种有益的东西，不如说是一种妨碍。羚羊和瞪羚也被赋予速度，因为尽管它们面对进犯者以角自卫，但同时还可以迅即逃离那些凶猛好斗的动物。骙犎的角向内弯曲相接，具有一种通过释放排泄物来自我保护的手段。还有其他一些动物同样具备相似的防卫方式。然而，自然不会同时给一种动物多种恰当的防卫手段。

大多数有角动物都是分趾蹄的，但被人称为“印度驴”的动物，据说是有角的，但是单蹄的。

大部分有角动物具有两只角，正像运动的器官以及躯体分左右两半那样，两者出于同一种原因。然而某些动物只有一只角，如长角羚属[①]和所谓的印度驴。前者是分趾蹄的，后

① oruks，拉丁文为 oryx。

者是单蹄的。这些动物的角位于头的中央，这是让每边都拥有角的比例最恰当的位置，因为中道均等地属于两极。独角应与单蹄而不应与分趾蹄相伴，这是合乎道理的。因为在本性上蹄与角是同一的，在同一种动物中分裂的蹄与分裂的角同在。另外，蹄的分裂归因于质料的缺陷。十分合理，当自然在单蹄动物的蹄上使用了更多的质料时，它从动物的上部取走了一些质料，使角变成了独角。

自然把角置于头部是正确的。但伊索笔下的莫墨斯[1]却不这样认为。他指责公牛的角长在头上这个最脆弱的部位，663b 而认为应当长在肩上，他说肩能产生最强大的攻击力。这种指责表明莫墨斯缺乏敏锐的悟性。如果角被置于头部之外的任何其他部位，它就成了沉重的赘物，对多数动物的活动不仅没有帮助，反而成为妨碍。同样，如果角被置于肩部，情况也是如此。此外，不仅应当考虑角在何处可以发挥强大的攻击力，还应当考虑角所在位置的广度。因为公牛没有手，角不可能长在脚或膝上，在此处会妨碍弯曲，因此角必然占据它所应在的地方，即位于头部。角在头部比在任何其他位置对躯体的运动所造成的妨碍都小。

鹿是唯一角为完全实心的动物，也是唯一蜕角的动物。蜕角是为了减轻负重，由于鹿角的重量，蜕角是必然发生的事情。其他动物的角除了尖端部分之外皆为空心，尖端部分是

① Momos，嘲弄与指责之神。

实心的，以利于搏斗。为了避免自皮肤生长出来的空心部分过于脆弱，坚实的部分生于骨骼，与空心部分相配合。以这种方式角不仅最有利于搏斗，而且对生命的其他活动产生的妨碍最小。

以上所述就是角存在的目的以及某些动物有角、某些动物无角的原因。

现在我们必须描述作为必然性的自然的特征，因为某些事物是出于必然性而存在的，这些事物被逻各斯的本性为了最终目的而使用。

首先，动物的体积越大，它所包含的肉质的或土性的质料就越多。我们不知道更小的有角动物，瞪羚算是业已知晓的最小的有角动物了。对自然的研究应当考察事物的大多数情况，因为自然系于事物的普遍性或大多数情况。既然所有动物的骨骼都由土性质料构成，因此如果我们考察事物的大多数情况，那可以说在最大的动物中存在着最多的土性质料。无论如何，对于较大的动物就有肉质的或土性质料的过剩，这些过剩物质被自然用来转化为防卫手段。至于出自必然性位于躯体上半部的过剩质料，自然在一些动物那里用之构成了牙齿和獠牙，在另一些动物那里形成了角。由此可以明白为什么有角动物并非双腭都有门牙，其上腭是不长门牙的。因为自然已从牙中取走了质料加到了角上，所以本应提供给上牙生长的营养被用来长角了。牝鹿尽管无角，但它的牙齿和牡鹿相比同样是不完善的。原因在于两者在本性上都是有角动物，但牝鹿失去了角，因为角对它不仅无用，而且十分危险。角对牡鹿并非更为有用，但有角不会带来多少危险，因为牡鹿比较强壮。

在某些动物中这些质料并没有从肉中分离出来形成角，而是用于增加牙齿的大小，有些增加所有的牙齿，有些只增加獠牙，就像从腭中凸现出角来一样。

我们已对属于头部的各个部分进行了解说。

【3】 在有颈的动物中，颈位于头之下。并非所有动物都有颈，只有那些具备颈为之存在的部分的动物才有颈，这些部分是喉和所谓的食道。喉为了呼吸而存在，通过喉这一途径动物吸入和吐出空气。因此凡没有肺的动物就没有喉，如鱼类。食道是食物由之被输送到胃中的通道。因此凡没有颈的动物就没有显明的食道。食道并非为了食物之目的而必然存在，因为食道对食物不产生任何作用。的确，没有任何东西能妨碍胃直接与嘴相连。然而对于肺，这种安排却是不可能的。因为必然存在着共同属于两叶肺的、被一分为二的某种管道，由之空气沿着支气管被分隔开来，进入气管。对于吸气与吐气，这是最佳安排。呼吸器官必须具备某种长度。存在着连结嘴和胃的食道也是必然的。食道有肉，能够像腱一样伸展。由于具有腱的性能，当食物进入时食道能够伸展；由于具备肉的性质，食道是柔软的，当吞咽食物时能够顺应食物，不会被粗糙的食物所损伤。

所谓的喉和气管要由软组织构成，因为它们不仅为了呼
664b 吸，而且还为了发音之目的。发音器官必须是光滑并且坚实的。气管位于食道之前，尽管当进食时会产生某些阻碍。如果一块干的或湿的食物误入气管，会引起严重的窒息、悲伤和剧烈的咳嗽。每当食物掉进气管，这类现象总是发生，而且是非常明显的。有人认为动物通过气管饮水，这不能不是一件令人感到惊异的事。我们有很多理由表明这种看法是荒谬的。因为没有任何由肺到胃的通道，就像我们所看到的由嘴到胃的食道那样。另外，一旦出现恶心和呕吐，显然有液体从食道中排出。再者，我们饮入的液体并非直接集聚于膀胱，而是首先进入胃部，这也是显然的。事实表明，当喝了红葡萄酒，可以看到来自胃中的排泄物已被酒的残余物所着色。另外这种着色可以在胃部受伤的情况下观察到。或许详尽谈论如此愚蠢的观点也是愚蠢的。

如上所述，气管位于食道之前，因此总为食物所干扰。为此，自然在声门上设计了会厌软骨①。并非所有胎生动物都有这块软骨，只有那些有肺的、有毛发皮肤的、无角质鳞片的或无羽毛的动物才有会厌软骨。有角质鳞片的或有羽毛的动物没有这块软骨，而有可以闭开的喉，正像其他动物有可以反复起落的会厌软骨那样。当呼气和吐气时，会厌升起；当进食时，会厌落下，避免食物掉进气管。如果在这个运动中

① epiglottis。

出现任何差错，或如果在进食时呼吸，便会引起前面所讲的窒息和咳嗽。会厌和舌头的运动被设计得如此完美精确，以至于食物在嘴中被咀嚼时，舌头几乎很少被牙咬住，食物也几乎很少掉进气管。

业已提及，某些动物没有会厌，因为它们的肉干燥，皮 665a 坚硬。如果它们有会厌，也会因这个部分由此类皮肉构成从而不能很便利地运动。如果这些动物像有毛发的动物那样，也有用相同于躯体其他部分的肉构成的会厌，那么其会厌关闭的速度会比气管本身的边缘收缩的速度慢。

有些动物之所以有会厌，有些动物之所以没有的原因已说得很多。自然设计了会厌是为了补救气管在食道之前这个不理想的位置。但气管出于必然性又不能不处于这个位置。心脏位于躯体的中心和前面，我们认为心脏包含了生命及所有运动和感觉的本原或源泉。（感觉和运动按我们称为“向前”的方向发生，正是根据这种关系确立“在前”和“在后”的区别。）肺位于心脏区域，包围着心脏。呼吸为了肺和寓于心脏的生命本原而发生作用，气息要经过气管。既然心脏必然首先位于躯体的前部，那么喉和气管也必然位于食道之前，因为它们通向肺和心脏，而食道通向胃。一般说来，如果没有其他更重要的东西阻碍，比较优越和高贵的部分位于上面而非下面，前面而非后面，右面而非左面。

我们已经谈了颈、食道和气管，接下来要讨论的是内脏。

【4】 内脏只为有血动物所独有，有些具备全部内脏，有些只具备部分内脏，而无血动物没有内脏。德谟克里特在关于内脏问题上的看法似乎是错误的，如果他确实主张无血动物的内脏之所以不可见是因为这些动物本身太小的缘故。我们认为心和肝在有血动物刚刚生成，还非常幼小的时候就是可见的。早在第三天的卵中这些部分就能被发现，就像一
665b 个黑点那么大。在流产的胎中尽管很小，但也是可见的。正像每种动物都拥有必然适合于它的特殊生活方式和运动的外部器官，而且所有动物并非拥有相同的外部器官，同样每种动物都具有内部器官，而且因动物的不同而不同。

内脏专属有血动物，因此每种内脏都由含血的质料构成。这一点在幼小的有血动物中尤为明显，其内脏含血量较多，同肌体相比体积较大，这是因为在动物形成的早期阶段，其质料的形式和数量最为显明。所有有血动物都有心脏，原因业已说过。显然，一切有血动物必然有血，而血是液体，因此必然具有容纳它的器皿，显然出于这个目的自然设计了血管。这些血管必然拥有一个本原或源泉（在可能的情况下，一个优于多个），这个本原即为心脏。显然，血管发源于心脏，但并不穿越心脏；另外，心脏是同种的，在本性上与血管相同。心脏处于起支配主导作用的第一位置上。它位于躯体的中心，不是下部而是上部，不是后面而是前面。自然总是把比较高贵的位置赐予比较高贵的部分，除非有更为重要的东西阻止它这样做。这点对人来说是最显明的，即使在其他动物那里

心脏也趋于相似的位置，居于肌体的必需部分的中心，即释放分泌物的终端部分的中心。四肢因动物的不同而不同，不能被视为生命所必需的部分，因为失去它们动物依然可以活下去。显然，把四肢加给动物也不会使之死亡。

有人认为血管的始点在头部，这是错误的看法。因为首先，按他们的看法就会有许多血管的源泉散布其上；其次，这些源泉就会被置于冷的位置，但十分明显，血管的源泉是不胜寒冷的，相反，心脏区域是热的。再次，正像前面所讲，血管穿越其他内脏，但无一穿过心脏。由此可见，显然心脏是血管的一部分，而且是血管的源泉。这是合乎道理的。因为心脏的中心由厚密且为中空的物质构成，里面盛满了血液，似乎血管由之导出。它是中空的，为了容纳血液；其构成物厚 666a
密，是为了保护热量的源泉。在所有内脏乃至所有肌体的部分中，只有这里存在着无血管的血液，其他部位的血液总是由血管承载。这也是有道理的，因为血液由心脏输送至血管，而不是从外面什么地方输送至心脏，心脏本身就是血液的始点、源泉和第一容器。从解剖学和生成学的角度，上述观点可以得到证明。因为心脏是所有生成的部分的第一部分，一经生成就拥有血液。再者，痛苦和快乐的运动，一般说来所有感觉的运动，显然都发源于心脏，并在心脏中找到它们的终端。这是合乎道理的。因为无论在何处，源泉或本原只有一个；其最佳位置是中心，因为中心是一个，而且由之到达各部分的距离都是均等的或几乎均等的。另外，由于所有无血的部分和血液本身都是无感觉的，显然最初拥有血液的部分，而且如同在容器中容纳血液的部分必然是血液的本原或源泉。

这不仅是根据推理得出的结论，而且根据经验观察也是非常显明的。胚胎一经形成，就可以看到心脏像生物那样运动，这个过程先于任何其他部分，此乃有血动物的本性的本原。上述观点的另外一个证据在于所有有血动物都有心脏，因为它们必然拥有血液的源泉。当然，所有有血动物也有肝脏。但无人会相信肝脏是整个肌体或血液的源泉，由于它所在的位置远离第一位的起支配作用的位置，再者在最完善的动物中还有另外一个部分即脾，似乎与之相抗衡。又因为肝脏自身不具备像心脏那样的血液接受器皿，而是像其他内脏一样，在血管中容纳血液。另外，血管穿越肝脏，但无血管由之产生，所有血管都发源于心脏。既然生命的本原或是心脏或是肝脏，两者必居其一，而肝脏不具备这个条件，那心脏必然是血液的始点。动物被界定为有感觉能力的生物。因
666b 此第一感觉部分就是最早具备血液的部分，也就是心脏，这个血液的本原或源泉，最初拥有血液的部分。

心尖比其他部分尖锐、坚实。它直对着胸部，完全处于肌体的前半部分，为了避免该区域变冷。因为在所有动物中，胸部的肉比较缺乏，而背部的肉较为丰富，从而可以提供充足的热量保护背部。除了人类之外，其他动物的心脏都位于胸部中心位置，而人类的心脏稍偏左一些，为了与此处的冷

相抗衡，因为人类躯体的左边比其他动物要冷一些。如前所述，鱼类心脏的位置同其他动物基本相同，尽管似乎有些差异，对这种差异的原因已给出解释。鱼类的心尖指向头部，对于鱼类头部即是“前面”，因为头部是其运动的方向。

心脏拥有大量的腱，这是合乎道理的。因为肌体的运动源于此，并且通过收缩和舒展来完成，因此心脏需要腱来为之服务，增强力量。如前所述，心脏本身就像一个内在于肌体中的生物体一样。

除了马和某种牛，在所有我们考察过的动物中，心脏都是无骨的。这两种动物的心脏体积大，需要骨来支持，正像整个肌体用骨支持一样。

体积大的动物，心脏有三个腔室，而体积较小的动物，心脏只有两个腔室。所有动物的心脏至少具有一个腔室，原因业已说过，在心脏中必须存在着某个空间用来作为原初血液的容器。（我们多次讲过，血液首先在心脏中生成。）主要血管有两条，即所谓的“大血管”和主动脉[①]。每条主要血管都是其他血管的本原。两者存在着差异，以后将要讨论。对两者来说，各自具有不同的源泉比较好一些，如果每条主要血管具有各自的血液，并且相互分离开来，就能达到这种结果。因此，心脏具有两个容纳血液的空间，这是可能的。这种可能性存在于体积大的动物中，因为它们同样也有大的心脏。再

---

① hee megalee 和 hee aortee。

者，心脏有三个腔室也比较好，这样居中的或成单的那个腔室就可以作为两边腔室的共同源泉。但这要求心脏的体积大一些，因此只有最大的心脏才有三个腔室。

667a 在三个腔室中，右边的腔室所容纳的血液最多，温度最高（因此躯体的右边比左边热）。左边的腔室所容纳的血液最少，温度也较低。居中的腔室所容纳的血液在数量和温度上也处于居中程度，但是最纯净的。因为源泉必须尽可能保持平静，如果血液的质量纯净、数量和温度适中即可保证这一点。

心脏具有某种类似于颅缝的接合，但这并不是说心脏是由几个连缀在一起的部分构成的复合物，而是说心脏是有接合的整体。感觉敏锐的动物接合比较明显，而感觉迟钝的动物接合相对不太清晰，如猪。心脏在大小、硬软方面也有差异，这些差异在某种程度上影响了动物的气质或性情。感觉能力弱的动物，其心脏坚硬、厚实，而感觉能力强的动物，其心脏较为柔软。心脏大的动物胆怯，心脏小或适中的动物相对胆大一些。（前者生性易受惊吓，因为心脏的热量与体积不成正比，热量较少，在较大的空间中无足轻重，因此它们的血液较冷。）下列动物具有大的心脏：兔、鹿、鼠、鬣狗、驴、豹、貂以及所有明显胆小或由其恶行暴露出胆小的动物。

血管和心脏的腔室也具有相似的状况，如果体积大，温度就低。相同体积的火在大的空间比在小的空间中产生的热量少，在血管和腔室这些容器中的热量也是如此。另外，外部的运动对热的物体会造成冷却作用。容器的空间越大，其中的空气就越多，其活动能力就越强。因此，我们发现没有一种有大腔室或大血管的动物具有丰厚的肉，相反，所有或大多数肥胖的动物具有不太清晰的血管和小的腔室。

心脏是唯一不能承受任何严重损伤的内脏，或是整个肌体的唯一不能承受任何严重损伤的部分。这是合乎道理的。因为其他部分依赖于心脏，一旦本原本身遭受损伤，其他部分就无从得到供给。心脏不能承受损伤的证据是这样一件事 667b
实：在献祭的牺牲中，人们未曾发现心脏受到像其他内脏所受到的损伤。肾经常充满了石头、赘生物和小肿泡，肝和肺也是如此，尤为突出的是脾。在这些部分中还可以发现许多其他性质的损伤。但在靠近气管的肺部和靠近大血管的肝部区域这些损伤发生的几率较低。这是合乎道理的，因为这些部位与心脏的联系最为紧密。凡死于疾病和我们所提及的那些损伤的动物，一经解剖就可以发现其心脏已经遭受疾病的侵袭。

我们详尽讲述了心脏及其本性、目的，解释了有心脏的动物之所以存在着心脏的原因。

【5】　按顺序接下来要说的是血管，即大血管和主动脉。当血液离开心脏后首先流入这两条血管，其他血管仅是源自它们的分支。如前所述，这两条血管乃是为了血液而存在的。因为每种液体物质总需要容器，而血管就是一般意义上容纳血液的器皿。现在我们解释为什么有两条主要的血管，为什

么它们源于同一个单一的始点或源泉，并且伸展遍布于整个肌体。

两条主要血管之所以归于且源于一个始点是因为在所有动物中，感觉灵魂在现实意义上是单一的，因此首先包含感觉灵魂的部分也是单一的（在有血动物中既是现实意义的单一又是潜能意义的单一，在无血动物中只是现实意义的单一），热量的本原也必然处于同一个位置，而这个本原是血液的热量和流动性的原因。既然感觉的本原和热量的本原位于同一个部分，那么血液必然源于一个本原。因为血液本原的单一性，血管也必然源于单一的本原。

主要血管的数目为二，因为每种能位移运动的有血动物的躯体是对称的。我们可以把所有这些动物的躯体分成前后、左右和上下。由于前比后更为高贵和更富统帅性，因此大血管比主动脉更为优越、更为重要，因为大血管在前，主
668a 动脉在后。在所有有血动物中大血管明显可见，而在某些有血动物中主动脉模糊不清，或完全不能分辨。

血管遍布整个肌体的原因在于血液或在无血动物中类似于血液的东西是整个肌体的质料，血管或类似于血管的东西是输送这种质料的管道。至于动物获取营养的方式、营养的本原、它们从胃吸收营养的途径等问题，在《论动物生成》一书中考察解说比较合适。

〔如前面所说，肌体的每一部分都由血液构成，血管的网络应当蔓延遍布整个肌体，这是合理的。如果每一部分都由

血液构成，那么血液必须穿越、遍布全部肌体。〕

血管系统好像菜园中修筑的水渠，始于同一个源头，衍生出众多的分支渠道，将水输送到菜园的每一部分。又好比盖房屋，石头按地基的框架结构堆砌。这样做的原因在于水是菜园中植物生长的质料，石头是盖地基的质料。同样，自然为将血液输送到全部肌体提供了渠道，因为血液是肌体构造的质料。这一点在肌体严重消瘦的情况下十分明显，此时除了血管，什么都看不到。正像葡萄树和无花果树以及相似植物的叶子，当枯萎凋零之时，只剩下叶脉。原因在于血液或类似于血液的东西是潜能意义上的肌体、肉或类似于肉的物质。正如在灌溉系统中，最大的渠道具有永久畅通性，而最小的渠道很快被泥巴湮没消失，当除去泥巴便重现出来。同样，最大的血管具有永久畅通性，而最小的血管变成了现实意义上的肉，尽管在潜能意义上它们和以前一样是血管。因此，只要肌体的肉处于健康状态，一经切割，血液就会流出；尽管看不到血管，但必然存在着血管，因为没有血管血液是不会存在的，正像灌溉用的渠道，直到清除了淤泥才能看到。668b

随着血管往前不断延伸，变得越来越细，直到通道非常狭窄，血液无法通过为止。虽然血液无法通过，但我们称为汗的潮湿分泌物可以通过，这种现象发生在躯体受热，血管出口张开的时候。有时汗由血液状的分泌物构成，这是由于躯体处于不良状态，在这种状态下肉体松弛，血液因整合不充分而含有水质，而整合不充分是由于在细小血管中的热量十分贫乏。（业已说过，所有土和水的复合物，当然包括食物和血液，都通过整合作用而变厚。）热量不能导致整合作用的原因或在于本身热度不够，或在于同摄入体内的过多食物相比，相对少一些。食物的过多或许也有两种情况，或在于量，或在于质，因为并非所有种类的物质都同样地易于整合。（躯体中最宽阔的通道是最易出血的部分，如鼻孔、牙床和肛门经常出血，但嘴偶而出血。这些部位的出血是不疼的，不像从气管中出血那样猛烈。）

位于肌体上部的大血管和主动脉相互分离，在下部相互交换位置，把整个肌体构筑连结为一体。就是说，当它们到达腿的交叉处时，分别一分为二，大血管由前到后，主动脉由后到前，通过这种方式使肌体成为统一体。正像在编织辫状物时相互交错的线股可以使物品更加结实一样，血管的交换位置也使肌体的前部和后部更加紧密地连结起来。位于肌体上部的源于心脏的血管之间也存在着位置的互换。有关血管之间相互关系的详细论述应当参阅《解剖学》和《动物志》。

我们已经说过了心脏和血管，接下来必须根据同样的方法研究其他内脏。

【6】 某些动物有肺是因为它们是陆生动物，必然存在着某种冷却体内热量的作用。有血动物热量较大，其冷却作
669a 用必然来自体外；而无血动物能够借助体内的呼吸进行冷却。

来自体外的冷却作用必然通过水或气来完成。鱼类通过水来冷却，因此它们没有肺，而有鳃，正如在《论呼吸》中所论述的那样。凡进行呼吸的动物都通过气来冷却，因此它们有肺。所有陆生动物都呼吸，某些水栖动物也呼吸，如鲸、豚以及所有喷水的鲸类动物。许多动物是两栖的，有些陆生的、能呼吸的动物因躯体的特殊构造可以在水中呆很长一段时间；有些水栖动物非常接近于陆生动物，呼吸成了它们生命的最基本的条件。

呼吸的器官是肺。肺的运动源于心脏。由于肺的体积较大且为海绵状，因此它为呼吸提供了广阔空间：当肺膨胀起来，空气吸入；当肺收缩，空气吐出。有人说肺是为心脏的跳动所提供的一种缓冲物，这种说法是错误的。心脏的跳动这种现象只存在于人类身上，因为人类是唯一怀有希望和对未来充满期盼的动物。此外，在大多数动物中心脏远离肺部，且在肺部之上，因此肺不能对心脏跳动起任何调控作用。

对于不同的动物，肺大不相同。一些动物拥有充血的大的肺，有些拥有小的海绵状的肺。胎生动物的肺较大且含有大量的血液，因为这些动物具有热的本性。而卵生动物的肺既小又干燥，但当膨胀时能使体积拓展扩大。例如，在陆生动物中像蜥蜴、龟以及所有这些种类的卵生四足动物具有这种肺。此外，在具有飞行本性的动物中即鸟类中也有这样的肺。所有这些动物的肺是海绵状的，像泡沫一样，当泡沫碰到一起，体积由大变小。这些动物的肺较小，呈膜状。因此，

它们不太容易干渴，饮水不多，能在水中呆很长时间。因为
669b 它们的热量少，只借助空心的、充满气的肺部运动本身就足以使热量冷却很长一段时间。

（一般说来，这些动物比其他大部分动物的体积都小，因为生长靠热量促进，而血液的丰富是热量的表征。再者，热量使躯体直立，因此人类是最直立的动物，胎生动物比其他四足动物都直立。没有任何一种胎生动物，无论是有足的还是无足的，像卵生动物那样喜欢钻洞。）

一般说来，肺为了呼吸而存在。但在某类动物中，无血的和如上所述的动物能满足这个目的。没有一个共同名称来指称所有有肺的动物，就像“鸟”这样一种可以称呼所有鸟类的名称，但肺的存在是它们的根本特征，正像存在着某些构成鸟的本性的特征那样。

【7】 有些内脏似乎是单一的，如心和肺。有些则是成双的，如肾。还有一些很难将之归于任何一类。肝和脾显然界于两类之间，因为它们既可以被视为单一的器官，又可以被看作成双的、具有相似本性的器官。事实上，所有器官都是成双的。因为躯体的构造是对称的，由两半组成，共同连结在一个本原上。躯体有上下、前后、左右两边。甚至所有动物的脑以及每种感官都趋近于两半，拥有腔室的心脏也是如此。卵生动物的肺被划分得看上去似乎也有两叶。肾对于任何动物显然也是成对的。关于肝和脾，人们会感到有些犹

疑不决。因为在那些必然有脾的动物中，这种器官看来很像劣质的肝；而在那些虽然有脾，但并非必然有脾的动物中，这种器官很小，似乎只是象征意义上的。肝显然由两个部分组成，大的在右，小的在左。在卵生动物中这种区分不太明显，而在某些胎生动物中明显地分为两部分，例如某些地区的兔似乎具有两个肝，某些鱼类，尤其是软骨鱼类也是这样。

脾因位于肌体右边的肝而存在，这使脾成为所有动物所 670a
必需的部分，尽管不是迫切需要的部分。

内脏之所以成双的原因，正如以上所述，在于躯体分左右两边。每边意在达到相似性，好像两边力图具备相似的本性，如同双胞胎一样；两边虽为二，但结合为一，各种内脏也是如此。

膈膜以下的所有内脏都为了血管而存在，血管伸展自如，并借助于像黏结剂一样的内脏连结到肉体上。血管衍生出许多分支，通过凸出部分到达肉体，像许多锚链一样。大血管生出的分支通过肝和脾，这些内脏像铆钉那样将血管固定在肉体上，即肝和脾把大血管固定在肌体的边上（因为到达肝和脾的众多血管只源于大血管），而肾将血管固定在肌体后边。到达每个肾的血管不仅源自大血管，还源自主动脉。

这是肝和脾对动物有肌体所提供的有利条件。它们也有助于食物的整合作用，因为两者都含血液，因此都有热量。肾有助于离析流入膀胱的排泄物。

心和肝对所有动物都是必需的。心是必需的，因为必须存在着热量的源泉，必然有一个像火炉一样的部分，点燃整个生命之火。这个部分一定要有良好的防护，因为它是肌体的城堡；肝是必需的，因为它能产生整合作用。所有有血动物都需要这两个部分，这就是两者总存在于动物体内的原因。第三种内脏即肺，存在于能呼吸的动物中。

在有脾的动物中，脾只是与胃里和膀胱里的分泌物处于同等意义上的必然性存在，即作为共生物或附属物。因此，
670b 有些动物的脾在体积上发展不完善，如有热胃的有羽毛的动物，即鸽子、鹰和鸢。卵生四足动物也是如此，它们全都具有非常小的脾，大多数有鳞片的动物同样如此。上述这些动物没有膀胱，因为它们的肉结构松散，能使分泌物通过，生成羽毛和鳞片。脾从胃中汲取分泌液，由于脾具有血液的本性，因此能够有利于整合这些分泌液。如果分泌液太多，或脾的热量太少，胃里就充满了营养物质，肌体就会生病。在许多情况下，当脾感染疾病时，胃便由于回流的体液而变得坚硬。正像排尿过多的人那样，因为体液容易倒流回胃中。对于分泌物少的动物，如鸟类和鱼类，脾较小，或仅仅是一种象征意义上的存在。卵生四足动物的脾也较小，且坚实，像肾一样，因为它们的肺是海绵状的，饮水很少，又因为它们的分泌物用于肌体的生长和鳞片的生成，正如在鸟类中用于生成羽毛一样。

那些有膀胱的、肺里含有血液的动物，脾是多水的。原因已给出部分的解说。另外，还因为躯体的左边一般比右边

含有更多的水分，更冷一些。相互对立矛盾的事物被分为两列，相近的事物被划为同一列，如右与左、热与冷之间的对立。某些事物同属一列，如上所述。

肾存在于某些动物中并非出于必然，而是为了完善之目的。其特殊本性使之处理集聚于膀胱中的分泌液，在分泌液丰富的动物中，它可以帮助膀胱更好地完成功能。

既然膀胱和肾一样，在动物中为了相同的目的而存在，我们现在必须对之进行讨论。当然这有悖于接下来应当讨论的那些部分的顺序，因为对于膈膜我们还只字未提，而膈膜是靠近内脏的部分之一。

【8】 膀胱并非存在于所有动物之中，自然似乎有意于
只让那些肺部含有血液的动物拥有膀胱。这是合理的，因为 671a
这些动物构成肺部的自然物质过多，因此比其他动物更容易干渴，即它们既需要大量的液体食物，又需要一般的干燥食物。这就必然导致大量分泌物的产生，量很大以至于靠胃本身难以整合，难以排出适量的分泌物，也就必然需要拥有某个部分来接受这些多余的分泌物。这就是之所以肺部含有血液的动物具备膀胱的原因。至于那些肺呈海绵状，因而饮水很少或不把液体当作饮料，而是当作食物的动物，例如昆虫、鱼类、有羽毛或鳞片介壳的动物，它们无一具有膀胱，因为它们饮水量很少，又因为它们多余的分泌物用于形成羽毛或鳞片介壳等。但龟是一个例外。尽管它们长有外壳，但具有

膀胱。在龟中，自然的构造并不完善。海龟的肺是多肉的，含有血液，相似于牛肺；而陆生龟的肺非常大。在鸟类、蛇类和其他有鳞片介壳的动物中，体液通过有孔的肉发散出去，对于龟则不能，因为包围它们的覆盖物像贝壳一样坚实厚密。因此产生出来的大量分泌物要求龟拥有某个像容器一样的部分来承载。这就是在这类动物中龟是唯一拥有膀胱者的原因。海龟的膀胱大，陆生龟的膀胱则很小。

【9】 对膀胱所说的同样适合于肾。肾不存在于任何有羽毛的或有鳞片介壳的动物中，除了上述的两种龟。然而，在某些鸟类当中存在着扁平的肾状物，好像被分配用来形成肾的肉找不到发生功能的一席之地，而被分散到各处形成其他器官。池龟[1]既没有膀胱又没有肾，因为它长有柔软的龟壳，能让体液自由通过。然而如前述及，所有其他肺中含有血液的动物都有肾。自然使用肾出于两个目的：其一有益于
671b 血管，其二为了排泄分泌物。有管道自大血管出发通至肾部。

肾有大小不等的空心，海豹是个例外，因为它的肾比其他动物更坚实，在形状上相似于牛肾。人的肾也相似于牛肾，好像由很多小肾构成，不像羊和其他四足动物的肾那样平滑。因此，一旦人的肾遭受疾病侵袭，就很难治愈，因为这好像许多肾生病而非一个肾生病，根治起来较难。

---

① hemus。

自大血管到肾的管道并非终端于肾的空心处，而是通至肾的实体部位。因此空心处并无血液，此处死后不凝固。从肾的空心处有两条坚实的管道通至膀胱，每个肾的空心处各一条，并且没有血液。其他的管道从主动脉通至肾，这些管道强劲、连续。这种安排的目的在于能使潮湿的分泌物从血管流到肾里，因此通过肾体的渗滤，分泌物集中到肾的中心，最主要的是集中到空心处。（顺便说一下，这就是肾在所有内脏中气味最臭的原因。）从肾的中心，体液途经上述的管道流至膀胱，此时肾体现了排泄分泌物的特征。膀胱固定在肾上，业已述及，有坚硬的管道自肾通向膀胱。

我们已经论述了肾存在的原因及其功能。

在所有有肾的动物中，右肾总高于左肾。因为运动始于右边，右边的部分比左边强壮，由于这种运动，右边的部分必然比左边高一些。因此人们的右眼眉抬得比左眼眉高，而且更加弯曲。在所有动物中位置居高的右肾与肝相连结，因为肝在肌体的右边。

肾比其他内脏的脂肪都多。首先这是必然的，因为分泌 672a
物的渗滤是通过肾进行的。剩余的血液由于纯净很容易整合，通过血液整合的最终结果是软脂肪和硬脂肪。（正如经过燃烧的固体物质，在灰中留下某些余烬。同样，在经过整合作用的液体物质中，所产生的部分热量残存其中。因此油性物质较轻，漂浮在其他液体之上。）这种脂肪实际上并非在肾本身中形成，因为肾非常坚实密集，只是集聚于肾的外表。根据动物的特征，有些由硬脂肪构成，有些由软脂肪构成。两种脂肪的差异已经在其他地方做了解释。

脂肪在肾中的形成是一种必然结果，是有肾动物的必然条件的结果。另外，脂肪的形成是为了保护肾本身和保存肾的自然热量。后背被厚厚的肉所覆盖，能够保护心脏周围的内脏。腰以及所有弯曲的部分都少肉，因此所产生的脂肪就代替肉保护肾。再者，作为一种脂肪，肾能更好地进行分泌和整合体液，因为肾是热的，正是热量导致整合作用。

这些即为肾之所以是脂肪性的原因。在所有动物中右肾的脂肪少于左肾，因为肌体右侧干燥、坚实，比左侧更适合于运动。运动是脂肪的天敌，因为运动可以融化脂肪。

对于所有动物，拥有脂肪性的肾是有益的，通常它们的肾中充满了脂肪。但如果这种情况发生在羊身上，则会导致死亡。尽管肾是脂肪性的，但总有某个部位没有脂肪，如果不是在两个肾中，至少在右肾中缺少脂肪。脂肪性的肾之所以唯独对羊会造成伤害，或对羊更易造成伤害的原因如下：有些动物的脂肪是液态的软脂肪，空气不易穿透从而产生疾病。一旦空气穿透，就引起腐烂。就患有肾病的人来说，尽管拥有脂肪性的肾对他有益，但如果肥得过分，就会引发致命的疼痛。对于那些拥有硬脂肪的动物，无一具有像羊一样的如此厚密的硬脂肪。再者，羊的硬脂肪含量非常大。羊的肾比
672b 任何其他动物的肾都更为迅速地充满脂肪。当体液和空气穿透其中，就引起腐烂，迅即使羊死亡。疾病通过主动脉和大

血管直接传至心脏，因为存在着从主动脉和大血管到肾的连续的管道。

我们已经讨论了心和肺，又讨论了肝、脾和肾。

【10】　上述两套内脏被间隔分离开来，这种间隔被某些人称为“膈膜”。它把心和肺隔离出来，如上所述，在有血动物中它被称作“膈膜”，所有有血动物都有膈膜，正像它们都有心和肝那样。因为膈膜用来分离胃周围的部分和心周围的部分，确保感觉灵魂的本原不受影响，当进食时不会迅速地被来自食物的上升气息所湮没，或被进入肌体的过多热量所侵袭。出于这种目的，自然做出了划分，构造了像隔墙或栅栏一样的“膈膜”。在那些可能使上下部分相分离的动物中，自然把高贵的部分和卑贱的部分划分开来。因为上面的部分是完美的，是其他部分为之存在的目的，而下面的部分为了上面的部分而存在，是必需的，因为它们是食物的容器。

膈膜在靠近肋骨处肉较多，且较强劲，而中部则更像是一种膜，这就使之更有益于伸缩、更为有力。存在着用来隔离来自下部的热量的这种好像“旁生物”[①]一样的膈膜，可以由下述事实表明：由于它靠近胃部，当吸收充满热量的分泌出来的体液时，直接对心智和感觉产生了明显的影响。这就

① paraphuades。

是称之为“膈膜”的原因，似乎它参与了思想活动过程[①]，事实上它本身并未参与，而是因为它靠近思想活动的器官，使心智活动的条件发生变化。膈膜的中部之所以薄，这不仅出于必然性，因为靠近肋骨的部位的肉必然多于其他部位，
673a 而且还在于这样能够使膈膜尽可能地吸收少量的体液，如果膈膜全部都由肉构成，就会吸收并保存大量的体液。膈膜散发的热量迅速影响感觉，这可以通过笑这种现象所表明。当人们感到痒时就会立即发笑，因为运动迅速传至这一部分，该部分虽然微微受热，但仍然会产生一种独立于意志的运动，影响心智的活动。唯有人类容易感受痒的原因首先在于人类的皮肤精细，还在于人类是唯一会笑的动物。感受痒意味着发笑，而笑是由业已提及的腋窝周围的运动所产生。

据说，在战争中当人们的膈膜受伤时就会发笑，这是由于来自伤口处的热量所致。这种说法比谣传人头落地后还会说话更为可信。有人援引荷马的诗句以为证据，声言荷马在写下面诗句时触及了这个问题：

他的头落入尘土之中，它依然说话。

而不是

他的头落入尘土之中，他依然说话。[②]

在阿卡狄亚，此类事情曾被人们深信不疑，当地某人还

---

① “膈膜”的希腊文为 phrenes，“思想”为 phronein。

② 荷马：《伊利亚特》，Ⅹ，457；《奥德赛》，ⅩⅩⅡ，329。

被以之为证据受到审判。宙斯的祭司赫普劳斯来奥被害，但无人知晓凶手是谁。有些人声称当被害人尸首分离之后，听到他的头多次重复下面的话：

克尔西达杀了一人又一人。

于是人们动手搜寻，在某地找到了一个名叫克尔西达的人，将之送上了法庭。然而当一个人的气管被割断，从肺部不再有运动产生时，说话是不可能的。再者，在蛮族人那里，人头往往被迅即砍掉，但未曾发生此类事情。另外，为什么这种事情不会发生在其他动物身上呢？因为当其他动物的膈膜受伤时会发笑只是人们的希望或想象而已，除了人之外没有任何其他动物会笑。但当动物尸首分离后躯体还会继续前行一段距离，这不是没有根据的，因为无血动物在头被割掉后的确可以活一段时间。这种现象的原因在其他章节中已做了说明。

我们业已论述了每种内脏存在的目的。它们生于血管内部的终端处，这是必然的，因为体液即具有血液本性的体液 673b
必须在此处排出，当凝结坚固之后便形成了内脏的实体。因此，它们呈血液状，所有内脏的实体都是相似的，尽管与其他部分不同。

【11】　所有内脏为膜所包裹。因为内脏需要覆盖物来保护自己的安全，这种覆盖物要轻。膜可以满足这些条件，它结构紧密，能形成良好的保护层；它没有肉，因此不吸收和

储存体液；它薄而轻，不增加重量。覆盖心脏和脑的膜是最大的、最强劲的，这是合理的，因为起支配作用的力量必须进行保护。心和脑是生命的中枢，最需保护。

【12】 有些动物具备数目完整的内脏，有些则不完整。我们业已表明哪些动物的内脏数目不全，为什么不全。再者，同一内脏在不同的拥有者那里不同。例如，心脏在所有具有心脏的动物身上并不相同，其他内脏也是如此。肝在某些动物中分为几部分，在另一些动物中几乎不可分。这些差异首先存在于胎生有血动物身上，但鱼类和卵生四足动物更为明显，它们的肝不仅与胎生动物相异，而且它们相互之间也有差别。鸟类的肝非常相似于胎生动物的肝，两者色泽清纯，呈血液状。因为它们的肌体为空气提供了自由进出的通道，残留体内的恶臭分泌物很少。某些胎生动物没有胆——膀胱，主要由于肝参与维系良好的整合作用和肌体的健康。这是因为内脏活动的首要目的在于血液，除了心脏，肝比其他内脏的血液都多。在多数卵生四足动物和鱼类中，肝呈黄色，某些此类动物的肝色泽难看，与肌体整体上劣质的组合相一致，例如蟾蜍、龟及其他类似的动物。

分趾蹄有角动物的脾是圆形的，如山羊、绵羊以及相类似的动物。除非在脾的某一点上增生时，才长成长形，如牛
674a 的脾。在所有多趾动物中脾是长形的，如猪、人和狗。单蹄动物的脾界于两类之间，混有两者的特征，一部分宽阔，一

部分狭窄，如马、骡和驴。

【13】 内脏与肉的区别不仅在于物质的体积，还在于所处的位置。肉在体外，内脏在体内。内脏与血管具有共同性，某些为了血管而存在，某些离开血管则不能存在。

【14】 胃在膈膜之下，如果有食道，位于食道终端处，如果没有，直接与嘴相接。与胃相连的是所谓的“消化道”。

之所以每种动物都有这些部分，对任何人都是显而易见的。动物必然具备用以接受食物的器官和当食物的水分被吸收后排除它们的器官。排泄物必定不能与未被整合过的食物占据同一场所，必然存在着从一种转换为另一种的空间。必然有一个容纳食物的器官，又有一个承载无用的排泄物的器官，因为这种转移活动有一段时间间隔，所以必然有不同的场所。在《论动物生成》和《论营养》中讨论这些问题更为恰当。当下要考察的是胃及其附属部分的种种差异。

在不同动物中，胃的大小和形式有所不同。双腭有齿的有血胎生动物只有一个胃，如人、狗、狮和其他多趾动物，又如马、骡、驴等单蹄动物，再如猪这种尽管是分趾蹄的，但双腭有齿的动物。但体积庞大，以多刺的草木植物为食的动物，由于整合食物困难，拥有多个胃，如骆驼。有角动物也有多个胃，因为它们并非双腭有齿。骆驼并非双腭有齿，但却无角。这是因为对骆驼来说；拥有多个胃比双腭有齿更为

674b 必需。在拥有多个胃方面骆驼与并非双腭有齿的动物相似，牙齿的这种构造与多重胃相匹配，即双腭缺齿是因为它们没有用处。另外，由于骆驼的食物多刺，舌必然具有多肉的特征，自然把从缺失的牙齿上省下来的土性质料用到腭上，使之坚硬厚实。骆驼像有角动物一样反刍，因为它具有类似于它们的胃。所有有角动物如绵羊、牛、山羊、鹿等都有多个胃，因为嘴中缺齿，咀嚼食物的活动功能不完善，因此胃一个接一个地吸收食物，第一胃承载未被处理的食物，第二胃对食物进行初步处理，第三胃进行全面处理，第四胃把食物变成浆状物。这就是这些动物具有多重处理食物的场所或部分的原因，它们分别被称为“瘤胃”、“蜂窝胃”、“重瓣胃”和“皱胃”①。有关这些部分在位置和形式方面的相互关系，应参阅《动物志》和《解剖学》。

基于同样原因，鸟类在接受食物的部分上呈现出种种差异。像有些动物那样，鸟类不能凭嘴完成处理食物的功能，因为它们完全没有齿，没有任何咬烂、磨碎食物的器官，因此某些鸟类在胃的前面有一种叫做“嗉囊”的部分，这一部分代替嘴完成功能。有些鸟类具有宽大的食道，或者食道在到达胃部之前有一个膨胀部分，其中先行储存未被处理的食物，或者胃部本身的某处凸现出来，或者胃部强劲而多肉，因而能够长时间地保存并整合食物，尽管这些食物尚未磨碎。自

① koilia，kekruphalos，ekhinos，enustron。

然不仅借助于胃部的热量，而且还借助于胃的功能来弥补嘴的缺陷。有些鸟类不具备上述这些部分，只有一个长长的嗉囊，因为它们的食物是潮湿的，这是一些栖息于沼泽中的长腿鸟。因为它们所摄取的食物易为磨碎〔是潮湿的，不需怎么整合〕，因此这些鸟的胃是潮湿的。

鱼类都有齿，尤其是全部都有锯齿。只有一小类鱼是个 675a
例外，即所谓的鹦嘴鱼，因此它们似乎是唯一反刍的鱼。其他反刍的动物是并非双腭有齿的有角动物。鱼类的全部牙齿都是尖锐的，因此能够咬碎食物，尽管并非完全咬碎。它们不能长时间进行咀嚼，没有宽扁的适宜于咬烂食物的齿。如果有的话，这样的齿将毫无用处。再者，某些鱼没有食道，某些只有一个短短的食道。为了有助于整合食物，有些鱼如鲻鱼，具备类似于鸟的多肉的胃。大多数鱼类在胃的附近长有很多附属器官，像“前室”一样，储存食物并腐化、整合食物。鱼类的附属器官与鸟类的大不相同。在鱼类中，它们在胃的正上方；在鸟类中，如果存在的话，它们在下面，靠近消化道的终端。某些胎生动物也有后一种类型的附属器官，目的也是相同的。

整个鱼类都贪食，因为它们处理食物的器官不完善，许多食物未经整合就吞下去了。所有有直的肠道的动物尤为贪吃，因为进食快，享用的时间短，食欲来得必然也快。

业已提及，双腭有齿的动物的胃较小。可以分成两类。有些类似于狗胃，有些则类似于猪胃。猪胃比狗胃大，并有某些大小适中的褶皱，以便加长整合作用的时间。狗胃较小，不比消化道大多少，内面光滑平整。在所有动物中，紧接胃的是消化道。像胃一样，这一部分也呈现多种不同形式。某些动物的消化道是同一的，当展开时完全相似，有些动物则并不相似。在某些动物中，消化道靠近胃部处粗宽，而终端处细窄（这即是狗在排泄分泌物方面很困难的原因）。然而
675b 大多数动物的消化道头窄尾宽。

有角动物的肠较长，有很多卷绕，肠和胃的体积较大，因为这种动物的体积本身就比较大。一般说来，有角动物的体积较大，因为它们摄入食物要经过复杂彻底的处理过程。除了直肠动物之外，肠越往下越宽，并有所谓的“结肠”和“盲肠及其扩张部分”。从此往下，肠变窄、卷曲。此后直至释放排泄物的场所，这一部分被称作肛门，有些动物的肛门拥有脂肪，有些则缺少脂肪。自然设计了所有这些部分以适应处理食物和排泄物的功能。因为排泄物逐步下行，承载它的空间也逐渐加大，为了从中停留和转换。这一过程发生在那些因体积大，肌体有关部分的热量大，从而需要摄入更多食物的动物身上。正像肠离开上部胃逐渐变窄一样，排泄物在水分完全耗尽之时，从结肠和下部胃的开阔空间进入狭窄的通道，进入螺旋状的盘卷的肠道之中。以这种方式，自然能够储存物质，可以避免一次将全部排泄物释放完。

在那些进食不得不有所节制的动物中，下部胃没有开阔的空间，消化道不是直的，而是有很多卷曲。胃宽广引起食

欲，肠道挺直更快地重新唤起食欲。承载食物的器官简单而开阔的动物贪食。器官简单，进食的时间间隔短；器官开阔，进食的量大。

上部胃的食物在刚刚进入时必然是新鲜的，当食物继续下行时必然失去液汁，成为粪便。因此，必然存在着某个中间部分，从中进行转换活动。里面的食物不再新鲜，但尚未成为粪便。因此所有刚才说过的动物都有所谓的“空肠”，构成靠近胃部的细小肠道的一部分。空肠界于容纳未被整合的食物的上部胃和容纳无用排泄物的下部胃之间。空肠存在于所有动物之中，但在体积大的动物中，在它们不进食的一 676a
段时间中最为明显。因为在不进食时，上部胃和下部胃之间有一块明显的空间；而当进食时，食物转换所用的时间就较短。雌性动物的空肠可以位于肠道上方的任何一个位置，雄性的空肠则位于盲肠和下部胃之前。

【15】　所谓的胃衬膜存在于所有具有多个胃的动物中。兔是唯一具有胃衬膜的一个胃的动物。对于有多个胃的动物，胃衬膜既不在瘤胃中，也不在蜂窝胃和皱胃中，而在界于最后和第一胃之间的胃中，即在所谓的重瓣胃中。所有这些动物都有胃衬膜，因为它们的乳汁很浓。只有一个胃的动物不具备胃衬膜，因为它们的乳汁很稀。这也是有角动物的乳汁凝固，而无角动物的乳汁不凝固的原因。至于兔也有胃衬膜是因为它以草本植物为食，而这些草本植物具有像无花果液

汁一样的液汁，这种液汁能够凝固哺乳胃中的乳汁。在《问题集》中，我们已经讨论了为什么胃衬膜形成于有多个胃的动物的重瓣胃中。

第　四　卷

【1】　对内脏、胃以及其他各个部分业已说过的不仅适合于卵生四足动物，同样也适合于无足动物，如蛇。的确，这两类动物很接近，蛇好像是躯体拉长了的、无足的蜥蜴。另外，鱼类相似于这两类动物，唯一的差别是后者为陆生动物，因此有肺，而前者无肺，但有鳃。鱼类没有膀胱，上述两类动物除龟之外也没有。因为这两类动物的肺是无血的，饮水很少。它们体内的液汁被转换为鳞甲介壳，正像鸟类的液汁被转化为羽毛一样。因此，所有这些动物都像鸟类那样，其排泄物外表呈白色。因为在有膀胱的动物中，当排泄物被释放时，土质的盐性沉积物凝结在管道上。而甜纯、新鲜的物质由于重量轻，被肉所吸收。

蛇类中的蝰蛇和鱼类中的鲨鱼具有相同的本性。因为两者从外表看都是胎生动物，但从内部看都要首先生卵。

所有这些动物只有一个胃，正像双腭都有前牙的动物那样。它们的内脏很小，正如其他没有膀胱的动物一样。蛇类的内脏因其躯体狭长也变得细长，因此与其他动物不同。这是由于蛇类的内脏好比装在模子中，按合适的尺寸被铸造出来。

所有有血动物都有网膜、肠系膜和完整的肠道系统，也都有膈和心脏。除鱼类之外，都有肺和气管。气管和食道的相关位置也都相同，其原因业已说过。

【2】 大多数有血动物都有胆囊。有些动物的胆囊紧靠着肝，有些则与肝分离开来，与肠相接。两者具有下胃的共同本性。在鱼类那里最为明显，所有鱼类都有胆囊。多数鱼类的胆囊与肠相连，某些鱼类的胆囊像衣服的花边那样环绕着肠，例如弓鳍鱼类[①]。多数蛇类的胆囊也是如此安排的。因此，那些声称胆囊为了感觉活动而存在的人的观点是没有根据的。他们说胆囊的目的一方面在于使寓于肝附近的灵魂的部分愤怒起来，从而使之凝固，另一方面通过使该部分重新自由活动起来，从而产生快乐。然而，某些动物根本就没有胆囊，如马、骡、驴、鹿和獐。而某些动物，如骆驼没有明显的胆囊，只有胆汁性质的细小管道。海豹没有胆囊，海生动物中的海豚也没有。甚至在同类动物中，有些似乎有，有些似乎没有，例如鼠类就是这样。人类也是如此，有些人的

① amia。

胆囊靠近肝脏，明晰可辨，有些人则完全没有胆囊。由此引发了有关整个种类的动物有无胆囊的争议，因为每个观察者总是根据自己所考察的个别事例存在着胆囊与否来推断整个种类的状况。至于绵羊和山羊也是如此，大多数有胆囊。但 677a
在某些地区如那克索斯，羊的胆囊非常大，似乎有些怪异，而在某些地区，羊根本没有胆囊，如优卑亚的卡尔西斯的某个特殊地方。另外业已说过，鱼类的胆囊与肝分离，间隔较远。再者，阿那克萨戈拉派的观点似乎是不正确的，他们宣称胆囊是引发重病的原因，当胆汁充满时便会流溢出来，浸染肺、血管和肋骨。这是错误的看法，因为几乎所有身患此类疾病者根本没有胆囊，如果对他们进行解剖，这一点可以得到明证。再者，存在于这些疾病中的胆汁的量同由胆囊中溢出的胆汁的量之间没有一种可以想象的联系。最富可能性的解释是：肝周围的胆汁以及躯体其他部分的胆汁纯粹是一种分泌物或废弃物，因此这些胆汁不为任何确定的目的而存在，就像胃、肠的分泌物那样。尽管自然偶而利用分泌物完成有益之事，但决不能试图由此探寻到这种活动的终极目的。某些成分为了确定的目的而存在，但许多其他成分只是出于必然因之而存在。

凡肝在构成方面是健康的，并由甜纯血液供给的所有动物，或在肝周围完全无胆囊，或只有容纳胆汁的细小管道；或某些动物有这些部分，某些没有。因此，无胆囊动物的肝一般说来色泽纯正，甜淡新鲜。而在有胆囊的动物中，位于胆囊之下的那部分肝最为甜纯。对于那些由不太纯净的血液构成的动物，胆汁即为这种血液的分泌物。因为“分泌物”意谓着与“营养物”相对，“苦”与“甜”相对。健康的血液是甜纯的。显然，胆汁不为任何确定目的而存在，仅仅是一种废弃物。因而，先人们极为巧妙地说，没有胆囊是长寿的原因。这里指的是单蹄动物和鹿，因为它们无胆囊，寿命长久。另外还有其他一些无胆囊动物，如海豚和骆驼，它们也是长寿的，但先人们未曾注意到。的确，肝是所有有血动物至关重要和必需的部分，因此有充分理由认为生命长短与否
677b 取决于肝的特性。同样有理由认为肝产生了像胆汁这样的分泌物，而其他内脏无一能做到这一点。拿心脏来说，由于它不能承受任何严重的损伤，完全不允许诸如胆汁这样的体液接近。对于动物，除了肝之外的所有其他内脏无一是必然的，因此上述现象只与肝发生联系。认为由胃产生的黏液和沉积物在某处是分泌物，而在另一处就不是分泌物，这种观点是荒谬的。显然，胆汁也是如此，其存在场所不会使之产生差别。有关胆囊已经讲了很多，还表明了有些动物有胆囊，有些没有的原因。

【3】 剩下的任务应当是论述肠系膜和网膜。它们位于同一场所，与业已说过的部分相连结。

网膜是一种膜，根据不同的动物分别由软脂肪和硬脂肪构成。何种动物具有软脂肪或硬脂肪业已说过。无论动物只

有一个胃还是具有多重胃，网膜总是从胃的中间部位，沿着像皱纹一样的线条生长。网膜覆盖着胃的剩余部分和肠的绝大部分。所有有血动物，无论陆生的还是水栖的，都是如此。

该部分长成这种形式乃是出于必然性之结果。一旦干物质和湿物质混合在一起的混合物受热，其表层总是变为皮状的和膜状的东西。而网膜所在的场所充满了这种混合特征的营养物。再者，由于膜的结构坚实密集，通过膜渗透出来的血状营养物部分必然是脂肪性的，因为该部分质地极为精细。又因为该部分充满了热量，因此被整合以后，变成软脂肪或硬脂肪，而不是某种肉质的或血液状的物质。网膜根据这种方式产生。自然又利用网膜整合食物，因此使动物能够更为容易、更为迅速地整合食物。因为网膜是脂肪，而脂肪类的物质具有热量，热量有助于整合作用。这也是网膜之所以由胃的中间部位生长出来的原因。而胃的上部由与之毗邻的肝帮助整合。关于网膜已做了充分论述。

【4】　所谓肠系膜也是一种膜。它从肠出发持续不断地延伸至大血管和主动脉。肠系膜中布满了为数众多、密集重叠的血管。这些血管从肠通至大血管和主动脉。我们发现， 678a
这种膜的生长和其他部分一样，是出于必然性的结果。它为什么存在于有血动物中，对于思考该问题的人来说是非常显明的。动物必须从外部摄取营养，由之生成基本营养，然后把基本营养直接分配到肌体的各个部分。（在有血动物中基本营

养被称为血液，在无血动物中没有确切的名称。）必然存在着类似于根系一样的将营养从胃输送到血管中的管道。植物的根系扎入土壤，因为土壤是植物摄取营养的本原。对于动物来说，胃和肠相当于从中获取营养的土壤。而肠系膜则像根系一样，包含许多穿越自身的管道。这就是我们所解释的肠系膜存在的最终目的。至于肠系膜如何摄取营养，进入管道的这些基本营养又是如何通过管道被分配到肌体的各个部分的，这些问题将在《论动物生成》和《论营养》中讨论。

我们业已说过有血动物和各个部分的构成以及构成的原因。接下来应当说一说雄性和雌性借以区分开来的生殖器官。但我们以后还要论述生成问题，因此到专门研究这个问题时我们再来探讨这些器官是比较恰当的。

【5】 所谓头足类和甲壳类动物同有血动物之间差别很大。最主要的是它们完全不具备内脏系统。所有无血动物除了包括上述两类之外，还包括有壳虫类和昆虫类，它们都无内脏。这是因为它们没有血液，而血液正是构成内脏的质料。这种状况的原因在于它们的实体本身：有些动物有血，有些则没有，这必然归因于逻各斯，而逻各斯确立了它们的实体。再者，我们发现有血动物具有内脏之目的无一存在于无血动
678b 物中。无血动物没有血管、没有膀胱，它们不呼吸。它们唯一必备的器官是某种类似于心脏的东西，因为灵魂的感觉部分和生命的始因总是位于某个统辖整个肌体及其部分的场

所。当然，出于必然性，它们都有适合于处理食物的部分，但这些部分的形式各种各样，因为它们从中处理食物的场所不同。

在头足类动物中，环绕着所谓的嘴有两个牙。嘴中有一团肉状物质，替代舌的功能，由之分辨所摄取的食物的味道。同样，甲壳类也有前齿和肉状的舌的替代物。有壳虫类都有后一部分，原因同有血动物一样，即用之感受食物的味道。昆虫类也是如此，如前所述，某些昆虫如蜜蜂和苍蝇，具有从嘴部长出来的喙。而前面没有尖锐凸出物的昆虫，在嘴里也有类似的部分，如蚂蚁等。有些昆虫如苍蝇和蜜蜂有齿，尽管与一般意义上的齿不同，但那些以液体食物为生的昆虫没有齿。对于许多动物来说，齿的目的并非用于咀嚼食物，而是用作防卫。

正如我们在第一部著作[①]中所讲的那样，某些有壳虫类具有十分强劲有力的所谓的“舌”。海螺类像甲壳类一样长有双齿。在头足类中，在嘴的下面有一根长长的食管，与食管相接的是类似于鸟类的嗉囊的器官，接下来是胃，然后是简单的、直通肛门的肠。乌贼类和章鱼类的胃周围的各个部分无论在形状上还是在构成上都非常相似。所谓枪鲗类像其他种类一样，具有两个类似于胃的接受器官，但第一个不太像嗉囊，在形状上两者与其他种类的同类器官存在着差异，因

① 《动物志》，528^b30 以下。

为枪鲗类的躯体完全由柔软的肉构成。

上述这些动物之所以具有用这种方式安排的各个部分，其原因同发生在鸟类身上的一样。像鸟类那样，它们不能咀嚼食物，因此嗉囊在胃之前。

头足类为了自卫和安全具有一种叫做“墨汁”的物质。这
679a 种墨汁盛在一个膜状的囊中，而膜状的囊附着于肉体之上，终端处有一出口，在这里来自胃部的分泌物由所谓的“漏斗”[①]释放出去。漏斗位于躯体的下部表层。所有头足类动物都有这种特殊的墨汁，但乌贼类最为显著，数量最多。当乌贼类受到恐吓，处于紧张状态时，便在水中释放出这种黑色的、混浊的物质，好像是置于躯体前面的防护物。枪鲗类和章鱼类的墨汁囊位于肌体的上部，十分接近 mutis[②]；而乌贼类的墨汁囊位于肌体的下部，靠近胃。由于乌贼类使用墨汁的频率较高，因此墨汁的量比其他头足类动物都多。这是因为乌贼类生活的区域靠近岸边，没有其他的防卫手段，不像章鱼类那样具有触角，并可以用来自我保护。再者，章鱼类还具有变色的能力，一旦受到恐吓，便可改变体色，就像乌贼类释放墨汁一样。在所有头足类动物中，只有枪鲗类生活在深海，并以此保护自己。相比较而言，乌贼类具有大量墨汁。由于量大，所以只能位于肌体的下部，因为这样可以使墨汁比较

① aulos。

② 指软体动物中相当于肝的器官。

容易地释放出去，甚至达到相当远的距离。墨汁在本性上是属于土性的，相似于鸟类排泄物表层上的白色沉积物。两种状况的原因是相同的，即缺少泌尿的膀胱。因此土性物质被分泌出来，变成了墨汁，对于乌贼类尤为明显，因为乌贼类含有大量的土性物质。其骨骼的土性特征即能清楚表明这一点。章鱼类完全没有这种性质的骨骼，而枪鲗类的骨骼是软骨性质的，而且细小脆弱。（为什么这种骨骼存在于某些头足类动物中，而不存在于另一些同类的动物中，其特征分别是什么，业已做出解释。）

这些动物由于没有血液，因而是冷性的、易受惊吓的。对于某些动物，恐惧引起胃部失调；而对于另一些动物，恐惧导致分泌物自膀胱流出。同样，对于头足类动物，恐惧使墨汁释放出来。尽管这种释放是出于必然性之结果，正如在其他动物中尿的排泄一样，然而自然同时利用这种分泌物来保护动物的安全。

如前所述，甲壳类动物中的螯虾类和蟹类也有两个前齿，齿之间也有一团舌状的肉。紧接着嘴的是很小的食管，与其体积相适应。与食管相接的是胃，在这里螯虾类和某些种类的蟹具有另外一套齿，因为上齿不能充分咀嚼食物。自胃出发，一条结构单一的肠直通释放排泄物的肛门。 679b

上述这些部分存在于所有有壳虫类动物中，有些比较清晰，有些比较模糊。在体积大的种类中更为明晰可见。比如海螺类具有业已提及的坚硬而尖锐的齿，齿之间有一团肉状物，类似于甲壳类和头足类；另外还具有前面提到的喙，某种界于刺和舌之间的物质；紧接着嘴的是一种类似于鸟类嗉囊的腔室，之后便是食管；与食管相连的是胃，在胃中存在着所谓的 mekoon①；与 mekoon 相接的是肠，肠直接发源于 mekoon。这种分泌物似乎是所有有壳虫类动物中最可口的佳肴。其他具有螺旋状贝壳的动物，如紫螺类和蛾螺类，在构造上相似于海螺类。

有壳虫类动物的种和属非常多。有些具有螺旋状贝壳，如上面提到的那些；有些是双壳的，有些则是单壳的。具有螺旋状贝壳的相似于具有双壳的，它们一出生就在肉体的暴露部分上面长有覆盖物，如紫螺类、蛾螺类、蜒螺类以及整个的种。覆盖物起保护作用。如果哪个部位没有贝壳的保护，就很容易被外物伤害。单壳类通过下述方式保护自己：附着于某物体之上，在躯体表层又有贝壳，这样一来，通过一种从它所附着的物体那里借来的保护，单壳类就变成双壳类的保护方式了。例如，所谓的蝛或帽贝就是这样。双壳类如扇贝和贻贝，借助自我关闭来保护自己。有螺旋状贝壳类借助前面提到的覆盖物进行自我保护，似乎使自己从单壳类变为双壳类。海胆在这些种类的动物中具有最佳保护系统。它周身包有质好而厚的贝壳，并装备以锋利的刺。如前所述，海胆是唯一一种具有这种特征的有壳虫类动物。

① 原指罂粟属植物，这里指相当于肝胰腺或肝之类的器官。

甲壳类和有壳虫类动物的本性与头足类动物恰恰相反。后者将肉的部分暴露在外，前者把土质的部分覆盖在外，肉的部分深藏于内。但海胆完全没有肉的部分。

所有前面提到的部分，即嘴、舌状物、胃、排泄分泌物的肛门也存在于其他有壳虫类动物中，但在位置和大小方面有所差异。有关这些问题的详尽述说，应参阅《动物志》和 680a
《解剖学》。某些观点通过语词的描述即可澄清，而另一些观点更适合于用观察来表明。

海胆和所谓的海鞘类是有壳虫类动物中最特殊的种类。海胆有五颗牙，牙齿之间有肉状物质，这一点与所有上述的种类相同；接下来是食管，再接下来是胃，被分离为几个间隔，由此看来好像有多重胃。尽管它们被相互分隔开来，并充满了分泌物，但它们都发源于食管，终结于排泄分泌物的肛门。如前所说，除了胃之外，这些动物没有肉性物质。但它们具有叫做“卵”[①]的东西，并有多个，每个存在于分离的膜中；有某种无名的黑色物质从嘴开始自由分布于肌体中。存在着多种海胆，它们都有上述这些部分。但并非所有海胆的所谓的“卵”都是可食用的，除了那些可以自由生活在靠近水面区域内的非常小的种类之外。在其他有壳虫类中也存在着类似的差别，肉并非都是可食用的，有些种类的分泌物即所谓的mekoon是可食用的，有些则是不可食用的。在有螺旋

① oion。

状贝壳的种类中，mekoon存在于螺旋状的外壳之中。在单壳类如蝛或帽贝中，mekoon存在于壳的底部；而在双壳类中，存在于双壳的绞合处。双壳类的所谓的“卵”在右壳上，而分泌物的肛门在左壳上。“卵”是一个不恰当的名称，实际上它相当于有血动物处在良好状态下的脂肪。这就是“卵”只在春秋两季出现的原因，此时正值它们处于良好状态。酷热严寒时分它们处于苦境，它们不能忍受非常态下的气候。海胆的习性便可表明这一点：它们一出生就有“卵”，满月时体积增大。并非像有些人想象的那样，这是因为它们此时的食量增多，而是因为夜晚在月光的作用下变得较为温暖。由于这些动物是无血的，因而不能忍受寒冷，需要热

680b 量。这说明了为什么它们在夏季状态较好。除了皮拉海峡（Purrha）之外的所有地区都是这样，在皮拉海峡即使是冬季它们同样茂盛兴旺，这是因为此时鱼类游离这个地区，它们可以尽情享用大量的食物。

所有海胆类都有相同数目的“卵”，是奇数，共有五个，与它们所拥有的齿和胃的数目一致。原因如前所述，“卵”并非真正意义上的卵，而是动物良好营养状况的结果。牡蛎也有所谓的“卵”，但只长在肌体的一面上。这点同海胆一样。海胆是球形的，不像牡蛎那样只是一个盘面。因为是球形的，所以在不同方向上其形状并非不同，而是完全相同，它的“卵”必然也相应地具有这种对称性。球形不像其他种类的盘面那样，是非对称的。因为所有其他种类的头位于中心部位，

而海胆的头在上端。尽管如此，海胆的“卵”不可能连续不断地遍布于体内，因为其他种类不是这样，只分布在一个盘面中。既然这是所有有壳虫类的共同特征，而海胆在球形方面又有特殊性，因此这类动物不能拥有数目为偶的“卵”。如果“卵”的数目为偶，它们就会被置于相互对立的位置上，因为两边要保持相似，这样一来盘面的每一边都有“卵”了。然而，任何其他牡蛎类动物都不是这样。牡蛎和扇贝只在盘面的一边有“卵”。因此，“卵”的数目必然是三或五或其他奇数。如果为三，则会分离得太远；如果数目大于五，就会形成连续不断的分布群。前一种安排不符合善之目的，后一种安排是不可能的。因此，必然存在着五个“卵”。

基于同样的原因，这类动物的胃被分成五个部分，与齿的数目相同。每个“卵”好像动物的肉体，必然与胃的存在方式相一致，因为“卵”正是由胃生长出来的。如果只有一个胃，或者“卵”会离胃太远，或者胃会变大，以至于占满整个空间，这就使海胆类难以四处运动，寻找足够的食物补充自己。由于存在着由五个间隔分离开来的五个“卵”，因此必然存在着五个部分的胃，每个部分对应一个间隔。根据相同的原因，齿也有五个，因为这样自然就能将齿同样分配 681[a]
给每个上述的部分了。

业已表明，为什么海胆类具有奇数的“卵”，而且只有五个。某些海胆的“卵”很小，某些较大，因为后者具有较热的构成质料，热量能使它们更好地整合食物。这同样说明了为什么不可食用的“卵”往往充满了分泌物。其本性的热量还可使它们四处移动，在摄食时它们不是停留在某处不动，而是不断运动。有一点可以表明这个事实，即此类海胆的刺上总带有某些东西，似乎在四处移动，因为它们以刺为脚。

海鞘类在本性上同植物差别甚微，但它们比海绵类更接近动物，海绵类完全是植物。自然以一种不间断的系列从无生命物过渡到动物，中间有一种是生命但不是动物的存在，两个邻近的类之间由于紧密相连，以致于差别显得很小。如上所述的海绵类在各个方面都接近植物，仅当附着于他物之上才能存活，一旦脱离他物就会死亡。所谓海参类和水母类及其他类似的海生动物同海绵类之间只存在着些微差异，表现在自由独立生活和非附着他物方面。它们没有感觉能力，在生活方式上好像是某种不附着于地面的植物。甚至在陆生植物中此类事例也存在，某些植物繁衍生长在其他植物上，或完全不附着于他物，例如在帕那索斯（Parnassus）发现的一种植物，有人称之为 Epipetron①。如果把它钉挂起来，还会活相当一段时间。有时海鞘类以及其他类似的种类很接近植物，因为它们只能依靠他物而存活，但另一方面又因为它们具有某种肉类物质，因而可能具备某种程度的感觉。究竟把它们归为植物还是动物，这一点是不甚清楚明白的。

海鞘类有两个孔和一个中隔。用一个孔摄取液体物质作

① 相当于“岩生植物”。

为食物，用另一个孔排泄多余的体液，因为显然它们没有像其他有壳虫类所具有的分泌物。由于没有任何一种植物具有分泌物，因此这是把它们以及与之相似的其他动物划分为植物的有力证据。有一个薄薄的间隔从中部穿过，有理由认为生命的统辖部分就在这里。至于所谓的海刺类①，完全不属于有壳虫类，在确定的种类之外。一方面它们在本性上趋近 681b
植物，另一方面又接近动物。接近动物，因为它们中的有些可以使自身分解开来，追逐食物，并对靠近它们的东西有所感觉，还因为它们利用躯体的粗糙来自卫；接近植物，因为它们是不完善的，要迅即附着于岩石。另外还因为它们没有显明可见的分泌物，尽管有嘴。海星类与它们相似。因为海星类也捕捉食物，把大量牡蛎类的液汁吸干。但海星类也相似于那些业已提及的不附着于他物的动物，即头足类和甲壳类，对于有壳虫类同样也可以这样说。

上述都是与营养作用有关的、所有这些动物所必然具有的部分。除此之外，显然所有这些动物必然还具有某个类似于有血动物的感觉统辖的部分。在头足类中，这个部分由包含在膜中的液体物质构成，食管穿过该部分通至胃部。该部分系于靠近背部的肉体上，有人称之为 mutis。在甲壳类中，也有类似于所谓的 mutis 的部分。这个部分既是液体的又是固体的，如前所述，食管从该部分中间穿过。如果食管位于

① knidas 或 akalephas，一种水母。

mutis 和背部之间，那么由于背部比较坚硬，当进食时食管就不能充分膨胀起来。肠与 mutis 的外表层相接，而墨汁囊又与肠相接，这样就能确保墨汁囊及其令人不快的液汁尽可能地远离躯体的进口处，远离占统治地位的、最高贵的部分。mutis 的位置表明它相当于有血动物的心脏，因为它和心脏处于相同的位置。另外 mutis 的液汁是甜纯的也可证明这一点，这表明它具有被整合过的物质的特征，具有相似于血液的本性。

在有壳虫类中，控制感觉的部分也占据相同的位置，但不易发现。这个感觉的本原部分总应当在躯体的中间位置找到，即对于静止不动的有壳虫类，这个中间位置在接受食物的部分和释放精液、排泄物的部分之间；而对运动的有壳虫类，在躯体的左面和右面之间。

正如在第一部著作中所言[①]，在昆虫类中，统辖感觉的本原部分位于头部和包含胃的腹腔之间。大多数昆虫只有一个这样的部分，但在诸如蜈蚣之类的具有长躯体的昆虫中，这样的部分不只一个，因此如果它们被切断，还会继续存活。自然的目的意在给所有动物创制一个这样的部分，如果可能，只创制一个，如果不可能，就创制多个。这一点在某些动物那里比在另一些动物那里更为清楚可见。

与营养作用相关的部分在所有昆虫类中不尽相同，存在着诸多差异。有些昆虫的嘴中长有所谓的螯针或刺，这是一

① 《动物志》，531b34。

种将舌与唇的功用合而为一的复合部分。有些昆虫在前面没有螯针或刺，但在齿后有此类感官。在所有昆虫中，嘴之下是直而简单的肠，径直通向肛门。有时肠呈盘卷状。有些昆虫在嘴之下有胃，从胃延伸出卷曲的肠。这就为体积较大、较为贪食的昆虫提供了吞食更多食物的空间。在所有昆虫中，蚱蜢最为特殊。它的嘴和舌结合为一个单独的部分，正像通过根系一样，蚱蜢通过该部分从液体物质中汲取营养。所有昆虫只摄取很少一点营养。这是因为它们是冷性的，体积较小。（热需要营养，并迅即地整合；冷不需要营养。）这点在蚱蜢那里最为突出，它在由空气所储藏的液体物质中就可获得足够的营养。生活在黑海周围的蜉蝣类[1]也是如此，它们只活一天，而蚱蜢可以活几天，但不是许多天。

目前我们已经说过了动物的内在部分，接下来应当转而探讨剩下的外在部分。最好从刚刚说过的那些动物开始，而不是从剩下的尚未说过其外在部分的动物开始，即首先从存在价值不太大的动物开始，这样就有更多的时间去论述那些完善的动物即有血动物。

【6】　昆虫类的各个部分尽管为数不多，但相互之间存在着种种差异。所有昆虫都是多足的，这是为了迅速运动，以弥补慢和冷的本性。那些由于躯体过长从而最易受冷的昆虫 682b

① ephemera，原意指“短暂的”、“一天的”。

如蜈蚣，具有最多数目的足。再者，由于这些昆虫拥有多个生命的本原，因此它们的躯体是有切口的，足的数目同切口的数目一致。

足较少的昆虫被赋予翅作为补偿。某些会飞的昆虫过着游弋的生活，为寻找食物不得不四处飞行。因此它们具有轻捷的躯体、四个翅，一边两个，例如蜜蜂及与其相似的种类就是这样。体积小的昆虫只有两个翅，如苍蝇。躯体笨重、习性上喜静的昆虫具有类似于蜜蜂的大量的翅，另外在翅周围还有鞘翅以维系飞行功能，如金龟子及与其类似的种类。由于这些昆虫具有好静的习性，其翅比那些敏捷善飞的昆虫更易折损。因此，在翅四周有鞘翅这种保护措施。昆虫类的翅是不可分割的，没有羽梗。事实上，这完全算不上是翅，只是一种皮状的膜而已，由于干燥，当肉性物质变冷时必然从躯体表层分离出来。

这些动物的躯体上有切口，不仅因为前面所讲的原因，还因为这样能使它们蜷缩起来以免受到伤害。具有长躯体的昆虫能将自身卷曲起来，如果它们没有切口，这种卷曲是不可能的。凡不能卷曲的昆虫，皆通过关闭切口以增加躯体的硬度。显然，如果用手触及它们如所谓粪金龟子，它们就会受到惊吓，变得静止不动，躯体开始变硬。另外它们具有切口也是必然的，因为拥有多个生命的本原是其本性之所在。因此，它们相似于植物。植物在被切割后可以存活，昆虫也能如此。但两者是有差异的，因为被切割的昆虫的幸存时间是有限的，而植物在被切割后能够获得其本性的完善形式，因此两株或多株植物可以生自同一株植物。

某些昆虫为了防备来犯者还具有螫针或刺。有些昆虫的螫针在前面，与舌相接，有些则生于尾部。正如象的嗅觉器官即象鼻，既可用作防卫武器，又可用来满足营养之目的。螫针同样如此，在某些昆虫中当螫针与舌相连接时，昆虫不仅 683a 可以用之获得食物的味觉，还可用之拣选食物，将食物输送到嘴中。凡前面无螫针的昆虫皆拥有齿。某些昆虫用齿咀嚼，某些用齿拣选食物，送到嘴中，蚂蚁以及整个蜜蜂类即是如此。螫针长在尾部的昆虫生性凶猛，用之作为武器。有时螫针在躯体内部，如蜜蜂和黄蜂。这是因为它们是会飞的昆虫，如果螫针纤细精致并暴露在外，就会受到损害；另一方面，如果螫针较为粗厚，像蝎子的那样，其重量会成为飞行的负担。蝎子由于是陆生动物，因而有尾，其螫针必然位于尾部，否则就不能用作武器。没有任何一种双翅昆虫的尾部长有螫针，因为它们体积小、分量轻，较少的翅足以支撑起它们，因此它们只有两个翅。这同样也可以解释为什么其螫针位于前面：由于分量轻，它们不能用尾部进行攻击。另一方面，多翅昆虫由于体积较大，因此具有较多的翅，其尾部也较为强劲。如果可能，同一器官最好不应具有几种不同的功用，即应当有一个非常尖锐锋利的用于自卫的器官，另有一个柔软、富有弹性的器官用作舌，能汲取营养。因此无论何时，只要自然能够使用两种器官完成两件不同的工作而相互之间又不干扰，那它就如此行事，不像铜匠那样为了廉价省钱之目的把痰盂和灯台做成一个。只有当使用两种器官不可能的时候，自然才使用同一种器官完成不同的功用。

某些昆虫的眼由于由硬性材料构成，其视觉不太清晰，这样的昆虫往往长有较长的前足，为了能够清除落在眼上的东西。苍蝇和蜜蜂及与其相似的种类即为显明的例子，它们总是前足交叉。这些昆虫的后足比中间的长，因为这样可以帮助它们行走，另外当起飞时可以更加容易地离开地面。这种特征在会跳跃的昆虫那里尤为显明，例如蝗虫和各种跳
683b 蚤，首先将后腿弯曲，再伸展出去，这样必然使自己跳离地面。蝗虫所具有的舵状的腿只位于后面，前面没有。因为绞合部必然向里弯曲，前肢就不能满足这个条件。与连同用于跳跃的足一起，所有昆虫共有六只足。

【7】 有壳虫类的躯体不可分为多个部分，因为静止不动是其本性。而经常运动的动物必然具有较多的部分，因为其活动较多，运动越多，所需器官也就越多。某些有壳虫类完全是静止不动的，某些则很少运动。为了保护它们的安全，自然用坚实的贝壳把它们包围起来。如前所述，有些是单壳的，有些是双壳的。有些是圆锥形的，或像蛾螺类是螺旋状的，或像海胆类是球形的。双壳的又可分为两类。其一为一边有绞合部，另一边可以开启关闭的，如扇贝类和贻贝类；其二为两边共同拥有绞合部的，如刀背鱼类。正像植物，所有

有壳虫类的头部都在下面，因为它们从下面摄取食物，正如植物通过根系摄取食物一样。因此它们上下倒置。这些动物的肉体包围在一种膜中，由膜过滤新鲜水分，获取营养。它们全部都有头，但除了进食的部分有名称之外，其他部分没有确定的称呼。

【8】 所有甲壳类既能在陆地上爬行，又能在水中游泳，因此它们拥有为数众多的足。甲壳类动物有四个主要的“种”，即所谓的螯虾、龙虾、虾和蟹。每个种又包含了许多“属”，这些“属”不仅在形状上，而且在体积上也存在着众多差异。某些“属”大，某些“属”则非常小。蟹和螯虾很相似，两者都有螯或钳。这些螯并非为了运动，而是作为手的替代物用于捕捉猎物，因此它们沿着与足相反的方向弯曲，将其凸面朝向躯体，而它们的足将其凹面朝向躯体，这就使螯能够用来捕捉食物并运至嘴中。 684a

螯虾与蟹的区别在于前者有尾，后者无尾。因为螯虾四处游动，因此尾十分有用，尾可以像桨一样推进躯体。尾对于蟹毫无用处，因为蟹在靠近岸边的区域生活，钻入洞穴和裂缝。那些生活在深海中的种类，它们的足相当不适宜于运动，因为它们不需做过多的运动，其安全可以由贝壳状的覆盖物保障。例如，maiai 和叫做赫拉克鲁提科的蟹（herakleotikoi）。前者的腿很瘦弱，后者的腿很短小。

在鱼苗中可以发现的一种非常小的蟹，其最后面的足呈扁平状，像鳍或桨一样，为的是用来游泳。

在有尾方面虾区别于蟹，在不具有螯和钳方面虾区别于螯虾。因为虾有更多的足，因此缺失螯，用于生长螯的质料被转移到足的生长上去了。虾具有更多的足是因为它们的游动量更大。

在某些甲壳类中，头周围的下部表层[①]的结构类似于鳃，以便进水和排水。雌蟹的该部分偏下处在构造上比雄蟹更为扁平，并且层面上长有多毛的附属物。因为雌蟹在这个位置上储藏自己的卵，而不是像鱼类和其他卵生动物那样将卵自由撒播。这个附属物比较宽大，因此能够为卵提供更为宽阔的空间。在螯虾和蟹那里，右螯比左螯更大、更强壮，因为对所有动物来说，更多地使用右侧是其本性之所在。自然总是以独一无二或更为完善的方式将每种器官赋予那些能够使用它的动物，如獠牙、齿、角、距以及所有类似的用于防卫和进攻的部分。

龙虾无论雄雌都具有较大的螯或钳，此乃偶然性之结果。它们有螯，是因为它们属于有螯的种类；但它们是在一种无常规或非确定意义上有螯的，因为其构成不完善，并非
684b 为了本性之目的而使用螯，只是为了运动。

有关这些动物的每个部分、位置之间的差异以及这些部分在雄雌两性中存在的区别等问题的详尽论述，应参阅《解

① 即腹部。

剖学》和《动物志》。

【9】　至于头足类的内在部分，正像其他动物的内在部分那样业已说过。其外在部分包括尚无法界定的躯干部分和躯干前面的头部，足环绕头部四周。足不高于眼，并将嘴和齿围绕起来。在其他有足动物那里，或者一些足在前，或者一些足在后；或者足沿着边缘排列，如多足无血动物。然而，头足类的足有自己的特殊排列方式，所有的足都位于所谓的“前面”，因为躯体的后半部分被吸收到前半部分之上，正像圆锥形有壳虫类那样。一般说来，有壳虫类在某些方面相似于甲壳类，在某些方面又相似于头足类。土性的质料在外，肉性的质料在内，在这个方面有壳虫类相似于甲壳类；但在有关躯体的构成和结构方面，有壳虫类相似于头足类。所有有壳虫类都是如此，尤其是具有螺旋状贝壳的圆锥形有壳虫类更为突出。有壳虫类和头足类两者都具备这种本性的结构，〔因此它们用齐一的步伐行进，〕[①] 不像四足动物和人类的行进方式。〔人类的嘴位于头部，即位于躯体的上部，〕[②] 嘴之下是食管，食管之下是胃，胃之下是肠，肠通向释放排泄物的肛门。有血动物的安排方式是：头之下是所谓的躯干以及分布于躯干中的各部分。剩下的部分如前肢后肢，被自然加于躯体之上，为了协助上述诸部分和使行进成为可能。甲壳类

①② 这两段希腊原文轶失，根据后人拉丁文补遗译出。

和昆虫类的内在部分也以这种直线方式排列，但那些用来行进的外在部分在安排方式上与有血动物不同。头足类和圆锥
685a 形有壳虫类的内在部分具有相同的安排方式，但与甲壳类截然不同。因为头足类和圆锥形有壳虫类的尾部弯曲后与首部相接，好像把一条标有 AB 的直线变得弯曲，直至接触到 D 点。上述即为这些动物的内在部分的安排方式。在头足类中，环绕包裹着这些内在部分的是囊（对于章鱼类来说，只有囊才能叫做头）。而在有壳虫类中，与囊相对应的部分是圆锥形的贝壳。两者的唯一差别在于头足类的覆盖物是柔软的，而有壳虫类的则是坚硬的，自然用这种坚硬的物质把肉包围起来，给它们以保护，因为其运动能力是有限的。因此，两者释放排泄物的场所靠近嘴部：在头足类中位于嘴下，在有壳虫类中位于嘴边。

这就是头足类的足处于它们所处的位置，并与其他动物十分不同的原因。乌贼类和枪鲗类由于只会游泳，不同于章鱼类。章鱼类既会游泳又会爬行。乌贼类和枪鲗类在齿的上面有六只小足，其中位于两个边缘部位的较大；总共八只足中剩余的两只在下面，是最大的足。这些种类在下面拥有最强劲的足，正如四足动物在后面拥有最强壮的肢一样，因为它们可以支撑负荷躯体的重量，最主要的是进行运动。两个位于外面边缘上的足比里面的大是因为它们必须帮助其他的足完成功能。然而，在章鱼类中位于中间部位的四只足是最大的。

尽管所有头足类都有八只足，但乌贼类和枪鲗类由于躯

体大，因而它们的足较短；而章鱼类由于躯体小，因此足较长。自然在某种情况下从躯体中提取物质，用来加长足，在另一种情况下从足中提取物质，使躯体增大。因此，章鱼类的足既可用于行走，又可用于游泳，而其他种类的足就不能如此，因为它们的足小而躯体大。具有短足的种类在狂风巨澜时不能用足紧紧抓住岩石从而使自己避免遭受风浪的摧折，也不能用足来进行远距离捕捉食物，填入嘴中。为了弥补这种不足，它们拥有两个长长的喙，当暴雨狂风来临之际可以像船那样用之停泊下锚；另外也可用之捕捉远距离的食物，运至嘴中。乌贼类和枪鲗类就是这样。章鱼类没有喙，685b
因为它们的足可以用来完成这种功用。某些种类除了拥有足之外，还拥有吸盘和呈缠绕状的触角。这些部分和早期医生用来使错位的手指复位的辫状吸管一样，具有相同的功能和结构。它们同样都是由相互交织的纤维构成，其活动功能是把肉和柔顺的物质拉长。首先以一种松弛状态包围环绕对象，然后进行收缩，以这种方式把所有与其内表层接触的对象牢牢抓住、粘住。

某些种类除了足之外，某些种类除了喙之外，它们没有其他任何一种用于把食物送到嘴中的部分。它们具备足或喙这样的部分是为了代替手完成进攻和防卫以及其他功用。

所有头足类都有两排吸盘，但某种章鱼是个例外，只有一排吸盘，因为其本性长而细，狭窄的空间必然意味着只能容纳一排吸盘。之所以有一排吸盘，并非因为这是最佳安排，而是因为这是由其实体的特殊本性所决定的必然结果。

所有这些种类都有环绕着囊而生长的鳍。大多数的鳍是封闭的、连续不断的圆圈，大枪鲗类即是如此。而在某种叫做 teuthides 的较小种类中，鳍不仅十分宽阔（不像乌贼类和章鱼类那样狭窄），而且发源于囊的中间部位，并非环绕着整个囊。它们拥有鳍是为了能够游泳和拨正行进的方向，这点好像鸟类的尾羽和鱼类的尾鳍。章鱼类的鳍非常小，很不明显，因为它们的躯体小，由足来导航就很充分了。

有关昆虫类、甲壳类、有壳虫类和头足类的内在部分和外在部分依次述说完毕。

【10】 现在我们必须转而探讨有血胎生动物。业已说过的某些部分仍然有待于进一步讨论，我们首先讨论这些部分。之后，我们以相同的方式讲述有血卵生动物。

头部周围的各部分以及所谓的颈和咽喉已经讲过。所有有血动物都有头，但某些无血动物的该部分不太明确，如蟹。
686a 所有胎生动物都有颈，但并非所有卵生动物都有颈，因为有肺的动物才有颈，那些不从体外呼吸空气的动物没有这一部分。

头部主要是为脑而存在。有血动物必须有脑，如前所述，脑必须位于与心脏相对的位置。此外，自然把某些感觉置于头部，因为头部的血液混合的比例较为合适，不仅可以确保脑所需要的热量，而且可以为感觉提供纯净、精细的血液。另外，自然还把第三个部分即进食部分的控制置于头部，因为此处是最佳位置。胃不能位于心脏之上，因为心脏是生命的本原和指挥器官；即使胃位于心脏之下，事实上正是如此，进食的部分也不能位于心脏之下。因为这必然会大大增加躯体的长度，再者胃也会远离运动和整合作用的本原。头就是为这三个部分而存在的。颈为了气管而存在，它作为一种防护物，通过完全封闭的方式，避免气管和食道受到损伤。所有动物的颈是柔韧的，具有大量的椎骨，但狼和狮是个例外，它们的颈只用一块骨构成。自然给它们提供颈的目的是为了加强力量，并非为了其他功用。

与头和颈相连接的是前肢和躯干。人类具有臂和手，而非前腿和前足。人类是唯一直立的动物，因为其本性是神圣的。最神圣的活动就是认知和思想。如果躯体上部负荷着大量沉重下坠的肉体，这种神圣的活动将变得十分艰难，因为肉体的重量会妨碍心智和共同感觉的活动。因此，当肉体过于沉重，躯体本身必然向地面倾斜。在这种情况下，为了给躯体以坚实牢固的支撑，自然用前足替代了臂和手，使动物变为四足的了。所有行走的动物必须具有两只前足，这样动物就成为四足的动物，因为其灵魂不能支持维系使之下坠的 686b
重量。除人类之外，所有动物都是“矮子”[1]。所谓“矮子”是指上部大，用来支撑重量和行进的部分小。上部，我们称之

① nanodees。

为躯干，从头部到肛门。在人类中躯干与下部之间的比例合适，随着人的成长，两者之间的相对尺寸变得很小。在幼儿那里，这种情况恰好相反，即上大下小，因此幼儿不能走只能爬，在更早阶段连爬都不能，只能静躺在那里。所有儿童都是“矮子”，但随着年龄的增长，下部逐渐长大起来。然而四足动物恰好相反，一开始下部就是最大的，随着时间的流逝，上部即位于头和臀之间的躯干逐渐增大。因此，马驹完全或几乎与马一般高，在这段时间中马驹能用后腿触到自己的头，但长大后就不能。单蹄的或分趾蹄的动物也具有这种特征。多趾的无角动物实际上也是“矮子”，但不太明显，因此下部增长的幅度与上部比较起来不算太大，这与其本身较为矮小的缺陷是相一致的。

整个鸟类和鱼类都是“矮子”，如前所述，所有有血动物也是如此。这即是所有动物都不如人类有智慧的原因。即使在人类中儿童与成人相比，矮小的成年人与正常的成年人相比，尽管在某些方面具有优越性，但在心智方面都是低下的。如前所述，这是因为它们大多数的灵魂的本原是呆滞迟缓的、肉体化了的。如果使肌体直立的热量进一步减少，而土性质料逐渐增加，那么动物的躯体将会变小，其足的数目就会增多。最后，就会完全失去足，将全身平铺于地面。以这种方式继续发展，它们会使本原部分倒置在下面，最终与头相应的部分变得既无运动又无感觉。此时动物变成了植物，其上部下置，下部上浮。因为植物的根具有嘴和头的功用，而种

子恰好相反，生长在植物上部的细枝末梢处。 687a

我们业已说过了为什么某些动物是两足的、多足的或无足的；为什么某些为动物，某些为植物；为什么人类是唯一直立的动物。因为人类能直立，就不需要前腿。自然把臂和手赋予人类，代替前腿。阿那克萨戈拉声称，正是人类有手才使自己成为最有智慧的动物。但合乎根据的说法是：正是因为人类是最具有智慧的动物他才有手。手是一种工具或器官，自然像有实践智慧的人类，把每种器官赋予能够使用它的动物。应该把笛子给予善演奏的人，而不是拿笛子去学演奏的人。因此自然总是把价值较小的东西加到价值较大、更有统辖支配作用的东西身上，而不是相反。如果这是一种较好的方式，如果自然总是尽可能地做最好的事情，那么我们可以说，并非因为人类有手才成为最智慧的动物，而是因为人类是最智慧的动物才有手。最智慧的动物是那些能够更好地运用最多工具或器官的动物。手似乎不是一种工具，而是多种工具，是作为工具之工具。因此自然把这种用途最广泛的工具即手赋予那种最能获得最多技艺的动物即人。

有人声称人类的结构是不好的，比其他动物都糟糕，这种说法是不正确的。其根据是人类跣足、裸体、缺少自卫的武器。但我们认为，所有其他动物只有一种防卫方式，且不能变换为其他方式，比如它们不得不永远穿着“鞋”睡觉和完成所有的活动。它们永远不能剥掉自己的防卫武器，也不能转换这种武器。对于人类来说，有多种防卫手段可以采用， 687b

能够随时变换它们，最重要的是能随意、随地选择所需要的武器。以手为例，它既是爪、是螯、是角，又是矛、是剑或是其他什么武器或工具。手可以是所有这些东西，因为手能把握它们、持有它们。自然成功地设计了手的这种本然形式以适宜多种功用。手是可分的，可分为多种成分，复合物存在于可分的东西之中，而不是相反。可划分的东西能被按一种、两种或多种组合方式使用。另外，手指的关节被极好地构造出来，可用来把握对象、施加压力。有一根短而粗，不像其他手指那样长的手指位于手的一侧。如果这根手指不在一侧，把握对象是不可能的，这好像根本没有手一样。它自下而上施加压力，而其他手指则自上而下施加压力。如果手指紧握的力量像夹钳一般强劲有力，那这种安排方式是出于必然性的结果，因此它的作用力可以和其他四根手指的作用力相等。它长得短，因为短才有力，如果长得过长，就会毫无用处。（最末一根手指也长得短小，而中间的手指比较长，像船中间部位的桨一样，这是合理的。因为要把任何一种东西抓来使用，就必须抓住其中间部位。）因此，尽管这根手指长得短小，但仍称之为“大拇指”，因为如果离开了它，其他手指将会完全无用。手指甲也是一件设计得颇为精致的作品，对于人类，它们用作覆盖物，保护指尖部位；对于其他动物，它们也有实际用途。

人类的臂和四足动物的前肢按相反方向弯曲，这是为了有利于运送食物以及其他功用。四足动物必须能够使前肢向里弯曲，因此其前肢可用来行进，因为它们以前肢为足。多趾四足动物不仅用前肢行进，而且还用前肢代替手的功能。正如人们所看到的那样，它们用前肢进行抓握和防卫。然而单蹄动物用后肢做这些事情，因为其前腿完全没有可以相当于肘和手的器官。因此，多趾四足动物如狼、狮、狗、豹的 688a 每个前足有五个趾，而每个后足只有四个趾，第五个足趾像第五个手指那样，是“大拇指”。但较小的多趾四足动物在后足上也有五个趾，因为它们是爬行动物，有更多的爪，能使它们更牢靠地抓住物体，更容易地攀高，甚至可达一头之高。

人类的两臂之间，其他动物的前腿之间是所谓的胸。人类的胸宽阔，这是合理的，因为人类的臂位于两侧，无论如何也不会妨碍胸部的拓展。然而四足动物的胸是较窄的，因为它们的腿在行进中要不断交换位置，所以必然向前发展。因此在四足动物中，乳房并非位于胸部。但人类的胸部开阔，心脏周围需要覆盖物的保护，胸部又是多肉的，因此乳房位于此处，并清晰地分离开来。根据业已提及的原因，在雄性中乳房本身就是肉性的。在雌性中自然按其常规做法还将乳房移为他用，即用来储藏哺乳子代的营养。乳房有两个，因为躯体分左右两部分。乳房有些硬度，并是可分的，因为肋骨集聚于此，乳房在本性上不是一种沉重的赘物。然而在某些动物那里，乳房不可能位于两腿之间的胸部，因为这会妨碍它们的行进。因此乳房所在的位置多种多样。凡下仔较少的动物，无论是单蹄的还是有角的，其乳房位于大腿周围，且

只有两个。凡下仔多的动物或多趾动物，或者拥有多个乳房，位于腹部的边缘，如猪和狗；或者只有两个乳房，位于
688b 腹部中间，如狮。并不是因为狮下仔少，有时一次可以生两个以上，而是因为狮缺乏乳汁。狮作为食肉动物获得食物的效率很低，因此往往把所获取的营养完全用于躯体的生长。

象只有两个乳房，因为它一次只生一个仔。两个乳房位于前腿的腋下，并非位于大腿周围，这是因为象是多趾动物，而多趾动物无一在大腿附近有乳房。象的乳房高悬在腋下，因为这是所有多乳房动物的第一乳房的位置，而第一乳房产乳量最多。牝猪的例子即可表明这点，它总是将第一乳房提供给第一个生下来的猪仔。独仔当然是第一个仔，因此只拥有独仔的动物必然拥有第一乳房，而第一乳房即为腋下乳房。这是象只有两个乳房，并位于腋下的原因。多仔动物的乳房位于腹部，因为它们要哺乳大量的仔，因此需要多个乳房。既然躯体分左右两半，两排以上的乳房不能横穿躯体，因此必须纵向排列，唯一具备足够长度的场所就是界于前腿和后腿之间的位置。至于少仔的非多趾动物或有角的非多趾动物，它们的乳房位于大腿周围，如作为单蹄动物的马和驴，又如作为分趾蹄动物的骆驼，它们每次只生一个仔。另外，鹿、牛、山羊等也是如此。因为这些动物的躯体向上生长，而多余分泌物和血液沉集在下面，即靠近排泄流溢物的器官周围，自然把乳房置于此处。因为凡是营养发生活动的地方，必然是能够得到营养的地方。对于人类，无论雄性还是雌性都有乳

房，但某些其他动物的雄性没有乳房。例如马，某些雄马缺少乳房，而某些雄马像母马那样具有乳房。关于乳房，已说了很多。

胸之下是胃部区域，该部分并未被肋骨完全封闭起来，原因业已解释，即为了避免妨碍食物受热时所必然发生的膨胀，另外为了避免干扰怀孕时子宫的扩展。

在所谓躯干的终端处是释放干湿排泄物的部分。在所有有血动物中（只有几个例外），在所有胎生动物中（无一例外），自然使用同一部分来释放排泄物和进行交媾，雄性和雌性都是如此。因为种子是液态物质，是一种排泄物。（现在只是提出这个论断，以后将给出证据。）同样的原因也可用于解释雌性的月经和它们分泌种子的部分。关于这个问题也将在以后做出详尽讨论，现在仅仅提出雌性的月经正如雄性的种子，也是一种排泄物。既然种子和月经在本性上都是液体物质，因此这些相似的物质应当出自同一部分，这是合乎道理的。至于这些部分的内在构造以及与种子有关的部分和与受孕有关的部分之间的差异，这些问题在《动物志》和《解剖学》中已经清楚地表明，另外在《论动物生成》中还要给予讨论。显然，这些部分的外在形式必然取决于它们的活动功能。雄性的器官根据整个躯体的不同而不同，因为所有动物并非具备同样强劲有力的本性。再者，这种器官是唯一可以独立于疾病的变化而发生膨胀和收缩的器官。其体积的膨胀可用于交媾，收缩则有益于肌体其他部分的使用，如果总是处于膨胀状态，该器官会成为妨碍其他部分的赘物。因此它是由那些使两种状态成为可能的质料构成的，它既包含了腱又包含了软骨，因而既能收缩又能膨胀，并使空气进入其中。所有雌性四足动物都向后排尿，因为这种安排对交媾有用。689b 只有一些雄性也是这样，如猞猁、狮、骆驼和野兔，但单蹄动物不是如此。

同四足动物相比，人类的后面部分和腿周围部分具有特殊性。几乎所有四足动物，无论是卵生的还是胎生的都有尾，尽管尾的尺寸不大，但依然在象征意义上作为残端存在着。人类无尾，但有四足动物所没有的臀部。人类的腿，无论大腿还是小腿都是多肉的。所有其他动物，不管是不是胎生的，它们的腿是多腱的、多骨的、多刺的，因而是无肉的。对于所有这些差别的原因，有一个普遍意义上的解释，即是说人类是唯一直立的动物。为了使人类的上面部分轻盈、便于负载，自然就从上面部分提取了肉体性质料，把重量转移到下面来，使臀部、大腿和小腿变得多肉。自然在使臀部变得多肉的同时，也使它有利于躯体的休息。站立不会让四足动物感到疲劳，甚至长时间持续保持站立姿态也不会使之劳累，因为它们一直由四个支撑物来支撑躯体，就像躺着一样。但对于人类，持续直立不是一件易事。人类的躯体需要休息，必须坐下来。这就是人类之所以有臀部和多肉的腿的原因。这些多肉部分的存在也说明了人类为什么没有尾。因为营养在到达尾所在的场所之前就被臀和腿用尽了。此外，臀部的存在取消了尾的必然性。但在四足动物和其他动物那里，情况恰好相反。它们都是“矮子”，这就意味着其重量的压力和肉体物质位于上部，被自然从下部移走，因此它们没有臀部，而有坚硬的腿。为了保护和覆盖用于释放排泄物的部分，自然通过提取原本进入腿中的营养生成了所谓的尾或短尾，将之赋予这些动物。

（猿在形式上界于人类和四足动物之间，它不属于两者的任何一种，或同时属于两者，因此它既无尾又无臀部。作为两足的，它没有尾；作为四足的，它没有臀部。）

所谓尾存在着诸多差异。它像其他器官一样常被自然用 690a
作第二目的，即不仅用来覆盖和保护肛门，还用于其他有益之功用。

四足动物的足也有种种差异。某些具有单蹄，某些具有分趾蹄或偶蹄，某些具有分裂为多个部分的蹄。单蹄类存在于那些体积大、含有大量土性质料的动物中，这些土性质料并未形成角和齿，而是被分离提取出来形成具有指甲本性的东西，由于土性质料量多从而形成一个连续的、单一的指甲，即单蹄。基于这个原因，单蹄动物一般说来没有距骨[①]。另外单蹄动物没有距骨还因为距骨存在于后腿关节中会妨碍它的自由运动，只有一个角位的部分比具有多个角位的部分能更加迅速地伸展和弯曲。距骨作为一种起连接作用的栓，好像

① astragalos。

在两肢之间插入另外一个肢，这就增加了足的重量，但也使行进活动更为稳固牢靠。因此在有距骨的动物中，它只存在于后肢中，不存在于前肢中。因为前肢首先运动，应当既轻便又易于弯曲，而后肢必须坚固可靠、伸展自如。再者，距骨给肢的攻击作用增添了力量，成为合适的自卫武器，这些动物使用后腿保护自己，将来犯者踢走。

分趾蹄动物有距骨，因为其后腿较轻。距骨的存在避免了它们具有单蹄，骨性质料留在关节中，因此足中缺少这种骨性质料。多趾动物没有距骨，如果有的话，它们就不再是多趾的了，其足的划分就会达到为距骨所占有的那样的宽度了。因此最富有距骨的是分趾蹄动物。

在所有动物中，人类具有最大的足，这一点相应于人类躯体的体积，这是合乎道理的，因为人类是唯一直立的动物，两只足要担负着整个躯体的重量，因此必须长而宽阔。足趾同手指相比较短，这也是合理的。手的任务在于抓握和持有 690b 物体，这要靠手的弯曲部分完成，因此手指必须是较长的。而足的功能在于使人类能够牢稳站立，为了确保这点，足的未被分裂的那部分必须大于足趾。足的尖端部分分裂比不分裂更好，如果不分裂，一旦一个部分受到疾病的侵袭，就会蔓延感染整个足；如果足的尖端部分分裂为足趾，这种情况就不容易发生。再者，短的足趾比长的足趾不易受到损伤。因此人类具有多个不长的足趾。足趾长有趾甲，同手指长有指甲的原因一样，即尖端处脆弱无力，因而需要特别的保护。

我们已经论述了所有胎生的、生活于陆地上的有血动物。

【11】 至于卵生有血动物，某些具有四足，某些则完全无足。无足的只有一个种类，即蛇类。它们之所以无足，在《论动物行进》一书中业已论及。在其他方面，其构造相似于卵生四足动物。

这些动物都有头以及构成头的各部分，原因同其他有血动物一样，除河生的鳄鱼之外，它们的嘴里都有舌。鳄鱼似乎无舌，只有为舌提供的空间。因为它既是陆生动物又是水栖动物。从其为陆生动物的特征看，鳄鱼具有为舌提供的空间；就其为水栖动物的特征看，鳄鱼又没有舌。如前所述，某些鱼类似乎没有明显的舌，除非将它们的嘴撑得很大，方隐约可见；某些鱼类虽有舌，但没有同嘴的其他部分清晰地分离开来。因为对于这些鱼类来说，舌的用处不大，它们不能咀嚼食物，在吃掉食物之前不能品尝味道，只在吞咽过程中方可获得快感。这是因为液汁的味道由舌来感觉，而固体食物的快感在通过食道时才能感受到，因此对油性食物、热食物以及其他类似的食物的感受存在于吞咽过程中。胎生动物也具备这种感受能力（的确，来自所有精美食物的快感系于吞咽过程，归因于食道的膨胀，因此同一种动物不会既过于贪吃 691a
精美食物又过于贪尝美味液汁），而其他动物除此之外还具备味觉能力，无舌动物缺少味觉能力，只有其他感受能力。在卵生四足动物中，蜥蜴类（蛇类也是如此）具有分岔舌，舌尖如同毛发般精细，这个问题业已论及。海豹也有分岔舌。因此所有具有分岔舌的动物都喜欢精美食物。

像鱼类一样，所有卵生四足动物都具有尖锐的内在吻合的锯齿。其感觉器官都相似于其他动物，即具有用于嗅的鼻，用于看的眼和用于听的耳，但是耳并非耸立凸现，只是一种类似于鸟类的听觉通道而已。原因对于两个种类是一样的，即因其覆盖物之坚硬所致。鸟类以羽毛为覆盖物，四足卵生动物则以骨质的鳞甲为覆盖物，相似于鱼鳞，但在本性上比鱼鳞更为坚硬。龟、蟒蛇和河生鳄鱼可以清楚表明这一点，其鳞甲由骨性的质料构成，但比骨更加坚硬。

卵生四足动物像鱼类一样没有上眼睑，它们用下眼睑闭眼。用来说明鸟类在这个问题上的原因同样适合于这些动物。某些鸟类借助于来自眼角的膜眨眼，但这些动物不能如此，它们的眼比鸟类的硬。这是因为鸟类要四处飞行，敏锐的视觉能力对于鸟类的生存活动相当有用；但对于卵生四足动物就没有多大的用处，因为它们全都过着穴居生活。

这些动物的头分成两半，上面的部分和下面的腭。人类和胎生四足动物的下腭既可以上下运动又可以左右运动，但鱼类、鸟类和这些卵生四足动物的腭只能上下运动。因为垂直运动对咬碎和切割食物有用，而两边运动对磨烂食物有用。
691b 当然，这种两边运动对具有臼齿的动物有用，但对缺少臼齿的动物则毫无用处，因此这些动物无一具有这种两边运动。自然从来不做多余的事。所有这些动物都用下腭运动，只有河生的鳄鱼是个例外，它用上腭运动，因为它的足太小，不能用于捕捉和抓获对象，因此自然赋予它能够代替足来完成这些目的的嘴。在捕捉和抓获对象时，进行攻击的最为可行的方向在于能够由之产生出最大的力量。而来自上方的攻击力总强于来自下方的攻击力。既然嘴的功能在于捕捉食物和咬碎食物，而捕捉食物的功能对于既无手又无发育完备的足的动物来说就更为必需了。因此对鳄鱼来说，上腭运动比下腭运动更加有用。基于同样的原因，蟹类用螯的上半部分运动，而非下半部分。螯是手的替代物，用于捕捉食物，而非切割食物，切割和咬碎食物乃是齿的功能。蟹类和其他类似的动物能够自在地捕捉食物，由于它们的嘴在水下不能进行活动，因而有了分工：它们用手或足捕捉食物，用嘴切割、咬碎食物。至于鳄鱼，自然通过使它们的腭按上面提及的方式运动，把它们的嘴构造得能够同时用来完成捕捉和切割这两种功能。

所有这些动物都有颈，这是因为它们都有肺，有一根长长的气管，由之使空气进入肺部。

既然界于头和肩之间的部分被称为颈，蛇类就难说具有类似于其他动物那样的颈，如果颈必须按上述方式界定的话。实际上，蛇类只具有相当于颈的部分。同其他接近的动物相比，蛇类能够在躯体其他部分保持静止不动的情况下将头后转，这是它们的特殊性。因为它们像昆虫一样，可以使躯体 692a
盘卷起来。其脊椎是软骨性质的，具有伸缩性。这种功能乃是其构造的必然结果，但同时也是为了满足有益之目的，因为这样可以使它们防备来自身后的攻击。蛇类由于躯体过长，又没有足，因而不适合于扭转躯体以保护后面。只能抬头但不能转头，对蛇类将毫无用处。

这些动物也有相当于胸的部分，但它们在此处或其他什么地方没有乳房，鸟类和鱼类也没有。因为乳房是乳汁的接受器官，如同容器一样。不仅这些动物没有乳房，所有其他非胎生动物都没有。因为它们都产卵，所具备的乳汁性的营养都被转移到卵中了。在《论动物生成》中将详尽讨论这些问题。关于这些动物的腿如何弯曲，以及有关所有动物在这个问题上的一般性说明，在《论动物行进》中业已论及。

这些动物也有尾，某些尾大，某些尾小。至于原因，在前面已给出一般性的说明。

在陆生的卵生动物中，变色蜥蜴类的肉最少，因为其血液最少。另外还因为这类动物在灵魂的习性上易受惊吓，因而体色多变。恐惧是一种由缺乏热量和血液所导致的冷缩凝固过程。

692b 我们已经探讨了这些无足的和四足的有血动物，详细说明了它们所具有的外在部分及其原因。

【12】 鸟类之间的差异乃是其各部分在或大或小、或多或少方面的差异。比如，有些腿长，有些腿短；有些舌宽，有些舌窄。其他部分也是这样。因此同类比较起来，它们只有

很少一些部分相互有所差异。但与其他种类的动物相比，它们在各部分的构造形式方面差别很大。鸟类的一个特征在于它们都有羽毛，而其他动物则覆盖以毛发或鳞片或骨质的鳞甲。鸟类的羽毛是可分割的，因此在形式上不同于某些昆虫的不可分割的翅。鸟类的羽毛有羽梗，昆虫的翅则没有。鸟嘴是鸟类另外一个具有特殊性的部分，作为头部的一种非同寻常的附加物。鸟嘴由骨构成，代替齿和唇的功能，正如象鼻代替手，某些昆虫的舌代替嘴那样。有关感觉器官我们业已说过。

鸟类在本性上具有从躯体中探出的颈，原因同其他有颈动物的一样。某些鸟类有长颈，某些有短颈。一般说来，颈的长短基本上根据腿的长短来确定，因此长腿鸟有长颈，短腿鸟有短颈，但蹼足鸟是个例外。对于鸟类，短颈配长腿或 693a
长颈配短腿在从地面获取食物上毫无用处。再者，食肉鸟类会感到长颈在生活中委实是一种无益的妨碍。这种鸟靠非凡的力量为生，而颈过长意味着力量的缺乏。因此没有一种有爪的鸟有长颈。蹼足鸟和其他一些同种鸟类，即那些尽管足被分成趾，但形状像扁鼻的鸟类，它们都有长颈，因为长颈对它们从水中觅食十分有用。它们的足恰好相反，比较短小，因此它们能够游泳。

鸟嘴根据鸟类生活习性的不同而不同。某些是直的，某些是弯的。如果鸟嘴只用于获取食物，则是直的；如果以肉为食，则是弯的。因为弯曲的鸟嘴可用来征服猎物，这样的鸟必须从其他动物的躯体上掠取食物，在多数情况下要靠强力。那些栖息于沼泽之中，以食草为生的鸟类具有宽阔的嘴，这种嘴可用来挖掘、拔取食物，可用于啮草。某些这样的鸟类既有长嘴又有长颈，它们可以深入地面之下掘取食物。大多数这样的鸟类和蹼足鸟，无论是完全还是部分的蹼足，它们都以捕捉某些微小的水生动物为生，它们的颈好比钓竿，嘴好比线和鱼钩。

躯体的上下部分，即在四足动物那里被称为躯干的部分，在鸟类中是一个连续的整体。鸟类没有臂和前腿，而有翅附加在这一部分上。翅是鸟类的又一特征。在鸟类的背部
693b 上面没有肩胛，而有翅的终端。

像人类一样，鸟类有双腿。但不像人类那样可以向外弯曲，而像四足动物那样向内弯曲。翅以凸面朝外的方式弯曲，这点相似于四足动物的前腿。鸟类的足有两只，这是必然的。因为鸟类在本性上属于有血动物，同时又是有翅的动物，而没有任何一种有血动物具有四个以上的运动支点。因此在鸟类中，正像在其他生活和运动于陆地上的有血动物中那样，有四个部分或肢附加在躯干上。但在其他动物中，四个部分或肢由双臂和双腿构成，在四足动物那里由四条腿构成。在鸟类那里，双臂或两条前腿被双翅代替，这是它们的特殊性。能飞行是鸟类的本性，正是翅的伸展才使这种活动成为可能。因此，鸟类只能具有两足乃是必然的结果。两足加双翅构成了四个运动支点。

所有鸟类都有狭窄、多肉的胸。狭窄，是为了便于飞行（因为宽阔的表面要排除大量的空气，不利于飞行）；多肉，是因为狭窄的东西脆弱一些，要有丰厚的覆盖物。

胸的下面是胃。像四足动物和人类那样，胃通至排泄分泌物的肛门和腿与躯干的交会处。这是位于翅和腿之间的部分。

鸟类同所有胎生的或卵生的动物一样，在其生长过程中都有脐，然而当它们成熟后便不太明显了。关于这一点的原因可以从它们生长过程中清楚地发现：脐带长在肠上，并与肠结为一体，并非像胎生动物那样构成血管的一部分。

善于飞行的鸟具有大而强劲的翅，例如那些具有弯爪和 694a
以肉为生的种类。由于它们的生活习性，它们必然善于飞行，所以具有丰厚的羽毛和较大的翅。此外，还有其他鸟类也善于飞行，即所有以速度为安全保障的鸟，或定期移栖的候鸟。某些鸟类不善于飞行，如那些栖息于陆地上，以果实为食的笨重的鸟类，或那些能够游泳和栖息于水边的鸟类。有爪鸟类除了翅之外的躯体较小，因为营养被用于生长翅以及进攻和防卫的手段了。不善于飞行的鸟类恰好相反，它们具有笨重的躯体。某些笨重的鸟类腿上长有所谓的距，代替翅作为防卫手段。同一种鸟不会既具有距又具有爪，因为自然永远不会创制任何多余或不必要的东西。距对有爪和善于飞行的鸟类毫无用处，距有利于地面上的战斗，因此某些笨重的鸟类有距。而爪对有距鸟类不仅无用，而且有害，因为爪会插入土中，妨碍它们行走。的确，所有有爪鸟类都不善于行走，它们从不栖息于岩石上面，因为爪的本性不适合于这两种运动。

这些状况都是鸟类在生长过程中所产生的必然结果。来自鸟类躯体中的土性质料转换生成了那些用于防卫的部分。当土性质料向上流动，便产生了坚硬或较大的鸟嘴；如果向下流动，便产生了腿上的距，或使足上的爪变大、变得强劲有力。但不会同时既产生距又产生大的爪，因为如果流溢出
694b 来的土性质料分散开来，就会削弱自身的力量。在某些鸟类那里，这种质料使腿加长；在另一些鸟类那里，则填入足趾的空间处。因此，那些游泳的鸟类或应当是完全蹼足的，或应当具有一种连续而宽阔的扇状物，沿每个分离的足趾边缘分布，这些都是必然的。

根据上述原因，这种形式的足乃是出于必然性的结果。同时具有这种形式的足是有益的，因为有利于生活，这些鸟类生活于水中，翅对它们毫无用处，而这种形式的足却十分有用，可以帮助它们游泳，就像船桨或鱼鳍。失去鳍的鱼不能游泳，损坏蹼足的鸟也不能。

某些栖息于沼泽中的鸟类具有长腿。因为自然为了功用而创制器官，并非为了器官而创制功用。这些鸟类没有蹼足，因为它们不善于游泳；它们拥有长腿，因为它们生活在足下的陆地上。有些还拥有长趾，多数的趾上长有附属的关节。再者，虽然这些鸟类不善于飞行，但它们像其他种类一样由相

同的质料构成。在其他种类中用于生长尾羽的营养，在这些种类中被用来生长腿，使之加长，当飞行时它们将腿向后伸展，用之代替缺失了的尾羽，腿的这种安排方式对它们有用，否则将成为障碍。

短腿鸟类在飞行时将腿紧贴着腹部，因为这样一来足就不会碍事；对有爪鸟类来说，这种姿式还有另外的用意，即便于捕捉猎物。

那些具有长而粗的颈的鸟类在飞行过程中将颈伸出，而那些具有长而细的颈的鸟类在飞行时将颈弯曲，因为纤细的东西因其长度便于前后摇摆，容易折断。所有鸟类都有坐 695a
骨，但似乎看起来并不具有。坐骨很长，达到腹部中间位置，看上去更像第二根股骨。这是因为鸟类尽管是两足的，但不能直立。如果鸟类的坐骨离肛门的距离很短，并直接继之以腿，像人类和四足动物那样，鸟类就根本无法站起来。人类能够直立，四足动物由前腿来支撑前面的重量。但鸟类因其“矮子”的形状，所以不能直立，同时又没有前腿来支撑重量，因为翅代替了前腿。为了弥补这一缺陷，自然使鸟类的坐骨加长，通至躯体中间部位，使躯体变得牢固可靠。自然又将腿置于坐骨之下，因此重量就会均匀分布两边，使鸟类能够行进和站立。这就是鸟类虽有两足，但不能直立的原因。至于为什么鸟类腿上缺肉，原因同四足动物的一样，我们已经讲过。

对于所有鸟类，无论是否蹼足的，每只足都有四个足趾。

（至于利比亚鸵鸟，现在不做讨论，其偶蹄和其他一些同鸟类不一致的特征将到后面再说。）这四个足趾，三个在前面，第四个在后面代替踵以产生稳定作用。在长腿鸟类中第四个趾很短，例如长脚秧鸡[1]，但趾的数目并未超过四个，由于它们的腿细长。趾的这种安排方式具有普遍性，但歪脖[2]是个例外，因为它的两个趾在前，两个趾在后，这是因为其躯体重量前倾的程度不及其他鸟类。

所有鸟类都有睾丸，但内在于躯体之中。原因将在《论动物生成》中加以说明。

695b 这些即为鸟类所具有的种种部分的存在方式。

【13】 在鱼类中，其外在部分的发育受到阻碍。鱼类没有腿、手和翅，从头到尾整个躯体呈现为一个不间断的表面，原因前面已经讲过。鱼类的尾并非全部相同，某些具有类似于鳍的尾，某些扁平的鱼类具有长而多刺的尾，因为本当用于生长尾的质料被转移用于增加躯体的宽度上了。例如，电鳐、魟以及类似的其他鲨类，这些鱼类都有长而多刺的尾。另外某些鱼类具有短而多肉的尾，原因同前者一样，即无论尾是短而多肉的还是长而少肉的，都可归于同一种东西。

至于鮟鱇[3]，情况正好相反。其躯体前面宽扁部分是无肉

① kreks。

② iugks，一种啄木鸟。

③ batrakhos，原指“蛙”，这里或许指“蛙鱼”。

的。自然从前面把肉取走，转移到后面尾部。

鱼类没有连接在躯体上的肢，这是因为自然从来不做多余或无用的事。根据其本质的逻各斯，鱼类在本性上是游泳动物，因而不需要肢。另外按其本质，鱼类是有血动物，这意谓着如果它们有四个鳍，就不能再有腿或其他类似的肢。它们有鳍，因为它们是游泳动物；它们无足，因为它们不会行走，一种动物有足是因为足可用于在陆地上行进。kordulos[①]除了有鳃之外还有足，因为它没有鳍，只有粗糙不平、宽扁凸出的尾。

除了诸如 batos[②]和魟这样的扁平鱼类之外，鱼类有四个鳍，两个在上，两个在下，不会多于四个，因为这样鱼类就 696[a]
变成无血动物了。几乎所有鱼类都有两个上鳍，但某些躯体大而厚的鱼类缺少两个下鳍，例如鳗、康吉鳗以及生活于西斐湖中的某种 kestra[③]。那些躯体比前者更长，很像蛇的鱼类如海鳝类，它们完全没有鳍，只是利用躯体的弯曲运动，即它们借助于水，如同蛇类借助于地面。事实上，蛇类游泳的方式和在地面上爬行的方式相同。这些像蛇的鱼类之所以无鳍的原因同蛇类之所以无足的原因是一样的，这个问题在《论动物行进》和《论动物运动》中业已说过。如果它们有四个运动支点，其运动能力就会很差，因为鳍或者会分布得太

① 大概指“蝾螈”之类的动物。

② 原指“多刺的灌木”，这里大概也是指魟类。

③ 相当于“狗鱼”或“康吉鳗”。

紧密，或者会太疏离，这两种状况都使运动难以进行。另一方面，如果它们的运动支点多于四个，就会成为无血动物。对于只有两个鳍的鱼类，原因也是一样的。它们也类似于蛇，具有长长的躯体，并利用躯体弯曲的力量代替另外两个缺失了的鳍。这就使它们除了能够爬行之外，还能在陆地上存活很长一段时间，某些不会立即断气，而某些接近于陆生动物的种类受影响更小。

在所有只有两个鳍的鱼类中，这两个鳍是上鳍，除了那些因躯体的宽扁阻碍了鳍的种类之外。这样的鳍位于头部周围，因为此处没有躯体的长度，正是长度可代替缺失了的鳍用来行进，而这些鱼类在指向尾部的方向上有相当一段长度。至于 batos 以及类似的鱼类，它们借用宽扁躯体的边缘代替鳍来游泳。而那些不太宽扁的鱼类具有鳍，如电鳐和鮟鱇。但它们的上鳍位于较后的位置，因为躯体的前部较为扁平；而下鳍靠近头部，因为此处的扁平不会妨碍下鳍的运动。但下鳍比上鳍小，以补偿其位置的前在性。电鳐有两个鳍位于尾部，它利用半圆躯体每一边宽阔的边缘来代替鳍的功能。

至于头部的各个部分以及各种感觉器官，前面业已说过。

696b 使鱼类同其他有血动物区别开来的特征在于它们有鳃。为什么有鳃，在《论呼吸》中已经讲过。所有鱼类的鳃上都有覆盖物，但鲨类是个例外，它们无一有覆盖物。因为鲨类的骨是软骨性质的，而其他鱼类的骨是鱼刺性质的，鳃的覆盖物正是由这种质料构成的。再者，鲨类由于缺少鱼刺和腱因而运动迟缓，而有刺的鱼类运动迅速，覆盖物的运动必须迅速，因为鳃在本性上是为了呼气而存在的。因此，在鲨类中鳃的孔道可以自动关闭，不需要覆盖物来确保关闭的速度。

某些鱼类具有多个鳃，某些只有很少几个；某些具有双鳃，某些只有单鳃。最后一个鳃在多数鱼类那里几乎都是单鳃。详尽的解释应参阅《解剖学》和《动物志》。鳃的数目取决于心脏的热量。动物的热量越大，鳃的运动速度和力度必然越大。多个鳃和双鳃比少数几个鳃和单鳃运动速度和强度更大。因此，某些只有很少几个功效相对弱小的鳃的鱼类，能够在水外存活相当长的一段时间，因为它们不太需要冷却作用，例如鳗和蛇状鱼类。

鱼类的嘴也有差异。某些鱼类的嘴位于躯体正前方顶端部，而某些则位于前方下部，如海豚和鲨类。因此这些鱼类为了获得食物不得不翻转躯体。显然，自然的目的不仅在于保存其他动物，因为上述鱼类以捕捉动物为食，在它们翻转躯体时其他动物可以安全逃离，而且自然的目的还在于避免给这些鱼类过多的食物以满足它们的贪欲，因为如果它们能够更加便利地捕捉食物，就会因过饱而当即死亡。另外还因为它们的口鼻部圆而小，不能张得很大。

再者，嘴位于前方上部的鱼类在嘴开启的程度上也有差
异。有些鱼类的嘴张得很大，有些则位于尖细狭窄的口鼻 697a
部。前者属于食肉鱼类，例如那些拥有相互吻合的锯齿，其力量系于嘴的鱼类，后者则属于非食肉鱼类。

至于皮，某些鱼类具有鳞状的皮（这些鳞光亮而单薄，容易从躯体上面脱落），某些具有粗糙的皮，如扁鲛和 batos 等等。皮光滑的鱼类为数最少。鲨类拥有无鳞但粗糙的皮，因为其骨是软骨性质的，自然没有把土性质料用于骨，而是用于皮。

无论在体外还是在体内，鱼类无一具有睾丸，其他无足动物，包括蛇类也没有。鱼类用于释放排泄物的孔道和生殖性分泌物的孔道是同一个器官，所有其他卵生动物，包括四足类也是如此，由于它们没有膀胱，不产生液体排泄物。

上述即为鱼类同其他动物区别开来的特征。但海豚和鲸以及所有类似的鲸类都没有鳃，只有气孔，因为它们有肺。它们不得不让海水进入嘴中，因为它们从水中获取食物，一旦嘴中进水又必须通过气孔排出。鳃只对不呼吸的动物有用，关于这个问题的原因在《论呼吸》中业已说明。没有任何一种能呼吸的动物同时有鳃。这些鲸类为了排水而具有气孔，位于脑的前面，否则气孔会把脑与脊椎分离开来。这些动物之所以有肺、能呼吸的原因在于体积大的动物比其他动物需要更多的热量使自己运动，因此它们有肺，并充满了来自血液的热量。它们既是水栖动物又是陆生动物：作为陆生动物，它们呼吸空气；作为水栖动物，它们无足，并从水中获取食物。
697b 同样，海豹和蝙蝠也是两栖性的。海豹界于陆生动物和水栖动物之间，蝙蝠介于陆生动物和飞行动物之间，因此它们属于两类或不属于任何一类。至于海豹，如果视之为水栖动物，但它有足；如果视之为陆生动物，但它有鳍（其前足完全像鱼类的鳍，其齿全部是尖锐的相互吻合的锯齿）。至于蝙蝠，如果视之为鸟类，但它有足，如果视之为四足动物，但它又无足。再者，它没有四足动物的尾，因为它是飞行动物；它也没有鸟类的尾，因为它是陆生动物。它没有鸟类一样的尾是必然的，因为它有膜或皮状的翅。没有任何动物具有鸟类一样的尾，除非具备含有羽支的羽毛，因为鸟类的尾由含有羽支的羽毛构成。如果四足动物的尾生长在羽毛之中，委实会成为一种妨碍。

利比亚的鸵鸟具有同样的构成方式。在某些方面它像鸟，在另一些方面又像四足动物。作为非四足动物，它有羽毛；作为非鸟类，它不能腾飞，并具有对飞行毫无用处的毛发一样的羽毛。再者，作为四足动物，它有上睫毛，头部和颈的上半部光秃无毛，因而其睫毛比较浓密；作为鸟类，在躯体下部有羽毛。同样作为鸟类，它是两足的；但作为四足动物，它又具有偶蹄，因为它有蹄而无趾。它具有四足动物的体积而非鸟类的体积。一般说来，鸟类的体积非常小，因为较大的体积难以从地面上起飞。

我们业已说明了所有动物的各个部分，说明了每个部分之所在存在的原因。现在结束这个问题，接下来应当探讨动物的种种生成方式。

论动物运动

崔延强 译

peri Zoioon kineseoos　据《洛布古典丛书》希腊本文。

【1】 我们在其他地方已经探讨了各种动物的运动、这 698a
些运动之间的区别以及每种运动所具有特征的原因。现在必须从总体上探究动物的种种运动方式——飞翔、游泳、行走及其他方式——的共同原因。

在研究永恒运动是否存在，如果存在它是什么的问题时，我们业已明确：所有其他运动的本原是自我启动者，而自我启动者的本原是不动的，第一启动者必然是不动的。我们不仅必须从理论上作为一般原则把握这个问题，还必须诉诸个别事物和可感对象，因为我们以之为基础寻求普遍性的理论，我们认为这些理论应当与之保持一致。显然，在可感对象中如果没有静止的东西，运动是不可能的，这一点在动物那里尤为突出。因为如果动物的某个部分运动，另一部分必须保持静止；根据这个原因，动物具有关节。动物以关节为中心，关节内在其中的整个部分由于关节的存在从而既是一又是二，既是直又是曲，既是潜能上的变化又是现实上的变化。当某部分被弯曲和被推动时，关节中的某个点在运动，另一点则保持静止。正像在圆的直径上 AD 保持静止，B 做运动，形成半径 AC。但是，在几何图形中中心被认为是完全不可分割的，人们所说的数学上的运动乃是想象的产物，没有任何数学对象是能运动的，而关节的中心无论在潜能意义上还是在现实意义上，既是单一的又是可分割的。当本原之下的部分 698b
处于运动状态时，运动的本原作为始点总保持静止。例如当前臂运动时的肘关节，当整个臂运动时的肩关节，当胫运动时的膝关节，当整个腿运动时的髋关节。显然，每种动物必须在自身之内具有某个静止的点，为的是给被推动的部分提供运动的本原，作为整体的运动和各部分的运动都系于此。

【2】 然而在动物之内的这个静止的点依然不起作用，如果在动物之外没有某种绝对静止和不动东西的话。因此对于这个论断值得停下来进行深思，因为它所包含的理论不只涉及了动物，而且还涉及了整个宇宙的运动和发展。正像在动物中如果要有运动就必然存在着某种不动的东西，因而更有甚者，在动物之外也必然存在着某种不动的东西，被启动的东西依靠它而被启动。因为如果支持动物的东西总是不稳定或不牢固的，就不会有行进，就像鼠在松散的土中行走，人在沙中行走一样。如果地面不保持静止，就不能行走；如果空气或大海不产生阻力，就不会有飞翔或游动。提供阻力的东西必然不是被启动的东西，由前者构成的整体必然不是由后者构成的整体，不动的东西必然不是被启动的东西的一部分。否则，就不会有运动产生。下述问题可以提供证据：为什么某人在船外用竿子推一下桅杆或其他某个部分就可以很容易地使船运动起来，如果他在船内这样做就永远不能推动船，提图俄斯（Tituos）不能，就是玻瑞阿斯（Boreas）在船上吹气也不能，如果他的确以画家们所描绘的那种方式吹气的话，因为画家们把他画作从自己的嘴里往外吹气。某人为

了制造大风不管是轻轻地吹还是用力地吹，同样被推进的不 699[a]
管是气流还是其他什么东西，首先他必然依靠自己的某个静止的成分以作推动，其次这个成分或作为本身或作为某个部分，应当保持静止，并依靠某个外在于它的东西。而那个置身船中试图推动船的人，由于依靠于船，当然不能使船运动，因为他所依靠的东西必然应当是保持静止的。但在上述情况下，他试图推动的东西和他所依靠的东西是同一种东西。如果他从外面推动或拖拉船只，就能够使之运动，因为地面不是船的一部分。

【3】 但我们还要提出一个疑问：如果某个东西推动了整个天，这个启动者是否必须是不动的，是否必须不是天的一部分或不在天之中。如果它自我推动并推动了天，在这种情况下为了推动它必须与某个不动的东西发生联系，那么它不能是推动者的一部分；如果推动者来自第一不动者，那么它同样不是被推动者的一部分。在这个问题上，那些声称天以圆圈轨迹运转，因而没有任何一个部分保持静止的人，其观点是正确的。因为如果不是这样，整个天必然会静止下来，或天的连续性必然会解体。然而，他们认为天的极点具有某种力量，尽管它们没有体积，只是终点或点，这种说法不甚恰当。因为除了极点这种东西没有实体性的存在是一件事实之外，一种单一的运动不可能由两个力量引起，而他们把极点分成两个。由以上问题可以做出猜测：有某种东西之于整

个自然，正如大地之于动物和被动物所推动的东西①。

那些有关阿特拉斯（Atlas）将脚踏在大地上的神话传说似乎含有某种意义，因为它们把阿特拉斯作为直径，使天绕极点转动。由于大地仍然保持静止，因而这是一种合理的解释。但这种说法必然意味着承认大地不是宇宙的一部分。再者，推动的力量必须等同于保持静止的力量。因为必然存在着某种确定的力量或潜能，保持静止者由之保持静止，正像存在着一种力量，推动者由之进行推动一样。正如在相互对立的运动之间有一种比例，同样在静止之间也有一种比例。
699b 相等的力量不能由一种作用于另一种，而是由超量的力所支配。因此阿特拉斯或其他什么类似的内在推动者所施加的力量必然不能超过大地保持平衡静止的力量，否则大地就会被推出中心位置和应在的场所。正如推动者推动，被推动者被推动，两者拥有相等的力量。然而推动者首先是从静止状态开始推动的，因此它的力量大于而不是相似于或等同于静止的力量，同样大于那种只被推动但不推动的力量。因此大地在保持静止方面的潜能将必然同整个天所具有的潜能，同推动天运动的潜能一样多。如果这是可能的，天就不能被内在于它的任何一种力量所推动。

① 指四肢。该句原文是 ta kinoumena di autoon，也可读作“自我被推动者”。

【4】 另外，有关天的各部分的运动这个问题接下来要进行研究，因为该问题同上述问题有密切联系。如果有人试图借助运动的潜能来控制大地的静止，显然他就会把大地推离中心位置。再者十分明显，来自这种潜能所产生的力量也不是无限的。因为大地不是无限的，因此其重量也不是。所谓“不可能”一词有多种用法。因为当我们说看见声音是不可能的和说看见在月亮上的人是不可能的，我们是在不同意义上使用“不可能”的。前者是出乎必然性的不可见，而后者具有可见的本性，但不被我们所见。我们设定天出于必然性不可能毁灭和解体，然而按照我们当下讨论的结果却并非必然如此。因为存在着一种运动力量，它大于大地由之保持静止的力量，或大于火和向上的物体由之被推动的力量，这是自然的和可能的。如果实际存在着超量的运动力，那它们将会被相互作用所解体；但如果它们并非实际存在，只是有可能存在（因为它们不可能是无限的，因为没有物体可能是无限的），那么天被解体将是可能的。如果可能的话，什么东西可以避免这种情况发生呢？这不是不可能的，除非相互对立的运动是必然的。我们将在其他地方讨论这个问题。

在被推动者之外是否必然存在着某种不动的和静止的东西，这种东西不作为被推动者的一部分？而整个宇宙的状况是否必然也是如此？因为如果运动的本原是内在的，或许看起来有些奇怪。对于那些抱有这种观点的人来说，荷马的话似乎讲得很好：

700a 不，你们永远不会把宙斯，万物之王，从天上拉回平地，不，尽管你们费尽辛苦；

来吧，你们所有的神和女神们，给你们的手带上锁链。[1]

因为总体上完全不动的东西不能被任何东西推动。对上述难题，即天的构成是可能解体或是不可能解体的解决在于它依赖于某种不动的本原。

对于动物，不仅必须存在着某种外在的不动者，而且在那些被从一个位置推动到另一个位置的东西中和在自我推动的东西中必须存在着不动者。因为动物的一部分必然被推动，另一部分必须保持静止，而被推动的部分正是依靠静止的部分才被推动。比如，如果动物的某部分处于运动状态，该部分依靠作为静止的另一部分。

至于被推动的无生命物，有人或许会提出疑问：它们是否在自身内也有既是静止的又是能推动的东西，是否也必然依靠某种外在的静止的东西。或这是不可能的，它们必然由第一因所启动，如火、土或其他无生命物？因为所有无生命物被他物推动，而所有被如此推动的东西的本原是自我启动者。我们正是由这些问题出发讨论动物的运动。因为所有动物必然在自身内具有静止的东西，在躯体外又有它们所依靠的东西。然而是否存在着某种更高级的第一推动者是不明显

① 荷马：《伊利亚特》，viii，20—22。

的，关于这种运动的本原当属另外一个讨论课题。但所有进行运动的动物都依靠外在的东西来做运动，甚至在呼吸时也是这样。因为无论用力大小都没有实质性的差别，正如人们在吐唾液和咳嗽、呼气和吐气时所做的那样。

【5】 只是那种在位置上做自我启动的东西才必然有静止的部分呢，还是那种由自我引起变更和生长的东西也具有静止的部分？初始的生成和毁灭是不同的问题。因为如我们所说，如果存在着第一运动，这就是生成和毁灭的原因，或许也是其他一切运动的原因。正像在宇宙中那样，在动物中当动物趋于成熟完善时，这就是第一运动。因此动物自身是自身生长和变更的原因，如果曾经发生过生成和变更的话。否则，某种东西应当保持静止就并非出于必然了。然而最初的生成和变更通过其他因素或借助其他手段而发生，没有任何东西自己是自己生成和毁灭的原因。因为推动者必须先于被推动者，产生者必须先于被产生者，无物先于其自身。

【6】 灵魂是否被推动，如果被推动又是如何被推动的，关于这个问题已在有关著述中讨论过了[1]。既然所有无生命物都被其他东西推动，那么第一被推动者和永恒被推动者是如何被推动的，第一推动者又是如何对之进行推动的，在论

① 参见《论灵魂》，第一卷，【3】—【4】。

第一哲学的有关著述中已经讨论过了。剩下需要研究的是灵魂如何推动肉体，什么是动物的运动本原。如果我们把宇宙的运动排除在外，那么有生命的东西就是其他一切东西运动的原因，即所有并非通过相互作用而被推动的东西的原因。所以它们的运动都有界限，因为有生命的东西的运动是有界限的。一切动物都为了某种目的而运动或被推动，因此这种目的就是它们运动的界限。我们发现，推动动物的东西是理智、想象、意图、意愿和欲望。所有这些可以归结为思想和愿望。因为想象和感觉、思想处于同一层次，三者都是一种判断形式，尽管在某些方面相互区别开来，这点在其他地方业已说过[①]。意愿、激情和欲望都是愿望的形式，而意图共同属于思想和愿望。因此愿望和理智的对象首先进行推动，但并非所有理智的对象都能进行推动，只有行动之目的才能如此。因而只有作为行动之目的的善才是推动者，并非所有好的事物都是推动者。因为其他东西为了它而存在，或它是为了其他东西而存在的东西的目的。我们必须提出，显现的善可以取代真实的善，快乐也可以如此，因为它是一种显现的善。显然，在某个方面为永恒启动者所启动的永恒被推动者同每个动物在同等意义上被推动，但在另一方面却是不同的，因为前者永恒地被推动，而动物的运动是有界限的。永恒的善和真实的、第一位的善（不是一会儿善，另一会儿又不善）极

① 《论灵魂》，第三卷，427^b14 以下。

为神圣和珍贵，以至不与任何其他东西处于相对关系之中。

第一启动者启动他物但自己不被启动，愿望及其功能推 701a
动他物但自身也被推动。然而对于被推动者系列中的最后一个环节，要推动他物并非必然。因此十分明显，位置移动应当是被推动者系列中最后产生的结果。因为当某种变更由感觉或想象引起之后，动物则出于愿望或意图进行运动和行走。

【7】 思想何以有时导致行动，有时不导致行动，有时导致运动，有时不导致运动？同样的情况也发生在当人们对不动的实体进行思想和推理的时候。一方面这种活动的目的是思辨对象[①]（因为一旦对两个前提进行思考，就会直接思想到和推论出结论来）；但另一方面来自两个前提的结论可以产生行动。例如，一旦想到每个人应当行走，你自己是人，那么你直接行走。如果你想到在某种状态下无人应当行走，你是人，因此你直接保持静止。在上述两种情况下人们都会如此行动，除非有某种阻碍和强迫。再如，我应当创造好的事物，而房屋是好的东西，因此我直接去创造房屋。我需要一种遮盖物，外衣是一种遮盖物，所以我需要外衣。我应当制作我所需要的东西，我需要一件外衣，所以我应当去制作外衣。这里的结论“我应当去制作外衣”即为行动。行动出自思想系列的本原。如果将有一件外衣，则必然首先这样，如

---

① theorema。

果这样则这样，人们直接去做这样的东西。显然，行动就是结论。创制活动的前提出自两种形式——善和可能性。

正像有时发生在诘难式前提中的情况那样，因此在这里心智不会停顿下来去重点考虑两个前提中显明的那一个。例如，如果行走对人有益，人们就不会滞留于“我是一个人”这个前提。因此凡不需推断就可做的事，做起来速度就快。当人们为了某种由感觉、想象和思想所确认的目的而进行活动时，他们直接做想做之事。愿望的实现取代了探究或思索。欲望说，我想喝水；感觉、想象或思想说，这是饮料。那么我直接就去喝。以这种方式动物被迫进行运动和行动。愿望是动物运动的最终原因，而愿望又通过感觉、想象或思想产生。行动的愿望有时表现为创制，有时表现为行动，或
701b 由欲望、激情产生，或由意愿产生。

动物的运动相似于自动的木偶，由较小的运动引起，当绳线松弛时木钉相互碰撞；或相似于童车，孩子们骑在上面使之一直往前运动，之后又可以做圆圈运动，因为车轮的直径大小不等，以较小的车轮为中心进行活动，正像气缸的原理那样。动物在器官中也具有类似的部分，即腱和骨的生长。骨相当于木钉和铁，而腱相当于线绳，当处于松弛状态就引起运动。在木偶和童车中不存在质的变更，因为如果内在的轮子变小，然后再变大，同样的圆圈运动就会发生。然而在动物中同一部分可以既变大又变小，并改变其形式，动物的部分热胀冷缩，发生质的变更。质的变更由想象、感觉和思

想引起。因为感觉是一种直接性的变更形式，而想象和思想本身具有像它们所呈现的对象那样的能力。被设想为或冷、或热、或快乐、或恐惧的观念形式就像真实对象本身就具有这些性质一样，因此我们仅仅通过思想就可战栗、感到恐惧。所有这些感受或影响都是变更，当变更发生于肌体中时，某些部分变大，某些部分变小。显然，发生在本原中的小小的变化就会导致一定距离之外的巨大而众多的变化。正如，如果舵差之毫厘，船头就会谬以千里。再者，一旦因为热或冷或其他类似的影响在心脏区域引起变更，或在心脏的某个难以觉察的部分引起变更，就会给肌体带来巨大的差异，或潮红，或苍白，或战栗，或发抖，或与这些状态相反。

【8】 如前所述，运动的本原是行动所追求和回避的对象。伴随有关这些对象的思想和想象而来的必然是冷和热。痛苦的事情是回避的对象，快乐的事情是追求的对象（但在肌体的细小部分中我们并未注意到这种影响），一般说来任何痛苦或快乐的东西都伴随以某种程度的冷或热。这一点从所 702a 产生的感受来看十分明显。鲁莽、恐惧、性冲动和其他肉体的感受，无论是痛苦的还是快乐的，都伴随以躯体局部或整体的热或冷。回忆和预想把这些感受当作影像，两者或多或少地是同样一些感受的原因。十分合理，躯体的内在部分和器官部分的运动本原被按本来面目创造设计出来 ，它们由干变湿，由湿变干，由软变硬，反之亦然。既然这些过程以这种

方式发生，既然被动和主动原则具有我们经常描述的那种本性，这些过程无论何时发生，一为主动，另一为被动，两者都不能不满足其逻各斯，那么直接一方行动，另一方被行动所作用。因此当某人认为他应当行走，那么与此同时他就行走，除非其他某物阻碍他。因为感受为器官的部分进行活动提供恰当合适的准备，愿望为感受提供准备，想象为愿望提供准备，而想象则归因于思想或感觉。由于主动的东西和被动的东西在本性上紧密相联，因而这个过程是同时的和迅速的。

首次推动动物的东西必然位于某个确定的本原。业已说过，关节是一部分的开端，另一部分的终端。因此自然有时用之为一，有时则用之为二。当运动由关节产生时，其极端的某点必然处于静止状态，另一点则必然被推动。因为前面已经讲过，推动者或运动产生者必须依靠某种静止的东西。因此前臂的极端被推动但不推动，而肘关节的某部分即处于被推动的整体中的那部分被推动，但必然也存在着某个不被推动的部分。这就是我们所说的某点在潜能上为一，在现实上为二的意思。假如前臂是个有生命的动物，那么作为推动者的灵魂的本原就位于肘关节的某处。

既然无生命的东西之于手如同前臂之于肘是可能的（如人们用手使木棍运动），因此显然灵魂不能位于任何一个极端，既不能位于被推动者的极端，也不能位于其他运动的本
702b 原。因为木棍本身相对于手也有一个终端和开端。因此，如果来自灵魂的运动的本原不在木棍中，那也不在手中。手的

极端之于手腕和手腕之于肘具有同样的关系。在这个方面，某部分是否在本然意义上与躯体连接，并没有什么差别；木棍可以被视为作为整体的一个独立的部分。因此运动的本原必然不能位于任何一个作为其他部分终端的开端处，也不存在于远离该开端处的其他部分中。例如，木棍终端的运动本原在手中，而手的运动本原又在手腕中。因此，如果运动的本原不在手中，因为在手之上还有更高的部分，那么运动的本原也不在这个更高的部分中。因为如果肘处于静止状态，在肘之下的连续部分能够作为一个整体被推动。

【9】 既然躯体左右存在着对称性，而相对立的部分能够被同时推动，因此左面不可能因右面保持静止而被推动，反之亦然。运动的本原必然总位于两者之上。因此运动灵魂的本原必然处于中间位置。因为中间是左右两面极端的界限。来自上面的运动之于来自下面的运动处于同样的关系之中，例如，来自头部的运动之于来自有脊椎动物的脊椎的运动。这种安排是合理的。我们断言感觉器官也位于躯体的中心。如果本原周围区域因感觉而发生变更和产生变化，那么附着于它的那些部分也随之变化，也随之膨胀和收缩，因而在动物中必然以这种方式产生运动。躯体的中心部分在潜能上为一，但在现实上必然变为多。因为动物的肢体被来自本原的力量同时推动，当一个处于静止状态时另外一个则被推动。例如ABC线段中，B被推动，A是推动者。然而如果一部分推动，

另一部分被推动，则必然存在着静止的点。因此A尽管在潜能上为一，但在现实上为二，它必然不是一个点，而是有大小或有体积的东西。再者，C可以和B同时被推动，因此两者在A处的共同本原必然因自身被推动而推动两者。此外，还必须存在着其他某种能推动，但自身不被推动的东西。若不然当运动发生时，在A处的极端或本原就要有所依靠，像
703a 两个背对背站立的人使肢体运动一样。必然存在着推动两者、使之运动的东西，这种东西即为灵魂，它不是那种我们刚才所描述的有体积的东西，而是寓于有体积的东西之中。

【10】　根据我们对运动原因的界定，愿望是处于中间环节的本原，它因自身被推动而进行推动。在有生命的物体中必然存在着具有这些特征的肉体性物质。凡被推动但并不具备推动者本性的东西都受外在于它的力量的影响，而推动者则必然具备某种潜能和力量。显然，所有动物都具有本然的元气① 和由之所获得的力量。（这种本然的元气在肌体中是如何被保存的，在其他地方已经讲过。）这种元气之于灵魂的本原似乎相同于关节中能推动而又被推动的点之于不被推动或不运动的东西。既然在某些动物中本原位于心脏，而在另一些动物中位于相当于心脏的部分，那么十分明显，本然的元气也位于此处。元气总保持自身的同一，还是每每变化，必

① pneuma，或作气息、呼吸等。

须在另外的地方予以讨论（因为关于躯体的其他部分也存在着同样的问题）。显然，无论如何元气十分有益于产生运动和施加力量。运动的功能在于推动和拉动，因此运动的器官必须能够扩张和收缩。而元气在本性上具备这些特征。元气收缩和扩张而不受强力的约束，因此出于同样的原因它能够推动和拉动，同火元素相比它有重量，同与火相反的元素相比它显得轻。凡能推动但无变更的东西必须这样。因为自然元素根据在先性一方克服另一方，轻元素被重元素克服和压倒，重元素为轻元素所支持。

我们已经讨论了当灵魂进行推动时被推动的部分是什么，为什么被推动。动物的构成必须被视为相似于井然有序的城邦的构成。因为一旦在城邦中确立了某种秩序，就不再需要一位统治每种活动的特殊的独裁者，而是每个个体各尽其责，根据习惯一件工作继随着另一件工作。在动物中，根据自然同样发生着这样的过程。每一部分为自然所构造，因而在本性上适合于完成自己的功能。因此在每一部分中不需要都有灵魂，灵魂寓于躯体的某个本原中，其他部分通过与其本性相连而存活，并根据自然完成自己的活动。

【11】 我们已经论述了动物如何进行有意志的运动及其原因。然而某些部分发生的是非自愿[①]的运动，但绝大多数是

① akousious。

无意志的[1]运动。所谓“非自愿的”是指心脏和阴部的运动，它们常常为某种幻像所驱动，不受理性的制约。所谓“无意志的”是指睡眠、行走和呼吸等等。无论想象还是意愿无一能够完全控制这些运动。然而，既然动物必然发生本性上的变化，当动物的部分进行变化时，某些增大，某些减小，因此躯体必然直接被推动，并且根据自然安排的相互变化过程而变化（运动的原因是热与冷，两者来自体外，在本性上又发生于体内），上面提及的不受理性控制的部分，其运动的发生归因于变化的产生。因为如前所述，思想和想象可以创制引发感受的东西，它们可以呈现出引发感受的形式。上述部分的活动比任何其他部分更为显明，因为每一部分好像是独立存在的运动〔原因在于每一部分包含了生命的体液〕。原因在心脏那里非常明显，因为它包含了感觉的本原。生殖器官具有同样的本性，这点可由下述事实表明：精液的潜能由之产生，而精液本身好像是生命物。这种安排是合理的：发生于本原的运动系于发生于各部分的运动，而发生于各部分的运动又系于发生于本原的运动，由此相互贯通。设想 A 为本原，AB、AC 两线段，字母 B 和 C 的运动到达这个本原，从这个被推动的和进行变化的本原出发（因为它在潜能上为多），B 的运动本原到达 B，C 的运动本原到达 C，两者的运动本原到达两者。然而从 B 到达 C 要经由 B 到达 A，作为到

① oukh hekousious。

达本原；再从 A 到达 C，作为从本原出发。然而根据同样的
思想，不受理性支配的运动有时发生于某个部分，有时不发
生。因为被作用的质料有时具有恰当的质和量，有时则没有。 704a

对于每种动物的部分、灵魂、感觉、睡眠、回忆、共同
的运动，我们已经解释了这些问题的原因。剩下的任务是论 704b
述动物的生成。

论动物行进

崔延强 译

peri Poreias Zoioon　据《洛布古典丛书》希腊本文。

【1】 接下来我们必须探讨那些对动物的位置移动有用的部分，首先考察因为什么它们每个部分是这样的，出于何种目的而属于动物；其次考察同一种类动物中这些部分的差异，再对不同种类动物的这些部分进行相互比较。让我们首先提出有多少必须探讨的问题。

第一个问题是何为动物运动所必需的最少支点，第二个问题是为什么有血动物有四个运动支点，而无血动物有多于四个的运动支点；为什么一般说来某些动物是无足的，某些是两足的，某些是四足的，某些是多足的，为什么所有有足动物都有数目为偶的足，为什么总体上运动所赖以行进的支点的数目为偶。

再者，为什么人类和鸟类是两足的，而鱼类却是无足的；为什么人类和鸟类尽管都是两足的，但它们的腿却按相反方向弯曲。人类按凸面方向弯腿，而鸟类按凹面方向弯腿。人类本身也按相反方向弯腿和弯臂，臂按凹面方向弯曲，膝按凸面方向弯曲。胎生四足动物弯曲四肢的方式同人类相反。它们的四肢之间也按相反方式弯曲。因为它们的前腿按凸面方向弯曲，而后腿按凹面方向弯曲。再者，非胎生的，而是卵生的四足动物具有一种特殊的侧向弯腿方式。另外一个问题是为什么四足动物使腿按交叉或对角线方式运动。

我们必须考察所有这些问题以及类似问题的原因。由自然的历程便可清楚表明这些问题，现在我们必须探究它们的原因。

【2】 在探究的开始，我们必须设定通常习惯用于自然研究上的原则，即必须承认那些发生于所有自然活动中的普遍性的方式。其中之一便是自然从不创制无益之物，而是每每尽可能地根据每种生命物的本质创制最好的东西。因此，如果一种方式比另一种要好，这就是合乎自然或本性的方式。再者，我们必须承认存在于各种动物中的量与质方面的向度。有六个向度，可分成三对。第一对是上和下，第二对是前和后，第三对是右和左。我们还必须承认位移运动的本原是推和拉，这是根据自身或本质的运动，被他物带动或运载的东西只是 705a 偶然的运动，因为它不被视为自我运动，而是为他物推动。

【3】 这些问题得以界定之后，按顺序继而讨论下列问题。对于进行位置变更的动物来说，某些以整个躯体同时变化位置，例如跳跃的动物；某些则一部分一部分地变化位置，例如行走的动物。在上述两种变化中，运动的动物总是通过依靠躯体之下的东西来变化位置的。因此，如果躯体之下的东西滑动太快，以致于在上面进行运动的东西无法依靠，或如果躯体之下的东西对运动的东西根本不提供抗力，那么动物就不能在上面进行自我运动。因为跳跃的动物既依靠自己的上部又依靠足下的东西完成这种运动。在关节处，各部分之间存在着某种相互依靠的方式，总体上说来，施加力量的

部分依靠被施加力量的部分。因此运动员如果手里持有重物会比没有重物跳得更远，赛跑者如果摆动双臂会跑得更快，因为在臂的伸展过程中，有一种对手和腕的依靠。运动的东西总是至少通过使用器官的两个部分来做位置变化的，其一作为施加力量的部分，另一作为被施加力量的部分。保持静止的部分由于担负重量而被施加力量，抬起的部分被担负重量的部分拉紧。没有部分的任何东西都不能以这种方式进行自我运动，因为它自身内不具备被动与主动这两个部分的划分。

【4】 动物由之从本性上被划分开来的向度有六个，即上和下、前和后、右和左。所有生命物都有上下部分。因为上下不仅存在于动物中，也存在于植物中。这种划分不仅仅是相对于地和天的位置上的划分，而且还是一种功能上的划分。上是各种营养的分配和生长过程由之发源的部分，而下则是营养和生长扩展延伸，并从中终结的部分。一为本原， 705b
一为终端，上部为本原。然而或许可以认为在植物那里下部更是本原，因为在植物中上下位置不同于动物。尽管相对于宇宙植物和动物的上下位置并不相同，但根据功能却具有相似性。根是植物的上部，因为正是从这里营养被分配到生成的各部分，植物从根中获取营养正如动物从嘴中获取一样。

凡不仅有生命，而且还是动物的东西既有前又有后。因为所有动物都有感觉，正是根据感觉前后才被划分开来。前是感觉本然地寓于其中，是每种动物从中获得感觉的部分，后则是与这些特征相对的部分。

那些不仅分有感觉，而且能够自己进行位置变化的动物，除了上述两对划分之外，还有左和右的划分，这种划分同上述划分相似，不是位置上的，而是功能上的。对于每种动物来说，右是躯体的部分，位置变化活动的本原本然地从这部分中发生。与之相反，在本性上继随着右的部分是左。

右和左的划分在某些动物中比在另一些动物中更为明晰。所有利用器官的某些部分如足、翅等等做位置变化的动物，在这些部分上左与右的划分非常明显；但那些不借助这些部分行进，而借助有节的躯体本身运动的动物，如蛇类、毛虫类以及所谓的蚯蚓这些无足动物，它们具有这种左和右的划分，但不太明显。

人类总用左肩担负重物这一事实可以清楚表明，运动的本原位于躯体的右面。因为以这种方式他们可以使引起运动的一面处于自由或无束缚状态，使负重的一面能够被推动。
706a （因此人们用左腿更容易跳跃，因为右面的本性在于引起运动，左面的本性在于被推动。）重物必须由被推动的一面来担负，不是由引起运动的一面来担负，如果重物放在引起运动的一面，即放在运动的本原上面，那它或者完全不被推动，或者难以被推动。我们向前迈步的方式也可表明运动的本原位于躯体的右面。所有的人首先用左足起步，当站立后喜欢把左足放在前面，除非有什么东西偶然妨碍这样做。因为他们的运动并非来自放在前面的足，而是来自引起运动的足。再者，人们往往用右肢保护自己。因此在所有动物中右面是相同的，因为对于所有动物，运动由之引发的东西是相同的，并根据其本性位于相同的场所。运动的本原来自躯体的右面。出于这种原因，螺旋状有壳虫类右面长有贝壳，因为它们不是按螺旋方向运动的，而是按与螺旋方向相反的方向行进的。例如紫螺类和蛾螺类。由于所有动物都从右面发动运动，而右面同动物本身在运动方向上是一致的，因此所有动物都很相似，都必然是本性在右的。人类比其他动物都更为明显地使左肢分离解脱出来，因为人类是最合乎自然的动物，右面在本性上优于左面，并与左面相分离，因此在人类那里右面是最富右面本性的。既然右面被划分出来，因此在人类中左面不适合发动运动，而是最为独立或解脱的，这是合理的。再者，其他本原，上与下，在人类中最合乎本性，划分得最为明晰。

【5】 上面与前面划分开来的动物是两足的，例如人类和鸟类（在四个运动支点中，其中有两个作为鸟类的翅，有两个作为人类的手和臂）。而那些上面与前面处于一体的动物是四足的、多足的或无足的。所谓“足”，我是指同地面相接触、导致位移运动的部分。因为“足”（podes）一词似乎源自“地面”（pedon）。某些动物的前面和后面部分处于同一位
置，例如头足类和螺旋状有壳虫类，有关这些动物我们在其 706b
他地方已经讲过。

既然存在着上、中、下三个位置，两足动物则使其上面部分相应于宇宙的上面位置，多足动物和无足动物使其上面部分相应于宇宙的中间位置，而植物使其上面部分相应于宇宙的下面位置。因为植物没有运动能力，其上面部分乃是相对于营养功能而被确定的，因为它的营养来自土壤。四足动物、多足动物和无足动物使其上面部分相应于中间位置，因为它们无法直立。两足动物使其上面部分相应于上面位置，因为它们可以直立，尤其是人类，它是两足动物中最合乎自然本性的种类。对于本原来说，位于这些部分是合理的。因为本原是高贵的，而上面比下面、前面比后面、右面比左面更为高贵。或反过来讲也是不错的，即这些部分之所以比其对立面更为高贵，是因为本原寓于其中。

【6】 由上述事实可以表明运动的本原位于右面。在某部分被推动、某部分保持静止的所有连续整体中，为了能使整体运动，而一部分保持静止，在两个部分做相反运动的地方必然存在着某种共同的部分，使运动的部分相互联系起来。每一部分的运动本原，同每一部分的静止本原一样都必然位于这个共同的部分中。显然，如果任何相互对立的成对的部分即右和左、上和下、前和后都有自己的特殊运动，那么在上述这些部分的连结处有一个共同的运动本原。

前和后不是由相对自我运动来划分的，因为没有任何东西具有向后运动的本性，也没有任何一种运动的动物把自己分为两半，可以使一半向前，另一半向后做位置变化。然而右和左、上和下是由相对自我运动划分的。因此所有利用器官的部分行进的动物，这些部分不是通过前与后之间的区别 707a
来划分的，而是通过其他两对向度的区别划分的。首先通过右和左之间的区别划分，这种区别必然直接存在于一分为二的地方，其次通过上和下之间的区别划分，这种区别必然存在于一分为四的地方。

既然上和下、右和左为一个共同本原所相互连接（我是指控制或统辖运动的东西），既然在所有使每部分进行运动的东西中，上述一切运动的原因必须被确定、安排在某个位置上，该位置相对上述各部分的本原——即存在于肢体中被成对或交叉排列的本原——保持一定的距离（运动的原因乃是运动左右肢和上下肢因之运动的共同本原），既然这种共同本原在所有动物中必须处于某个位置，该位置相对上述每个部分的本原具有同样的关系[1]。

【7】 因此十分明显，位移运动只属于或首先属于那些靠两个或四个支点做位置变化的动物。既然这种情况几乎独一无二地发生在有血动物身上，显然没有任何一种有血动物能够借助多于四个的支点进行运动，如果某种动物从本性上

① 例如在四足动物中有两种本原，一为每个肢体中的本原，一为心脏中的共同本原，前者必须与后者协调一致。

只靠四个支点运动，那它必然是有血动物。

发生在动物身上的事实同以上所述一致。因为如果把有血动物分成许多部分，它们无一能够存活相当时间，然而当它们作为连续的未被划分的整体时，就不会具有位置移动的能力。但某些无血动物和多足动物如果被分成多个部分，凭每一部分它们可以存活相当一段时间，可以像未被分割之前那样，用相同的方式运动。例如，所谓的蜈蚣和其他具有长
707b 躯体的昆虫。所有这些动物的后部跟前部按同一方向继续行进。当它们被分割后之所以还能存活的原因在于每一部分好像是由许多独立的生命构成的连续整体，它们为什么具有这样的形式，由以上所述即可表明。

那些最符合自然，按自然本性被构造出来的动物借助两个或四个支点进行运动，无足的有血动物同样如此，因为它们也靠四个支点运动，借此进行位置移动。它们使用躯体的两个弯曲部分行进，在每个弯曲部分的上面有右和左、前和后的支点，右前点和左前点位于靠近头部的地方，右后点和左后点则位于靠近尾部的地方。它们看起来似乎只借两个点运动，即靠躯体前后与地面接触的支点运动，原因在于它们的面积狭窄。在这些动物那里正像在四足动物那里一样，右面是前行部分，引导后面部分行进。弯曲的原因在于躯体的长度。因为正如躯体高大的人往往以驼背的姿式行进，其右肩在前引导，左臂后倾，躯体中部变成凹面的和中空的，因此我们应当把蛇类想象为爬行于地面上的驼背者。它们和四

足动物的运动方式相同可以由以下事实表明，即从凹面变成凸面，从凸面变成凹面。当轮到左前点在前引导时，凹面则反转到另一侧，因为右面支点此时处于内侧。设右前点为A，左前点为B，右后点为C，左后点为D。

这就是作为陆生动物的蛇和作为水栖动物的鳗、鳒鲒鳗、七鳃鳗以及其他类似于蛇的动物的运动方式。然而某些如此种类的水栖动物如七鳃鳗没有鳍，它们利用海水运动正 708a
像蛇既利用水又利用陆地运动一样，因为蛇在水中游动的方式与在陆地上爬行的方式相同；某些此类的水栖动物只有两个鳍，例如鳒鲒鳗和普通的鳗以及生活于西斐（Siphae）湖中的某种特殊的鲻鱼。根据同样的原因，那些习惯于陆地生活的种类如整个鳗类，在水中比在陆地上更少地利用躯体的弯曲进行运动。而只有两个鳍的鲻鱼类在水中借躯体的弯曲以补足四个运动支点。

【8】 蛇类之所以为无足的原因首先在于自然从不创制无目的之物，而总是尽可能地为每种东西考虑最佳存在方式，保存其特殊本质和“所以是自身的是”①；其次在于无任何有血动物能够借助多于四个的支点进行运动，这一点如前所述。由此显然，所有其长度同躯体其他构成部分不成比例的有血动物如蛇类，无一有足。因为它们不能拥有多于四个的足

① to ti een autoi einai。

（如果有的话，就会变为无血动物了），如果它们具有两个或四个足，就会完全不能行进，或它们的运动必然会相当缓慢，十分无益。

所有有足动物必然具备数目为偶的足。那些只借助于跳跃进行位置移动的动物至少为了这种运动而不需要足；那些不仅跳跃，而且由于感到这种运动形式之不足从而需要行走的动物，显然使用数目为偶的腿必然能更好地行进，否则完全不能行进。〔因为所有有足动物必然具有数目为偶的足。〕因为行进这种运动方式是由躯体一部分一部分的位置变化完成的，不像跳跃那样用整个躯体一次完成，因此在位置变化过程中某些足必然保持静止，而另一些足进行运动，动物必须用相对立的腿保持静止和进行运动，把重量从运动的腿上
708b 转移到静止不动的腿上。因此没有任何动物能用三条腿或一条腿行走。如果用一条腿，则绝对无法支撑躯体所附加其上的重量；如果用三条腿，躯体的重量就会落在一对相对立的腿上，因而如果试图以这种方式运动，必然会跌倒在地。然而多足动物如蜈蚣，能以数目为奇的腿完成行进，这点显而易见，如果切掉它们的足，因为一排足的残缺可被每边其他众多的足所弥补。伤残的腿好像被其他腿拖动着，因此动物不能很好地行走。显然，如果这些伤残的动物具有数目为偶的足，即如果它们什么都没有缺失，具有相对应的足，就会更好地进行位置变化。因为如果它们每边都有相对应的支撑点，对面没有因腿的缺失所形成的空隙，那么这样就能均衡分配

躯体的重量，不会向一边倾斜。动物乃是通过肢体交替行进来行走的，因为这样便回复到同原本形式相一致的状态。我们已经说过了所有动物具有数目为偶的足及其原因。

【9】 由下所说可以表明：如果无物静止，便没有弯曲或伸直。弯曲是从直线弯成弓形的或有角的线，伸直是从后者变成直线。在所有上述变化中，弯曲或伸直必然相对于某个点。再者，如果没有弯曲就不会有行走、游动、飞翔。既然有足动物分别用不同的腿轮流站立和转移重量，因而当一条腿前行，另一条腿必然弯曲。因为两边相对应的腿在本性上长度相等，支持重量的腿必须是直的，同地面成垂直关系。当一条腿前行，它就成为斜边，其平方等于静止一边的平方与腿之间连线的平方之和。既然腿的长度相等，因此处 709a
于静止状态的腿必须在膝部弯曲，对于能行走的无膝动物必须在其他关节处弯曲。这点可由下述事实表明：如果某人在地面上沿墙行走，〔用醮着墨汁的芦杆触及其头部，〕线迹不会是笔直的，而是呈之字形，因为随着某人在行进中的起伏，线迹也忽高忽低。

的确，尽管腿不弯曲也可能行进，像幼儿爬行那样。这是古人对大象运动方式的解释，然而是错误的。这种运动是通过肩和臀的弯曲进行的。但没有任何动物能在膝部不弯曲的情况下持续、完全地直立行走，只能像角斗学校中以膝匍匐于泥土中的人们那样运动。因为躯体上部体积较大，因而腿必须较长，如果这样，必须存在着弯曲。既然动物与地面成垂直关系站立，如果向前运动的腿不能弯曲，就会由于直角变成锐角从而跌倒在地，或根本不会向前行进。因为如果一条腿同地面成直角，另一条腿向前迈进，后者将与前者相等，同时又比前者长。因为它会相等于保持静止状态的腿，也相等于同直角相对的一边即斜边。因此向前迈进的腿必须弯曲，在弯曲的同时又伸出另外的腿，因而使躯体前倾，向前跨步，又保持垂直于地面。腿构成等腰三角形，因此当头部垂直于底边时会低垂下来。

至于无足动物，某些以蜿蜒起伏的方式行进（有两种形式，或像蛇类那样在地面上蜿蜒起伏，或像毛虫那样上下蠕动），蜿蜒起伏即是弯曲；某些则以爬行的方式行进，例如所谓的蚯蚓和水蛭。这些动物以一部分为前导，躯体的所有其他部分追逐该部分向前行进，以这种方式从一处向另一处做位置变化。显然，如果两条弯曲或弓形的线比相对于它们的
709b 线短，则以蜿蜒方式行进的动物的运动是不可能的。因为当弯曲的部分伸展开来，如果它对着一条与之相等的线，则动物不会向前行进；而事实上，当弯曲的部分伸展开来后长于同它相对的线，因此当这一部分趋于静止时，其余部分便追赶上来。

在所有上述变化中，运动者首先通过使自身径直伸展，然后再通过使自身弯曲向前行进。以前行部分伸直，以后继部分弯曲。所有跳跃的动物也使躯体腹部的某部分弯曲，以这

种方式进行跳跃。飞行的动物也靠翅的伸直和弯曲飞行，游泳的动物也靠鳍的伸直和弯曲游动。某些鱼类具有四个鳍，而某些即躯体较长的种类，如鳗类，具有两个鳍。业已说过，后者借助躯体其他部分的弯曲，作为另外一对缺失了的鳍的替代物完成运动。扁平鱼类使用两个鳍运动，其躯体的宽扁部分替代缺失了的另外两个鳍。非常扁平的鱼类如 batos 利用实际存在的鳍和躯体的交替伸直弯曲的外部边缘进行游动。

【10】 关于鸟类或许会产生一个疑问，即无论飞翔还是行走，它们何以能被说成是以四个支点进行运动呢？我们并不是说“所有有血动物都以四个支点运动”，而是说“以数目不多于四的支点运动”。再者，如果鸟类的腿被去掉，它们就不能飞翔；如果鸟类的翅被去掉，它们就不会行走，正像如果人类不使肩运动就不能行走一样。如前所述，所有动物都借助弯曲和伸展做位置变化，因为它们都基于腹下的支点完成行进。因此，如果弯曲在其他部分中不会发生，那至少在运动开始的某点上发生，对于有鞘翅的昆虫和鸟类发生在翅的根基处，对于其他动物则发生在相对应的部分中，例如对于鱼类发生在鳍中，对于其他动物如蛇类，弯曲发生的始点位于躯体的关节处。

有翅动物的尾是有用的，像船上的舵那样，用来引导飞翔。正像其他肢一样，尾必须能够在它与躯体相接的地方发生弯曲。会飞的昆虫和那些尾不适合于上述功用的鸟类如孔雀、家禽以及飞翔能力差的普通鸟类不能保持直线行程。至于会飞的昆虫，无一有尾，因此它们像无舵的船一样随风飘浮，撞击任何偶然碰到的东西。有鞘翅的昆虫如甲虫和金龟子，无鞘翅的昆虫如蜜蜂和黄蜂同样如此。尾对于不适合飞行的鸟类毫无用处，例如紫水鸡、苍鹭以及一般水禽。这些动物通过伸展双足以代替尾来飞行，用腿而不是尾引导飞行方向。会飞的昆虫其飞行速度缓慢，飞行能力较弱，因为它们的翅在本性上与其体重相比不成比例，体重大而翅弱小。因此它们施展飞行能力正像商船试图借助船桨航行一般。翅本身及其生长方式之脆弱在某种程度上是由于上述原因。在鸟类中，孔雀的尾有时因体积庞大而毫无用处，有时则因换羽而变得无用。一般鸟类同有翅昆虫在翅的本性上的确相反，尤其是飞行速度最快的鸟类，即有弯爪的鸟类，因为飞行速度对它们的生活有用。躯体其他部分也似乎同样适合于它们的特殊运动，头部总是较小，颈部不厚，胸部强劲而尖锐，尖锐是为了像快船的船头那样坚实紧密，强劲是因为肉
710b 的生长方式，以便能够搏击排斥迎面扑来的气流，这种活动做起来比较容易，毫不费力。躯体后面部分较轻，逐渐收缩为狭窄细长的点，为的是适应前面部分的运动，这样就不会因自己的面积过宽而把气流扫动起来。

【11】 我们已经详尽充分地论述了这些问题。直立行走的动物之所以必须是两足的，躯体上面部分较轻而下面部分

较重，原因十分明显。因为只有如此构造，它才能容易地运载支撑自身。人类这种唯一直立的动物，从腿与躯体上面部分的比例上看，比任何其他有腿动物的腿都长、都强劲。在幼儿身上可以看到这一事实：幼儿不能直立行走，因为他们总像是一种“矮子”，躯体上面部分比下面部分更长、更强劲。随着幼儿的成长，下面部分迅速增长，直至获得恰当的尺寸，只有此时他们才能直立行走。鸟类的体重较轻，但能两足站立，因为其重量位于背部，就像雕塑家所创作的前腿腾空的铜马一样。作为两足的鸟类之所以能够站立的原因主要在于其臀部相似于大腿，如此之大以至于看上去好像鸟类也有两条大腿，一条在膝关节之上的腿部，另一条从该部分直至肛门。然而事实上它不是大腿，只是臀部。如果臀部不是如此之大，鸟类就不能是两足的了，这样就会像人类和四足动物那样，大腿和其他部分的腿直接与短小的肛门相接，整个躯体就会严重向前倾倒。但事实上鸟类的肛门很长，径直延伸到腹部中心，因而腿在此处形成支点，可以承载整个躯体。由以上所述显而易见，鸟类不可能像人类那样直立，
因为鸟类的翅在本性上对于像它现在那样支撑躯体十分有 711a
用，如果鸟类可以直立，正像画中长翅的厄洛斯，翅对它们就会毫无用处。

同时由以上所述显而易见，人类或其他类似的种类不能有翅，这不仅因为作为有血动物不能以数目多于四的支点运动，而且还因为当他们根据自然的方式运动时，有翅对之毫

无用处。自然从不创制与自然相悖的东西。

【12】 业已谈到，如果在腿、肩和臂部没有弯曲，任何一种有血的和有足的动物就不能行进；如果无物静止，弯曲也是不可能的；作为两足的人类和鸟类按相反方向弯曲双腿；再者，四足动物前后腿弯曲的方向相反，也与人类四肢的弯曲方式相反。因为人类按凹面方向弯臂，按凸面方向弯腿。而四足动物按凸面方向弯前腿，按凹面方向弯后腿。鸟类也按凹面方向弯腿。如前所述，这是因为自然从不创造设计无目的之物，而是尽可能地为了至善之目的创造万物。因而对于从本性上借腿获得位置变化能力的所有动物，当每条腿处于静止状态，重量必然置于其上，当它们向前运动时，在前行的腿上必然没有重量，随着行进过程重量必然又转移到这条腿上。显然，弯曲之后的腿必定还会伸直，腿的运动支点向前推进，而该点之下的部分即小腿保持静止。如果前行的腿能使关节向前弯曲，这种活动的发生和动物的行进是可能的；如果向后弯曲，则是不可能的。因为如果向前弯曲，腿的伸展就会伴随躯体的向前运动而发生；如果向后弯曲，腿的伸展则会伴随躯体的向后运动而发生。再者，如果向后弯曲，步伐就会受到两种相反的运动即向前和向后的运动所左右，因为在腿的弯曲过程中必然向后拉动大腿的末端，而小腿则会由弯曲的点使足向前运动。如果向前弯曲，则上述行进过程就会由一种向前的运动，而不是由两种相反的运动所完成。

人类作为两足的、合乎自然本性地用双腿做位置变化的动物，出于上述原因使腿向前弯曲，使臂按凹面方向弯曲，这是合乎道理的。因为如果使臂按相反方向弯曲，对于手的功能，对于获取食物就会毫无用处。然而胎生四足动物必须使前腿向前弯曲，因为前腿位于躯体前面部分，在行走时前行引导。它们的前腿向前弯曲的原因与人类的腿向前弯曲一样，因为在这个方面它们类似于人类。所以四足动物以上述方式向前弯腿，它们正是以这种方式弯腿才能使足高高抬起；如果以相反的方式弯腿，就会使足稍稍抬离地面，因为整个大腿以及小腿由之生长的关节就会在动物行进过程中碰到腹部。另一方面，如果四足动物使后腿向前弯曲，后足的抬动状况就会相似于前足（在这种状况下后足只被后腿抬起很短一段距离，因为大腿和两腿的膝关节会碰到腹部），但事实上后腿向后弯曲，因此当四足动物以这种方式使足运动时，没有任何东西可以妨碍它们的行进。再者，对于正在哺乳子代的动物来说，鉴于这种功能必然或最好使腿以这种方式弯曲；因为如果使腿向内弯曲，就不容易将子代置于腹下进行保护。

【13】 根据前后腿的组合，共有四种弯腿方式。前腿和 712a
后腿都必然按凹面方向弯曲；或以相对立的方式，即全部按凸面方向弯曲；或以颠倒的方式，即不按同一方向，而是前腿按凸面方向，后腿按凹面方向弯曲；或者相反，前后腿都以凸面相对，而凹面朝外。没有任何两足的或四足的动物以

前两种方式使肢弯曲，但四足动物按第三种方式弯曲。第四种弯曲方式不存在于四足动物中，但大象和人类的臂与腿是个例外，因为人类的臂按凹面方向弯曲，腿按凸面方向弯曲。

在人类中，肢的弯曲总是以相反的方向交替发生的。例如，肘按凹面方向弯曲，手腕按凸面方向弯曲，而肩又按凸面方向弯曲。腿同样如此，大腿按凹面方向弯曲，膝按凸面方向弯曲，足则按凹面方向弯曲。显然，较下的肢与较上的肢弯曲方向相反。因为运动的本原是相反的，肩以凸面弯曲，大腿则以凹面弯曲；因此足也以凹面弯曲，手腕则以凸面弯曲。

【14】 这就是腿的弯曲方式，原因业已说过。但后腿以交叉或成对角线的方式随前腿运动，动物使右前腿运动之后，接着使左后腿运动，然后再使左前腿运动，之后使右后腿运动。原因在于如果它们同时使前腿运动，首先行进过程就会被妨碍，或者会向前磕磕绊绊，因为后腿好像被拖曳于身后。再者，这种运动不是行走而是跳跃。而借助跳跃难以保持从一位置到另一位置的连续运动。有例证可以表明这一点，比如在宗教行列仪式中，以这种方式运动的马不久就会疲惫不
712b
堪。因此，前腿和后腿不能以这种分离的方式运动；再者，如果动物使两条右腿首先运动，重量就会超出肢体的支持力，就会跌倒在地。如果动物必然以上述两种方式中的一种或另一种运动，或以交叉方式运动，则前两种无一是可能的，必然

以交叉方式运动。因为如前所述，如果以交叉方式运动，就不会导致上述任何一种恶果。基于这个原因，马以及类似的动物使用以交叉方式前行的腿保持静立，而不是使用两条同时前行的左腿或右腿保持静立。那些多于四条腿的动物也以相同的方式运动。因为如果拿任何相毗邻的四条腿来看，后腿总以交叉方式随前腿运动，通过观察它们缓慢的运动，这一点显而易见。

蟹也以同样方式运动，因为它们是多足动物。它们总是以交叉方式，按任何一种行进方向进行运动。因为这种动物具有自身的特殊运动方式，是唯一一种斜向运动而非前向运动的动物。既然“前向”是相对于视觉来界定的，因而自然使蟹的眼能够适合于它的肢体。蟹的眼能斜向运动，因此在这种意义上蟹也可以被说成是“前向”运动。

【15】 鸟类使腿弯曲的方式与四足动物相同。因为其本性在某种宽泛的意义上非常接近。对于鸟类来说，翅即为前腿的替代物，因而翅弯曲的方式相同于四足动物的前腿。既然在包括行进在内的运动中，变化的自然本原来自翅，因为飞翔是鸟类适合于自身本性的运动，因此如果翅被去掉，鸟类就不能站立或向前行进。

再者，鸟类尽管是两足的但不能直立，躯体前部比后部轻，因此为了能够站起来，必然或最好使大腿像它本来那样位于腹下，我是说使大腿由腹下生长，直至躯体后部。如果

大腿必然处于这个位置，则腿必须按凹面方向弯曲，正像四
713a 足动物的后腿那样，原因和我们对胎生四足动物给出的解释一样。

一般说来，在鸟类、有翅昆虫和游泳动物（即所有在水中借助器官的部分行进的动物）那里不难发现，上述这些部分最好斜向连接在躯体之上，正像事实上在鸟类和飞行昆虫身上所显示的那样。在鱼类那里也是如此。因为鸟的翅、鱼的鳍、飞行昆虫的翅都斜向生长，这能使它们以最大的速度和力度乘风破浪、向前运动。后面部分以这种方式就会跟随前行，因为它被顺水或顺风牵引。

所有穴居卵生四足动物，例如鳄鱼、普通的和有斑点的蜥蜴以及陆生的和水栖的龟，都使四肢斜向连接于躯体之上，并伸展到地面。四肢斜向弯曲，因为这样对于爬进洞穴，对于坐窝孵卵和保护后代都十分有用。由于它们的四肢向外突出，因而为了能将整个躯体抬起必然收缩大腿，并置于腹下。在这个过程中它们除了能使四肢向外弯曲之外，不能使之向任何其他方向弯曲。

【16】 业已提及，有腿无血动物是多足的，无一是四足的。它们的腿除了位于两头的之外，必然斜向连接于躯体之上，且向上弯曲，腿本身有点向后呈弓形，原因十分明显。因为在所有此类动物中，中间的腿必然既前行又继随。因此
713b 如果腿位于腹下，它们必定会既向前又向后弯曲，向前弯曲是

因为它们前行引导，向后弯曲是因为它们在后继随。既然它们必须完成这两种活动，因此是弓形的，且斜向弯曲，除了更为合乎自然本性的两头的腿之外，因为最前面的腿前行引导，而最后面的腿在后继随。以这种方式弯腿的另外一个原因是腿的数目。因为这样可以在运动中不太容易相互妨碍和相互碰撞。这些动物之所以具有弓形的腿在于它们全部或大多数生活于洞穴之中，因为以这种方式生活的动物不能过高。

蟹在本性上是最奇特的多足动物。它们并非向前行进(除了业已提及的那种意义)，且是唯一一种多于一对前行肢的动物。原因在于其足的坚硬性以及它们并非用之游泳，而是用之行走这件事实，因为它们总是生活在地面上。所有多足动物都像穴居四足动物那样斜向弯腿，例如蜥蜴、鳄鱼和大多数卵生四足动物。因为它们过着穴居生活，某些只在繁殖期内，某些则终生以穴居方式生活。

【17】 其他多足动物都有弓形腿，因为它们都是软皮的，但螯虾是硬皮的，它们的腿用于游泳而非行走。蟹也使腿斜向弯曲，但不像卵生四足动物和无血多足动物那样呈弓形状，因为它们的腿具有坚硬、贝壳状的皮，蟹并不游泳，而是以穴居方式生存，因为它们生活在地面上。再者，蟹的外形是圆的，没有螯虾那样的尾。因为螯虾的尾可用于游泳，而蟹不是游泳动物。另外，蟹是唯一一种躯体侧面等同于后面的动物，因为它们具有为数众多的前行的足。这种状况的原因

714a 在于蟹并非向前弯腿，并不具有弓形腿。为什么没有弓形腿，前面已经解释，即因为蟹的皮坚硬，且是有壳的。出于这种原因，蟹必须以所有的腿在前引导，并斜向运动。斜向运动，是因为腿斜向弯曲；以所有的腿在前引导，是因为如果不是这样，静止的腿就会妨碍运动着的腿。

宽扁的鱼像独眼人行走那样游动，因其本性是扭曲的。蹼足鸟用足游泳。它们是两足的，因为它们呼吸；它们是蹼足的，因为它们生活于水中，这种形式的足可作为鳍的替代物来使用。它们不像其他鸟类那样使腿位于躯体中间，而是处于靠后的位置，因为它们是短腿动物，腿的置后性对游泳有用。它们是短腿动物，因为自然把腿的长度取来加到足上，给腿以厚度而非长度，给足以宽度。为了在游动中搏击划动水流，足的宽阔比细长更为有用。

【18】 有翅的动物有足，而鱼类无足，这是合理的。鸟类生活于陆地上，不能总是滞留于空中，因此必然有足；而鱼类生活在水中，吸入的是水而非空气，鳍对它们游泳有
714b 用，而足则完全无用。如果鱼类既有足又有鳍，就会成为无血动物。鸟类在某种方式上类似于鱼类。因为鸟类的翅位于躯体上部，与之相似，鱼类的前部也有两个鳍；再者鸟类的腿位于腹下，而大多数鱼类的腹下也有鳍，并靠近前面的鳍；另外鸟类有尾，鱼类也有尾鳍。

【19】 或许人们会提出疑问，有壳虫类的运动方式是什么，如果它们没有左右之分，其运动又是从哪里开始发生的。观察表明它们在运动。所有这些种类必须被视为肢体残缺不全的，像有足动物被切掉了腿那样运动，还是类似于海豹和蝙蝠，尽管是四足的，但却是畸形的？有壳虫类运动，但以相悖于自然的方式运动。它们不是真正运动的东西。如若视之为固定静止的，借助生长附着于他物的动物，则会发现它们能够运动；如若视之为行进的动物，则会发现它们是固定静止的。

蟹类在左右分化上微弱模糊，但依然可以显示出来。可以从螯上看出这一点。因为右螯比左螯大而强劲，似乎试图使右面与左面得以分化。

我们已经详尽讨论了动物的部分，尤其是那些与行进和位置变化有关的部分。对这些问题界说之后，接下来的任务是研究灵魂。

论动物生成

崔延强 译

peri Zoioon Geneseoos　据《洛布古典丛书》希腊本文。

第　一　卷

【1】 我们已经说过了动物的所有其他部分，既从一般 715a
意义上描述了它们的共同特征，又按每一种类分别揭示了它们的特殊本性，并解释了各个部分是如何根据某种原因而存在的，这种原因是指事物“为了什么”而存在。原因共有四种：第一种是目的因，即“为了什么”；第二种是本质的逻各斯[1]（这两种原因几乎可以看成是相同的）；第三种是质料；第四种是运动由之产生的本原。其他三种原因已经论述，因为逻各斯和作为目的因的“为了什么”是同一种原因，而质料对于动物来说就是它们的部分——异类部分是作为整体的动物的质料，同类部分则是异类部分的质料，所谓有形的元素又是同类部分的质料。因而，剩下来有待于讨论的是动物中与生成有关的部分，那些尚未界定的东西，讨论什么是运动的原因。探究这种原因和每种动物的生成在某种意义上是一

① ho logos tees ousias。

回事，因此我们在著述中将两者结合起来，放在最后讨论它们，即在其他部分之后开始讨论生成问题。

某些动物即所有具有雄雌两性的动物，通过雄雌交配而生成，当然并非所有动物都有雄雌两性。在有血动物中，当个体发育完善后或为雄或为雌，这点很少有例外；在无血动物中，某些种类既有雄又有雌，因而可以生成与亲本同种的子代。但某些种类尽管可以生成，却不能生成与亲本同种的子代，这些动物并非通过两性交配而产生，而是生自腐土和排泄物。一般说来，如果我们分析所有具备位移运动能力的动物，不管是游泳的、飞行的还是行走的，都会发现雄雌两性不仅存在于有血动物中，还存在于某些无血动物中。在某些无血动物那里，雄雌两性或存在于整个种类中，如头足类
715b
和甲壳虫类，或存在于种类的绝大部分中，如昆虫类。对于所有通过同种动物交配生成的动物，也按自身的种类生成子代；对于那些并非由动物生成，而是生自腐败质料的动物，尽管它们可以生成，但产生出另一种类，其子代既非雄又非雌，如某些昆虫。这是非常合理的。因为假如那些并非由动物生成的动物本身可以交配并产生动物，那么它们的子代在种类上要么像它们，要么不像它们。如果像，那么它们自己的原初生成方式也就应当与其子代相同了，这是合理的推断，因为显然在其他动物那里都是这样；如果不像，却又能交配，那么由它们就会生成一种不同的动物，接着由这种不同的动物又会生成另一种不同的动物，一直无穷后退下去。然而自然

总是背离无限①。因为无限是不完善的，而自然却每每寻求终极目的。那些不能四处运动的动物，由于在本性上类似于植物，因而像植物一样没有雄雌两性，尽管它们也被称为“雄”和“雌”，但只是类比和相似意义上的，因为它们在这个方面差别很小。在某些同种的植物中，有的树木结果，有的自身虽不结果，但参与能结果树木的果实的成熟活动。例如无花果和野生无花果。

〔至于植物，存在着同样的生成方式：某些由种子生成，另一些似乎由自然的偶发性活动生成，即或者来自腐土，或者来自其他植物某些腐烂的部分，因为某些植物自己并非独立存活，而是依靠其他树木生长，如槲即是如此。〕然而对于植物必须单独加以研究。 716a

【2】　在动物的生成方面，我们必须按问题的顺序一一说明，必须把我们的解释同前面所说的内容联系起来。因为如前所述，我们可以毫不迟疑地把雄性和雌性确立为生成的本原，雄性为运动和生成的本原，雌性为质料的本原。最有分量的证据在于考察精液是怎样和从哪里产生的。尽管在自然过程中形成的动物无疑生自精液，但我们绝不能忽视精液本身如何由雄性和雌性产生这个问题，因为正是由于这一部分从雄性和雌性中分泌出来，正是由于分泌过程发生在它们

① hee de phusis pheugei to apeiron。

之中，由它们产生，雄性和雌性才成为生成本原的。所谓“雄性”是指在他物中进行生成的动物，所谓“雌性”是指在自身中进行生成的动物。因此在宇宙论中人们把大地的本性理解为雌性，叫做“母亲”，而把天、太阳和其他类似的东西命名为“生殖者”和“父亲”。

雄性和雌性借助各自所具备的不同潜能在逻各斯或本质上相互区别，另外借助各自躯体的某些部分在感觉上也有差异。在逻各斯方面有别，是因为雄性乃是能在他物中进行生成的动物，而雌性则是能在自身中进行生成的动物，存在于生成者中的被生成的子代正是从雌性产生出来的，正如前面所讲的那样。既然雄性和雌性通过潜能和活动区别开来，为了满足各种活动器官乃是必需的东西，而躯体的部分是用以完成活动的器官，因此为了交配和生成子代某些部分必然存在。这些部分必然相互有别，因而雄雌两性也必然相互有别。尽管我们把作为整体的动物称为雄或雌，但动物为雄为雌不是根据动物的整体，而是根据动物的某种潜能和某个部分，正像“看”或“走”一样，这样潜能及其相关的部分对感觉来说是显而易见的。在所有有血动物中雌性的与生成有关的部分称为子宫，雄性的则称为睾丸和阴茎，某些雄性具有明确的睾丸，某些只有相应的管道。在具有两性对立的无血动
716b 物中，也存在着雄雌生成部分上的差异。对于有血动物，用来交配的部分在形状上不尽一致。应当注意到，本原的细微差异往往导致许多依赖于它的东西发生变化。这点在被阉割的

动物身上尤为明显：尽管只是生成部分受到损坏，但几乎整个动物的形成都因之发生巨大变化，似乎变成了雌性或近乎雌性，这表明动物为雄或为雌决非根据随便任一部分或潜能。显然，雄性和雌性是生成的本原。无论如何，一旦使雄雌区分开来的部分发生变化，许多其他的变化就会随之而来，这表明本原发生了某种变更。

【3】 在所有有血动物中，睾丸和子宫的安排方式并非完全相同。首先就雄性的睾丸而言，我们发现某些有血动物完全没有睾丸，只有两条输精管，如鱼类和蛇类。某些有血动物虽具有睾丸，但位于体内，靠近肾周围的腰部，从每个睾丸延伸出一条管道，正像无睾丸的动物那样，这两条管道也像无睾丸的动物那样会合在一起。在能呼吸和有肺的动物中，所有鸟类和卵生四足动物情况均为这样。因为所有这些动物的睾丸都在体内，靠近腰部，像蛇类那样有两条管道从睾丸延伸出来，例如蜥蜴、龟以及所有有鳞甲外壳的动物。但所有胎生动物的睾丸位于躯体前面。某些胎生动物的睾丸位于体内，靠近腹腔终端处，如海豚。其睾丸没有管道，只有性器官从睾丸伸至体外，像 bos① 那样；某些胎生动物的睾丸位于体外，有的呈悬吊状，如人类，有的固定在臀部，如猪。这些问题在《动物志》中已经做了更为详尽的解释。

---

① 一种鲨类或软骨鱼类。

子宫毫无例外地总是成双存在①，正像在雄性那里睾丸总是成双存在一样。有些动物的子宫位于阴部区域，例如女人、所有体内胎生的和体外胎生的动物以及体外产卵的鱼 717a 类；有些动物的子宫则靠近膈，例如所有的鸟类和胎生鱼类。甲壳虫类和头足类也有成对的子宫，因为包围着所谓的卵的膜在本性上就是子宫。

在章鱼类中子宫最不明晰，因此看起来似乎是单一的，因为这类动物躯体的量度全部都是等同的。在较大的昆虫中，子宫是成双存在的，而在较小的昆虫中，由于躯体过小因而子宫不太明晰。

这就是上述动物的与生成有关的部分的存在方式。

【4】 对于雄性动物输精器官方面的差异，如果我们要想研究这种状况的原因，必须首先理解睾丸为了什么而存在即目的因。如果自然创造万物或因其必然性，或因为这样最好，那么睾丸就应为了这两种原因之一而存在了。但十分明显，睾丸并非必然为了生成而存在，否则所有能生成的动物都有睾丸了，事实上蛇类和鱼类无一具有睾丸，但能生成，因为人们发现它们用充满精液的孔道进行交配。那么睾丸存在的原因就剩下一种了，即它应当存在是因为这样更好或更完善。多数动物的功能无非是生成子代，正像植物的功能在于

① 在亚里士多德那里，子宫一词包括输卵管。

产生种子和果实一样。另外，正像具有直肠的动物摄食的欲望更加强烈一样，没有睾丸只有管道的动物，或虽有睾丸但位于体内的动物，交配的速度较快；在进食方面欲望适中的动物没有直肠；同样在交配方面欲望适度的动物具有曲折的管道，以避免欲望过于强烈和迅猛。这是睾丸被设计创制出来的目的：它可以使精液的排泄运动更加稳定，在胎生动物中通过确保管道的重叠盘绕状态来完成这种功能，如马、人以及其他种类（详尽论述应参阅《动物志》）。因为睾丸不是管道的一部分，只是悬吊于管道上的东西，就像妇女在织布 717b 时压在织机上的重石一样。一旦将睾丸去掉，管道就会向内缩回，因此被阉割的动物不能生育，如果管道没有缩回，就能生育。公牛在被阉割后立即同母牛交配，可以使母牛受孕，因为此时管道尚未缩回。在鸟类和卵生四足类中，睾丸承载精液的剩余物，因此其射精速度慢于鱼类。这点在鸟类中尤为明显，因为它们的睾丸在交配期间非常大。那些一年只有一个季节进行交配的鸟类，当这段时间一过睾丸变得很小，几乎难以辨认，但在交配期间却非常大。因此，凡睾丸位于体内的动物，其交配速度较快，因为事实上睾丸位于体外的动物直到睾丸收缩时才释放精液。

【5】 性交器官存在于四足动物中，因为它们拥有这种器官是可能的，而鸟类和无足类拥有则是不可能的。鸟类之所以不可能拥有在于它们的腿位于腹下中间处；无足类之所

以不可能拥有在于它们完全没有腿，而阴茎总是悬垂于这一部位，这里是它的位置。(这也说明了性交时为什么腿要绷紧，阴茎本身和腿在本性上是腱状的。) 因此，既然这些动物不可能拥有性交器官，它们必然或者无睾丸，或者睾丸不在此处，因为在那些既有阴茎又有睾丸的动物中，两者处于同一位置。

至于那些拥有外部睾丸的动物，精液在释放前被集聚起来，而释放则是由于阴茎通过运动受热所致，不像鱼类那样一经直接接触便很容易地迅即释放精液。

所有胎生动物的睾丸位于躯体前部〔或在体外，或在体内〕,只有刺猬是个例外,它是唯一睾丸靠近腰部的动物,原因和鸟类相同,因为它们必须迅速完成性交,不像其他四足类那样在雌性的后部交配,由于它们的躯体有刺因而站着性交。

我们业已表明拥有睾丸的动物为什么拥有，为什么有的动物睾丸位于体外，有的则位于体内。

【6】 所有无睾丸的动物缺少性交器官，如前所述，该部分的缺失不是因为这样更好一些，仅仅因为这样乃是必然的。另外还因为其性交活动必然应当迅即完成，鱼类和蛇类

718a 的本性即是这样。鱼类通过相互并行，然后迅速射精进行交配。正像人类和其他类似的动物在释放精液前必须屏住呼吸一样，鱼类此时也必须停止进水，因而这就容易导致死亡。鱼类必然不像胎生的陆生动物那样在交配期间使精液成熟，而是在另外恰当时间里使精液成熟并聚集起来，因而它们并非

在相互接触过程中使精液成熟，而是释放出业已成熟的精液。出于这个原因，它们无睾丸，只有直而简单的管道。在四足动物中，与睾丸连接的那一小部分管道，即呈重叠状的整个管道的后半部分同鱼类的管道相似。整个管道的一部分是有血的，一部分是无血的。当体液进入并经由后一部分时已经成为精液了，因而在四足动物中一旦精液到达这里，就会迅即释放出来。在鱼类中，整个管道的特征类似于人类和其他此类动物重叠状管道的后半部分。

【7】　蛇类通过相互缠绕的方式交配，但如前所述，它们既无睾丸又无阴茎。无阴茎，是由于没有腿；无睾丸，是由于躯体过长。然而蛇类具有鱼类那样的管道。由于蛇类的躯体过长，如果精液再为睾丸所耽搁，就会因流程太长而冷却。这种情况也存在于具有大阴茎的人类之中。他们比阴茎适中的人生殖力弱，因为精液被长距离输送则会变冷，而冷却的精液是不能生殖的。到此为止，我们已经论述了为什么某些动物有睾丸，某些则没有。

〔蛇类缠绕交配是因为在本性上它们不适合相互并排。其躯体过长，用于结合的部分十分狭小，因而进行结合不太容易。又因为它们没有交配的器官以便能够相互把持，所以利用躯体的柔韧以代之，相互盘绕起来。蛇类似乎比鱼类的交配速度慢，这不仅由于其管道的长度，还由于这种交配方式的复杂性。〕

【8】 人们或许对雌性动物子宫的存在方式产生某种困惑，因为在这个问题上有许多相互对立的实例。并非所有胎 718b 生动物的子宫具有相同的存在方式。人类和一切有足胎生动物的子宫都位于腹下阴部附近，而胎生鲨类的子宫位于腹上靠近膈的区域。再者，在卵生动物中鱼类的子宫像人类和胎生四足类那样位于腹下，而鸟类和卵生四足类的子宫位于腹上。这种相互对立的存在方式是有道理的。首先以卵生动物为例，它们产卵的方式不同。某些动物的卵在产生时是不完善的，它们的卵在体外不断发育生长，最终达到成熟，如鱼类。由于它们是多产动物，多产是其功能正像多产也是植物的功能一样。因此如果它们使卵在体内完善，则卵的数量必然很少，但事实上它们拥有很多卵，以至于每个子宫看起来似乎就是一堆卵，至少在体积较小的鱼类那里是这样，因为那些产卵最多的鱼类，正像本性与之相似的其他动物和植物一样，体积的生长在它们那里被转移为种子的生长了。鸟类和卵生四足类产出的卵是完善的。为了得到保护这些卵必须具有坚硬的覆盖物（在生长时具有柔软的外表），外壳由热量形成，而热量从土性质料蒸发而生。因此发生这种活动的场所必然充满热量，而膈周围区域正是如此，这点可由该区域使营养得以整合这个事实表明。如果卵必然存在于子宫内，那么其卵为完善状态的动物的子宫必然靠近膈，其卵为不完善状态的动物的子宫则必然位于腹下。因为这样是有益的。再

者，子宫位于腹下比位于腹上更合乎自然本性，除非自然的某种其他功能阻止它如此存在，因为自然的终极在下，哪里有终极，哪里就有功能，因此子宫在功能所在之处。

【9】 同样，胎生动物的生成方式也是相互有别的。某些种类不仅在体外，而且在体内使子代活着产生出来，例如人、马、狗和所有有毛发动物，水栖类中的海豚、鲸以及其他鲸类动物。

【10】 鲨和蝰蛇尽管在体外使子代活着生成，但首先在体内产卵。它们产下的卵是完善的，只有从这种卵中动物才能生成，无物能从不完善的卵中生成。它们不在体外产卵的原因在于在本性上它们是冷性的，不是像某些人所说的那样是热性的。

【11】 它们产下的是软皮卵，因为其体内的热量很少，其本性的构成不能使卵的外表干燥。因为它们是冷性的，所以产下的卵皮软；因为卵是软皮的，所以不在体外产生。如果在体外产卵，就会招致毁灭。

当一种动物由卵生成时，在很大程度上相似于鸟类的生成过程。因为卵产出后，子代便在阴部区域被孵化出来，而该部位自始自终是胎生动物生成子代的场所，因此上述动物的子宫既不同于胎生动物又不同于卵生动物，它们分有两类动物的共同特征。即是说，在所有鲨类中子宫既靠近膈，同时又向下延伸。有关鲨类和其他种类的子宫的存在方式应参阅《解剖学》和《动物志》。鲨类的子宫位于腹上，因为它们是卵生动物，产生完善的卵；其子宫又向下垂伸，因为它们也是胎生动物。因此，鲨类分有两类动物的共同特征。

在所有自始至终为胎生的动物中子宫都位于腹下，因为没有本性上的其他功能妨碍这种存在方式，此类动物在生成上没有双重特征。此外对于它们来说，在膈周围生成是不可能的，因为胚胎必然具有重量，必然进行运动，而膈周围是生命之中枢，不堪承受重量和运动。再者，如果子宫位于膈周围，分娩必然会因输送的距离过长而变得困难重重。对于妇女来说，如果在分娩时因打呵欠或做其他类似的活动使子宫收缩，也会导致难产。在子宫空着时，如果被向上推动，甚至会引起窒息的感觉。此外，承载动物而非卵的子宫必然较为强劲有力一些，因此所有胎生动物的子宫都是肉质的，而靠近膈周围的子宫则是膜状的。这点从具有双重生成特征的动物身上可以清楚地看到：卵位于腹上一侧，而作为子代的动物则在子宫的下部生成。

我们已经解释了为什么某些动物的子宫在安排方式上存在着相互对立的特征，一般说来，为什么某些动物的子宫位于腹下，某些则位于膈周围。

【12】 我们已经看到，所有动物的子宫都在体内，但有

些动物的睾丸在体内，有些则在体外。子宫之所以总是位于体内的原因在于它是子代生成的承载物，因而需要保护、遮盖和整合，而躯体的外在部分不能提供这些条件，易遭损伤，易受寒冷。睾丸在某些动物那里位于体内，在某些那里位于体外，因为它们也需要遮避和覆盖以保护自己，以确保 719b 精液的整合（因为如果它们受冷、硬化，就不能被汲取并被释放出来）。那些睾丸暴露在体外，成为可见物的动物，其睾丸上长有所谓的阴囊这种皮状覆盖物。假如皮的本性同阴囊相反，过于坚硬，不适合包裹睾丸，或者不像一般皮肤那样柔软，睾丸必然位于体内，例如具有鱼状皮的动物和具有鳞甲皮的动物。因此海豚和有睾丸的鲸类，其睾丸位于体内，卵生的和四足的有鳞甲的动物也是如此。鸟类的皮也是坚硬的，同睾丸的体积不相适合，从而不能将之包裹起来，这是另一种用以解释上述这些动物的睾丸位于体内的理由，除了前面所说的那种必然出于交配需要的理由之外。基于同样的原因，象和刺猬的睾丸也位于体内，因为它们的皮也不适合使被保护的部分分离出来。

〔那些在体内使子代活着生成的动物和那些在体外产卵的动物，其子宫的位置恰好相反。在后者中有些子宫位于腹下，有些则位于膈附近，例如鱼类属于前一种情况，鸟类和卵生四足类属于后一种情况。再者，那些通过双重方式即在体内产卵和在体外使子代活着生成的动物，其子宫的位置不尽相同。那些既在体内又在体外使子代活着生成的动物，其子宫处于同腹部相对的位置，如人、牛、狗以及其他类似的动物，因为不应有任何重量加在子宫上面，这点对于胚胎的安全和发育是有益的。〕

【13】 在所有胎生动物中排泄干燥残余物和液态残余物的管道是不同的。因此，所有此类动物的雄性和雌性都有阴部，由之排泄液态残余物，在雄性中也用之释放精液，在雌性中用之分娩子代。这个管道位于干燥残余物管道之前上方。〔生产不完善的卵的卵生动物，如卵生鱼类，其子宫不在腹下，而在腰部，卵的生长在这里不会造成妨碍，因为它是在体外逐步发育完善的。〕在所有不具备用于生成的阴部的动物中，即在所有的卵生类，甚至包括像龟那样具有膀胱的卵生类中，这个管道与干燥残余物管道是同一条。管道存在着双重功能不是为了排泄液态残余物，而是为了生成之目的，只是由于精液在本性上是液态的，液态残余物才与之共用同一条管道。这点十分明显，所有动物都生产精液，但并非都排泄液态残余物。

雄性的输精管必须具有固定的位置，不可四处移动，对于雌性的子宫同样如此。这个固定的位置必然或在躯体前面，或在躯体后面。首先以子宫为例，在胎生动物中由于胚胎之缘故，子宫位于躯体后面腰部附近。那些最初在体内产卵，之后在体外使子代活着生成的动物，其子宫的位置处于居间状态，因为这种动物分有两类动物的共同性，既是胎生的又是卵生的。其子宫的上半部分，即卵从中生成的部分位于膈之下，靠近躯体后腰部；但子宫的连续体向下垂伸，直至腹部，正是在这里胎生动物开始生成。在这种动物中用于排泄干燥残余物和用于交配的管道是同一条管道，如前所述，它们无一具有从躯体凸现出来的阴部。在卵生动物子宫方面存在的状况同样存在于雄性的管道之中，不管是有睾丸的还是无睾丸的。在所有雄性中，管道固定在躯体后面椎骨附近。因为管道不应来回移动，必须具有固定的位置，而这恰恰是躯体后部的根本特征，它给躯体以连续性和稳定性。在睾丸位于体内的雄性中，管道自开端起就被固定住了，对于睾丸位于体外的雄性同样如此。之后，管道便交会到一起，通至阴部区域。在海豚中管道也是这样存在的，但其睾丸深藏于腹腔下面。

我们业已讨论了有血动物与生成有关的各部分的存在状况及其原因。 720b

【14】　无血动物与生成有关的各部分的存在方式同有血动物差别很大，在其同类中也不尽一致。将要讨论的无血动物有四种：甲壳类、头足类、昆虫类和有壳虫类（至于有壳虫类的全部状况如何并不十分清楚，但大多数不进行交配是显而易见的，有关它们的生成方式必须以后再说）。

甲壳类像向后撒尿的四足动物那样交配，一为仰，一为伏，使尾部相互接合。为了避免交配时背对腹，沿尾部边缘衍生出长长的鳍状物。雄性具有精细的输精管；雌性具有膜状的子宫，沿肠道分布，每边都被分割开来，卵就在这里生成。

【15】 头足类通过口部交配，相互推动，触角缠绕在一起。这种交配方式是必然的，因为正如以前在《论动物部分》中所说，自然使排泄残余物的管道的终端弯曲，环绕口部四周。雌性具有相当于子宫的某个部分，这点在头足类的每个雌性中都是显而易见的。该部分包含一个卵，最初并不明晰，之后便分裂为多个卵，每个卵在产下时都不完善，正像卵生鱼类那样。在头足类和甲壳类中，用于排泄残余物的管道和用于连接相当于子宫部分的管道是同一条管道，位于躯体的下部表层，在这里“遮盖物”是打开的，海水可以进入。雄性正是在此处同雌性交配，因为这是必然的，如果雄性释放出精液或自身的某个部分或其他某种潜能，那么它必须同雌性在通向子宫的管道上交配。在章鱼中雄性将其触角插入雌性的管道。渔夫断言章鱼的交配是借助触角发生的，然而触角的目的在于使雄雌两性结合在一起，不是用来生成的器官，因为它在雄性的管道之外，在肌体之外。

721a 有时头足类通过雄性伏在雌性的背上进行交配，但这是为了生成还是为了其他什么原因尚未察明。

【16】 某些昆虫是进行交配的，其子代来自同名动物，

正像有血动物那样，例如蝗虫、蝉、蜘蛛、黄蜂和蚂蚁；有些昆虫尽管可以交配并能生成，但生成的不是与自身同种的动物，只是蛴螬。这些昆虫并非生自动物，而是生自液态的或固态的腐烂物质。例如蚤、蝇、斑蝥；有些昆虫既非由动物生成，又不能相互交配，如蚋蚊、蚊以及许多类似的种类。在多数能交配的昆虫中，雌性大于雄性。雄性似乎没有输精管。就绝大多数而言，雄性并未把任何部分插入雌性，而是雌性自下而上插入雄性，这点可以从许多事例中看到，相反的情况较少。然而我们的观察尚未充分到足以对之进行分类的程度。我们发现，不仅在昆虫中，而且在大多数卵生鱼类和卵生四足类中，雌性通常也大于雄性。因为在产卵期内，当卵造成体积增大时，较大的体积对雌性是有益的。在雌性昆虫中正像在其他动物中那样，相当于子宫的部分被分割开来，沿肠道伸展，正是在这里子代被产生出来。在蝗虫和所有其他具有大体积、具有交配本性的昆虫中，这点是显而易见的。但大多数昆虫的体积太小。

这就是动物中关于生成器官方面的状况，以前没有讨论过。至于同类部分，剩下来尚未进行讨论的有精液和乳汁，现在正是述说它们的时候了，首先是精液，之后是乳汁。

【17】　显然某些动物释放精液，如所有本性为有血的动物，但昆虫类和头足类是否如此不太清楚。因此我们必须思考下述问题：全部雄性动物，还是并非全部雄性动物都释放

精液？如果不是全部，为什么某些释放，某些不释放？再
721b 者，雌性动物是否贡献精液？如果贡献的不是精液，它们是否不贡献其他任何东西，或是否贡献某种非精液的东西？另外还必须考虑：那些释放精液的动物借助精液给生成活动贡献的是什么？一般说来，什么是精液的本性？什么是月经的本性（在所有释放这种体液的动物那里）？

人们一般认为所有动物由精液生成，而精液则来自亲本。以下两个问题是相同的：雄性和雌性两者都释放精液，还是只有一方释放精液？精液来自亲本的整个躯体，还是并非来自整个躯体？因为如果精液并非来自整个躯体，那它也并非来自雄雌两个亲本，这是有道理的推论。既然有人断言精液来自整个躯体，我们必须首先讨论这个问题。

用来证明精液来自躯体每个部分的证据有四个。第一，性交快乐的强度。因为同样的感受如果范围广泛，其快乐的程度也要更大一些，而影响躯体所有部分的感受比只影响一个部分或一些部分的感受范围更为广泛。第二，有缺陷的亲本生成有缺陷的子代。他们声称，由于亲本的某个部分是残缺不全的，无精液从中产生，因而子代中相应的部分就不会生成。第三，子代与亲本的相似性。因为子代不仅在整个躯体上，而且在各个部分上生来就与亲本相似，如果整体相似的原因在于精液来自整体，那么各个部分相似的原因则在于精液来自各个部分。第四，这个观点似乎是合理的：正像存在着某种原初之物，由之生成作为整体的动物，对于每个部分

的生成同样如此。因此，如果存在着生成整体的精液，那么必然存在着某种生成各个部分的特殊精液。这一观点的可能性系于下列证据：幼儿不仅在先天特征方面，而且在后天获得性特征方面生来就与亲本相似。比如，如果亲本有伤疤，子代生下来之后在同一部位也有伤疤的痕迹。在开勒凯顿（Khalkedon）曾有一例，某人的臂上烙有印记，同样的字纹也出现在孩子的臂上，尽管有些模糊不清。这些即为某些人相信精液来自整个躯体的最主要的论据。 722a

【18】 然而对上述问题一经考察，相反的观点显得更为可信。因为反驳这些论述并不困难，此外这些论述涉及了不可能的事情。首先，相似性不是精液来自整个躯体的证据，因为子代相似于亲本也体现在声音、指甲、头发以及运动的方式上，但无物从这些东西中产生；另外还有一些特征，在生成子代时亲本尚不具备，如胡须和白发；再者，子代与其远祖相似，但从他们那里无物直接传给子代。因为这种相似性需要间隔几代才能再现，例如在埃利斯（Elis）有一位妇女曾与黑人同床，她的女儿不是黑人，但她的女儿的儿子却是黑人。同样的论证也适合于植物。因为显然，如果前面的观点是正确的，那么植物的种子就会来自所有的部分，但事实上许多植物常常缺少某些部分，一些部分可以被截掉，一些部分后来生长出来。此外，从果皮中并没有种子产生，但果皮却在子代中生成，并具有和亲本一样的形式。

我们还要进一步追问：精液只来自躯体的每个“同类部分”，如肉、骨、腱，还是也来自每个“异类部分”，如脸和手？我们就以下三种可能性进行考虑：（1）如果精液只来自“同类部分”，（那么子代只应当在这些部分上与亲本相似，）但相似性更多地发生在诸如脸、手、足这些“异类部分”上。因此，如果“异类部分”的相似性并非因为精液来自躯体所有部分，那为什么“同类部分”的相似性就必然出于这种原因，而不是出于其他什么原因呢？（2）如果精液只来自“异类部分”，这就意谓着它并非来自躯体所有部分。认为精液应来自“同类部分”更为恰当，因为“同类部分”先于“异类部分”，“异类部分”由“同类部分”构成。正像子代生来就相似于亲本的脸和手，因此也相似于肉和指甲。（3）如果精液同时来自“同类部分”和“异类部分”两者，那么生成方式会是怎样的呢？因为“异类部分”由“同类部分”构成，因此从前者中产生即是从后者以及后者的结合中产生。以写字为例，如果有什么东西来自字的整体，它就来自每个音节，同时意谓着它来自字母及其组合，因此如果肉和骨由火以及其他元素构成，精液就只会来自元素，因为它怎么可能来自元素的结合呢？然而如果没有这种结合，就不会有子代与亲本之间的相似性。如果有什么东西后来使这种结合产生，那么正是这种东西，而不是精液来自整个躯体将成为相似性的原因。

再者，如果子代的部分分离存在于精液之中，它们如何存活呢？如果它们相互连结，就会构成体积很小的动物。其生殖器官又是怎样的呢？是雄性的还是雌性的？因为来自雄性的东西毕竟与来自雌性的大不相同。

另外，如果精液来自亲本双方的所有部分，则会生成两个动物，因为子代包含着每方亲本的所有部分。如果这种推论被采用，与之最接近的说法似乎当属恩培多克勒〔至少在某种意义上是这样。如果我们不这样认为，他的说法就是不正确的〕。恩培多克勒声称，在雄性和雌性中存在着一种“配偶物”[①]，作为整体的子代并非完全来自亲本的任何一方，“而是肢体的本性在于分裂，某些部分在男人中……”。因为如果精液来自亲本双方的所有部分，雌性又有受精的器官，那为什么雌性不自我生成呢？然而精液似乎并非来自亲本双方的所有部分，既便来自亲本双方的所有部分，也是以恩培多克勒所描述的那种方式发生，即同一部分不会同时来自亲本双方，这就是它们之所以需要交配的原因。但恩培多克勒的说法也是不可能的。正如各个部分一旦被分裂开来就不可能具有内在的生命，在生长过程中也就不可能幸存下来。然而恩培多克勒在解释“爱的时代”各个部分的生成时说：“有许多无脖子的头生长出来”，又说之后这些分离的部分相互结合、生长在一起。显然这是不可能的。因为如果它们没有灵魂或某种生命，是不能幸存下来的；再者，假如它们像某些人所说的那样是许多有生命的动物，也不可能结合生长到一起，再

① sumbolon，即一方为另一方的一半。

次成为一种动物。但那些声称精液来自整个躯体的人的确是以恩培多克勒的方式进行论述的，按照他们的说法，各个部分在躯体内结合生长，正像在“爱的时代”大地上所发生的活动一样。然而各个部分在生成过程中就应连结起来是不可能的，即不可能来自亲本的所有部分，以至于在同一场所结合在一起。此外，上下、左右、前后各部分是如何被分裂的呢？所有这些说法都是荒谬的。

再者，在各个部分中有些是通过自身所具有的潜能区分开来的，有些是通过本身的某种性质区分开来的。因而“异类部分”如舌和手，通过自身所具备的完成某种活动的潜能相互区别开来，“同类部分”则通过硬、软或其他性质区分开来。因此，一种物质如果不具有某种特殊性质，就不是血液或肉。显然，来自亲本任何部分的物质同这些部分并非同名，我们不能称来自亲本的血液的东西为“血液”，称来自亲本的肉的东西为“肉”。这就意谓着子代的血液是由某种非血液的东西形成，如果这样，亲本与子代相似的原因就不能归于精液来自亲本躯体的所有部分，像某些持有该观点的人所说的那样。因为如果血液是由某种非血液的东西形成，那么精液只需要从一个部分中产生就足够了。为什么子代所有部分不可以由一个部分形成呢？这种说法似乎与阿那克萨戈拉的相同，他声称没有所谓的“同类部分”产生。区别在于后者在一般意义上用于解释一切事物，前者只用于解释动物的生成。

再者，这些来自亲本整个躯体的部分是如何生长的呢？阿那克萨戈拉给出一种合乎道理的回答，他说自营养中产生的肉加到了已存在的肉上面。然而那些不赞同阿那克萨戈拉这种说法，而主张精液来自整个躯体的人就要面临这样一个问题：如果所加物质保持不变，胚胎是如何通过加到自己身上的一种不同物质而生长的呢？然而，如果承认所加物质能够变化，那为什么不直接承认精液一开始就是一种血液和肉能够由之形成的东西，反而要断言精液本身是血液和肉呢？但也不能说这些部分是经过混合之后生长起来的，就像酒被注入水之后体积增加那样。因为如果这样的话，每一部分在被混合之前，开始就成其为自身了，然而事实上肉、骨以及其他每一部分只是在后期阶段才成其为自身的。至于声称精液的某部分是腱和骨，这种说法实在超出我们的理解。

此外，如果雄性和雌性之间的差别取决于受孕阶段，如恩培多克勒所说："精液被倾注于纯净的管道，一旦遇冷，某些长成女性……"，这种说法也是有问题的。显然，无论男性还是女性都发生变化，不仅从不生育的变为能生育的，而且从生育雌性的变为生育雄性的，这点表明决定性别的原因并非在于精液是否来自亲本的所有部分，而是取决于来自女性和男性的物质是否合乎一定的比例，或其他某种类似的原因。如果我们设定这种说法是真实的，即相同的精液既能生成雄性，又能生成雌性，也即性别部分并不存在于精液中，显然子代成为雌性不是由来自某一部分的精液决定的，两性特殊的性别部分也不是由此决定的。对性别部分的论述同对其他

723b 部分的论述有什么区别呢？因为如果精液并非来自子宫，同样的解释也适合于其他部分。

再者，某些动物既非生自同类亲本，又非生自异类亲本，例如蝇以及各种所谓的蚤。从它们之中的确可以生成动物，但所生成的动物在本性上与其亲本并不相似，只是一种蛴螬。显然，在这里不同类的子代并非通过来自亲本所有部分的精液生成的，因为如果相似性是精液来自亲本所有部分的表征，那么它们就会与其亲本相似了。

进一步讲，甚至在动物中某些通过一次交配就可以生成大量的子代的这类现象在植物中也极为普遍，很明显，植物由一次运动即可结出整个一个季节的果实。这种活动如何可能，假如精液从亲本的所有部分中释放出来？一次交配和一次分离必然产生一次释放。精液不可能在子宫中被分成各个部分，因为此时不会是精液的区分，而是动物的区分了。

再者，从植物截取的插枝也孕育种子。显然，在它们被截取之前，单从它们自己这一部分也可结出果实，种子并非生自作为整体的植物。

然而最有力的证据来自我们对昆虫所进行的充分观察。如果不是全部，至少也是绝大多数雌性昆虫在交配时将自己的一部分插入雄性〔如前所述，这是它们的交配方式〕。并非在所有昆虫中，而是在大多数所观察的昆虫中，雌性明显地自下而上把某个部分插入雄性。因此显然，甚至在那些释放精液的雄性那里，生成的原因也不是精液来自整个躯体，而在于其他某种方式，这点必须以后再做研究。即使像某些人所说的那样，精液来自整个躯体是真实的，他们也不应断言精液来自躯体的所有部分，而应表明精液只来自具有创制功能的部分[1]，这就是说，来自工匠，而非他所施工的质料。那些人的断言似乎连父母穿的鞋子也被归于生成精液的部分中了，因为一般说来，如果儿子像父亲，他穿的鞋子也像父亲的鞋子。

至于性交过程的强烈快感，原因并非在于精液来自整个躯体，而在于存在着强劲的摩擦。因此对于性交者来说，如果过度的重复摩擦，快感就会减弱。再者，快感事实上发生在性交过程的末期。但按某些理论，快感应发生在每一部分中；并非同时发生，前期在某个部分，后期在另一部分。

至于伤残的子代由伤残的亲本生成，原因同子代相似于亲本一样。但有伤残的亲本所生成的子代并非总是有伤残的，正像子代不总是相似于亲本一样。我们必须以后再来考察这个问题的原因，因为上述两个方面属于同一个问题。

再者，如果雌性不释放精液，那么断定精液并非来自亲本的整个躯体就是有道理的；如果精液并非来自亲本的整个躯体，那么断定精液并非来自雌性也就没有什么不合理的。然而雌性作为生成的原因是以其他某种方式进行的，这是下一个将要研究的问题，现在十分明显，精液不是从躯体所有部

[1] apo tou demiourgountos。

分中释放出来的。

我们必须首先理解精液是什么以开始对这个问题以及随之而来的其他问题的研究，因为这会使我们更加容易地考察精液的活动功能以及相关的种种现象。精液在本性上意于使那些根据自然而构成的东西由之最早产生。一物“由”另一物产生存在着多种意义。(1)当我们说夜“由”昼产生，或成人“由”儿童产生，这里的“由”意谓着一物“继随”另一物或在另一物“之后”；(2)当说雕像“由”青铜产生，床“由”木料产生等等，在这里我们是说被构成之物是“由”某种质料构成的，即意谓着作为整体的事物是“由”某种在先的、并被赋予形式的东西构成的；(3) 是说某人“由”有教养的变为无教养的，“由”健康的变为生病的，即一般意义上“由”对立面产生对立面；(4) 如由爱庇卡儿摩（Epikharmos）创作的层层推进的排比句，“由”诋毁导致辱骂，“由”辱骂导致格斗，在这里“由”某物意谓着某物是运动的本原。在这类事例中有时运动的本原内在于事物本身，如刚才所提到的(诋毁是整个行为过程的一部分)；有时运动的本原外在于事物，如技艺外在于技艺的创制物，火把外在于燃烧的房屋。

显然，精液属于下述两种“由”的意义之一：子代或者
724b “由”作为质料的精液产生，或者“由”作为第一动力因的精液产生。它决非意谓着一物“继随”另一物产生，如出海在泛雅典娜节之后。它也并非意谓着一对立面“由”另一对立

面产生，因为这样一对立面会因另一对立面由之产生而消亡，因此除它们之外必然存在着某个最初内在的东西，由之新的对立面得以产生。我们必须搞清精液究竟属于两类事物的哪一类：是作为一种质料，因而受他物作用，还是作为一种形式，因而作用于他物，或同时属于两者？另外，所有来自精液的生命如何通过对立的本原生成，这点也是十分明显的。因为由对立的本原生成是合乎自然的。某些生命由对立的本原生成，即由雄雌两性生成，当然也有一些生命只由单一的本原生成，如植物和某些本身没有明确的雄雌分化的动物。

〔就所有具有交配本性的动物来说，所谓能生成的体液（gone）是指来自亲本的东西，生成的本原以原初状态存在其中；所谓精液或种子（sperma）是指包含着本原的东西，这种本原来自相互交配的双方亲本。就植物和某些雄雌没有分离的动物而言，比如那些或为胚胎或为卵的来自雄雌结合的原初混成物，这些东西已在自身内包含了来自双方亲本的本原。

精液或种子通过“在先”和“在后”同果实区分开来，果实在于它来自他物，精液或种子在于他物来自它，事实上两者是同一种东西。

我们必须接着说明什么是所谓精液的第一本性。〕

我们在动物躯体中所能找到的每种东西必然属于下述之一：(1) 或是合乎自然而存在的部分，无论是“同类部分”还是“异类部分”；(2)或是相悖于自然的部分，如赘生物

(phuma)；(3) 或是剩余物 (perittoma)；(4) 或是废弃物 (suntegma)；(5) 或是营养物。所谓剩余物是指从营养中剩余的物质。所谓废弃物是指被相悖于自然的分解作用从生长过程中排出的东西。显然，精液不能是躯体的一个部分。因为尽管它是同类的，但它不像腱和肉那样，由自己可以构成其他部分。它不能被分离开来，而所有其他部分却可以如此。精液不是与自然相悖的东西，不是病态的东西，因为它存在于所有个体之中，自然有机体由之生成。至于营养物，显然是从体外摄入的。因此，精液必然或是废弃物，或是剩
725a 余物。前人似乎认为精液是一种废弃物，因为他们声称精液因运动所产生的热量从整个躯体中释放出来，这就等于说精液是一种废弃物。然而废弃物相悖于自然，没有任何一种合乎自然的东西由相悖于自然的东西生成。因此，精液必然是剩余物。而每种剩余的东西或来自无用的营养，或来自有用的营养。所谓“无用的营养”是指对自然有机体没有任何贡献的东西，如果耗费吸收得太多，就会十分有害于躯体；所谓“有用的营养”恰恰与之相反。显然，精液不能是来自无用的营养的剩余物，因为这类剩余物大量存在于那些因年老体衰或疾病缠身而使肌体处于极度虚弱状态的人身上。相反，精液在这些人那里数量最少，他们或者完全没有精液，即使有，也是不能生育的，这是因为无用的、病态的剩余物同精液混合在一起所导致的。

因此，精液是有用的剩余物的一部分。最为有用的剩余

物是最后产生的，躯体的每个部分由之直接生成。有些剩余物产生得早一些，有些则晚一些。第一阶段营养的剩余物是黏液（phlegma）及其他类似的东西，而黏液也是一种来自有用的营养的剩余物。事实表明，当黏液与纯净营养混合时它能够滋养肌体，一旦肌体生病它就会被耗尽。最后产生的剩余物数量最少，尽管产生这些剩余物的营养数量很多。然而我们必须认识到，动植物每天生长所需要的营养并不太多，因为如果少量的营养持续不断地加到同一种东西上，就会使其体积增大。

我们的说法必然同前人的相反。他们声称精液是“来自”整个躯体的东西，而我们说精液在本性上是“被分配到”整个躯体中的东西。他们认为精液是废弃物，对我们来说精液显然是一种剩余物。这种看法更为合理：被分配到各个部分中的营养的最后剩余物同营养相似，正像画家剩下的颜料与用完的颜料相似一样。而废弃物总要毁灭，总与自然相悖。另外还有一个证据表明精液不是废弃物，而是剩余物：即大的动物产仔少，小的动物产仔多。大的动物必然具有较多的废弃物和较少的剩余物，因为绝大多数营养被用以维系大的体积，因此只留下少量的剩余。再者，自然没有为废弃物安排确定的场所，在躯体中哪里能找到方便的通道就流动到哪里。然而对于所有合乎自然本性的剩余物来说，就有自己的确定位置。因而下部肠道用于排泄干燥营养的剩余物，膀 725b
胱用于排泄液态营养的剩余物，上部肠道用于有用的营养的剩余物，子宫、阴部和乳房用于生成性质的剩余物，它们流入这些场所，并在此集聚起来。

下述事实可作为我们关于精液是什么的观点的证据，因为这些事实之所以发生在于这种剩余物的本性。比如，尽管只有少量的精液释放出来，随之而来的疲倦感十分明显，这表明肌体丧失了来自营养的最终产物。的确，有些人在年富力强的一段较短时期内，当精液过多时，通过释放精液获得缓和或解脱。对于第一阶段的营养也是如此，如果数量过多，通过释放可以使肌体更为舒适。同样，当其他剩余物和精液一起被释放时也可得到缓和或解脱。在这种情况下，被释放的不只是精液，还有其他同精液混合在一起的体液，这些体液是病态的。这说明为什么某些人有时释放出来的东西是不能生育的，因为其中包含的真正精液的数量过少。然而一般说来，对大多数人来讲，性交的后果是疲倦和虚弱，而不是缓和，原因业已说过。此外，在童年、老年和生病时期精液并不存在。生病时不存在是因为肌体之虚弱，老年时不存在是因为肌体不能整合充分的营养，童年时不存在是因为肌体正在发育，被整合的营养全部用于这种活动了，因而没有剩余。通常认为，人类身躯的体积 5 年左右即可达到他在所有其余时间所获得的一半。

我们发现在许多动物和植物中，在精液或种子方面存在着种类与种类的差异，乃至同一种类中个体与个体的差异，如人与人，葡萄树与葡萄树。某些具有大量的精液或种子，某些则很少，某些根本没有，这不是由于躯体之虚弱，而是恰恰相反，至少在某些情况下如此，在这里营养被用于肌体的形成上面去了。例如那些身体状况极佳，长有厚厚的肉或太多脂肪的人，他们产生较少的精液，性交的欲望也不太强烈。类似的现象也存在于“山羊”葡萄树那里，它们由于获得过多的营养而枝繁叶茂。（被称为“山羊”是因为它们相似于山羊的状况。当雄山羊脂肪增多，性交次数就减少，因 726a
此在繁殖期来临之际不得不减肥。）肥胖者无论男女，似乎比其他非肥胖者的生殖力都低，因为当肌体的营养过于充分时，在整合过程中剩余物就转化为脂肪。因为脂肪也是一种健康的剩余物，它起因于肌体的良好状况。

某些生命完全不产生精液或种子，如柳树和杨树。这种情况出于两种原因：虚弱和强壮。因为虚弱，植物不能整合营养；因为强壮，把营养全部用尽，如上所述。与之相似，某些动物因为强壮，另一些则因为虚弱而成为多产的，并产生大量精液。在后一种情况下大量无用的剩余物同精液混合起来，当没有明确通道排泄这种不纯体液时，有时会导致疾病，某些动物可以康复，某些则因之死亡。因为它们的精液被进入其中的废弃物所感染，正像被进入尿液中的废弃物所感染那样，这是众所周知的另外一种疾病。

〔再者，用于剩余物和精液的管道是相同的。在那些既具有液态营养的剩余物，又具有干燥营养的剩余物的动物中，精液和液态剩余物利用同一条管道释放，因为精液本身就是一种液态剩余物，所有动物的营养更趋向为液态的；在那些没有液态剩余物的动物中，精液和干燥剩余物通过同一条管道释放。再者，废弃物总是病态的，而剩余物的排放总是有益的。精液的释放具有双重特征，因为它包含了某些无用的营养。如果它只是废弃物，就会总是有害的了，而事实上并非如此。

显然由以上所说表明，无论所有动物是否都产生精液，精液乃是来自有用的营养的剩余物，而且是最后阶段的剩余物。〕

【19】 接下来我们必须确定这种剩余物是一种什么样的营养，必须讨论月经，因为它发生在某些胎生动物身上。因此我们要清楚地回答下述问题：雌性是像雄性那样释放精液，并且胚胎是由两种精液产生的一种混合物呢，还是根本就不释放精液？如果不释放精液，那么雌性除了只提供一个生成得以发生的场所之外，对生成不贡献任何东西呢，还是
726b 贡献某种东西？如果贡献，怎样贡献，以什么方式贡献？

以前讲过，在有血动物中血液是营养的最终形态，在无血动物中相当于血液的物质是营养的最后形态。既然精液也是一种营养的剩余物，而且是最后阶段的剩余物，因此精液或是血液，或是相当于血液的物质，或是由它们构成的某种东西。当血液经过整合和某种程度的分离，躯体的每个部分便由之产生；精液一旦被充分整合，从血液中分化出来就与

血液区别开来。精液如果未被充分整合，如果因过度性交被迫溢出，众所周知在某些情况下明显呈血液状。因此，显然精液是一种来自营养的剩余物，这种营养是血液性质的，是被分配到躯体各部分中的最终营养形态。这是精液之所以具有巨大潜能的原因，因为这种纯净而健康的血液一旦损失就会令人疲惫不堪；基于同样的原因，子代相似于亲本也是合乎道理的，因为被分配到肌体各部分中的营养同剩下来的营养之间存在着相似性。形成手、脸以及整个动物的精液乃是处于未分化状态中的手、脸以及整个动物。换言之，现实意义上的每一部分正是潜在意义上的精液，这点或根据精液本身的量度，或根据精液自身所具有的某种能力（从我们所区分的这两种情况来看，生成的原因究竟是精液的质料，还是精液所具备的某种性能[①]和运动的本原，这点尚不清楚）。因为手或躯体的任何一个部分假如离开了灵魂或其他某种能力，就不再是手或躯体的任何一个部分了，只是同名而已。

〔显然，在产生精液的废弃物[②]的情况下同样可以看到，这种东西也是一种剩余物。当新生精液被解体，变成先于它而存在的东西时，这种情况才得以发生。正像新的灰泥直接从墙壁上剥落那样，因为剥落的东西和最初涂抹在上面的东西是一样的。同样，最终形态的剩余物和原初的废弃物是相

① heksis。

② spermatike sunteksis。

同的。有关这个问题已进行了充分讨论。〕

既然（1）比较虚弱的动物必然产生大量的、未被充分整合的剩余物；（2）作为一种本性，这种剩余物必然是大量血液性质的体液；（3）在本性上具有较少热量的动物是较为虚弱的；（4）如前所述，这正是雌性的特征之所在。由此我
727a 们作出结论：雌性所释放的血液性质的东西必然也是一种剩余物，这就是所谓的月经的释放。

显然，月经是一种剩余物，它之于雌性类似于精液之于雄性。有关月经的一些情况可以表明这个论断是正确的。对于雄性来说，精液开始出现和排放同雌性的月经开始流出，声音开始变化，乳房开始凸现发生在生命的同一时期。与之相似，在生命的垂暮之际雄性的生殖能力逐步丧失，雌性的月经也趋于中断。下面还有事例表明雌性释放的月经是一种剩余物。一般说来，妇女不会患有痔疮，不会流鼻血或发生其他种类的出血，除非月经的排放停止下来。如果任何一种此类现象发生了，那么月经就会受阻，因为排放物已被转移。

再者，雌性的血管不如雄性的显著，雌性比雄性更为圆润精细，因为形成雄性特征的那些剩余物在雌性中同月经一起被排放出去了。此外我们必须认识到，出于相同的原因，在胎生动物中雌性的体积小于雄性，因为只有在胎生动物中月经才排出体外，最明显的是女人，比任何其他雌性动物的排放量都多。因而雌性苍白无力，血管不明晰，这点总是非常明显的。在体质上雌性同雄性相比也存在着明显的缺陷。

既然雌性的月经乃是相应于雄性的精液的东西，既然任何动物不可能同时释放两种精液，显然雌性对子代的生成并不贡献精液，因为如果它们有精液就不会有月经。但事实上它们有月经，所以不会有精液。

业已表明，月经同精液一样也是一种剩余物。有关该论断的证据可以从动物身上存在的事实中找到。如前所述，肥胖动物比瘦小动物产生的精液少，因为脂肪正像精液一样也是剩余物，即是已经被整合了的血液，只不过同精液的整合方式不一样罢了。因此，如果剩余物被消耗于脂肪的形成，727b
精液当然就会缺乏。无血动物中的头足类和甲壳类在产卵期生殖力达到极佳状态，因为它们是无血的，所以不产生脂肪，此时在它们身上同脂肪相应的东西被转化为精液性质的剩余物的生成了。另外还有事实表明，并非像某些人所认为的那样雌性释放相同于雄性所释放的那种精液，子代由两种精液混合而成。这个事实在于雌性尽管从交配活动中并未获得快感，但可以经常怀孕；反过来讲，即使雌性获得的快感不少于雄性，两性和谐一致，达到了共同目标，雌性也未必怀孕，除非所谓的月经排放量存在着恰当的比例。因此，(1) 如果月经完全缺失，雌性不会怀孕；(2) 如果月经存在，但正在持续不断地排放，多数情况下也不会怀孕。只有当排放完毕之后才能怀孕。因为在第一种情况下，雌性没有提供营养或质料，来自雄性精液中的潜能也就无法使胎儿从中取得形式。在第二种情况下，营养或质料由于月经正在大量排放从而被冲掉。然而，当月经结束后，大部分已被排放，剩下的便形成胎儿。也有在完全无月经排放的情况下怀孕的事例，还有在月经排放期间而非之后怀孕的事例。前者的原因在于在有生育能力的雌性中，开始产生的月经量过多，结束后尚有一些残余，但这些残余的月经并非太多以致于流出体外；后者的原因在于当月经的排放发生后子宫口立即关闭起来。因此，当已有大量月经排出体外，排放活动仍在继续，但并未达到将精液冲掉的程度时，如果此时进行性交，雌性即能怀孕。在怀孕后月经继续排放，这点不足为奇。的确，怀孕后月经可以在某种程度上复发，但比较稀疏，并非持续整个妊娠期。但这是一种病态反应，因此只是不太经常地发生在少数人身上。恒常发生的事情才是最合乎自然本性的事情。

显然，雌性贡献给生成活动的是质料，这是存在于月经的构成物之中的东西，而月经则是一种剩余物。

【20】 有人认为雌性在性交时贡献精液，因为有时它所经验到的快感可以和雄性相比，同时还会排出体液。但这种
728a 体液决非精液性质的，而是为每个个体有关部分所专有的东西。有些妇女从子宫中有体液排出，有些则没有。一般说来，这种现象发生在那些皮肤精细、雌性特征较为典型的妇女身上，而非发生在那些皮肤粗黑、雄性特征明显的妇女身上。这种排放物一旦产生，其数量不同于雄性排泄的精液量，并远远超过之。再者，不同种类的食物可以引起这种排放物在数

量上的很大差异，例如某些刺激性食物使其数量明显增多。

至于伴随性交而来的快感，不仅是由于精液的排出，而且还在于精气即普纽玛的排放，精液的排出正是由聚集在一起的普纽玛产生的。这点在那些尽管快到成熟年龄，但还不能排出精液的男孩那里，在无生育能力者身上体现得很清楚，因为所有这些人都可以通过摩擦获得快感。而那些生殖器官已受损害的人常患腹泻，这是因为不能被整合从而转化为精液的剩余物排放到肠内所致。

再者，儿童在形状上相似于妇女，而妇女则恰似无生殖力的雄性。雌性之为雌性正是由于某种无能，即雌性因冷的本性不能将最终阶段的营养整合为精液（这种东西或是血液，或是无血动物中相当于血液的东西）。因此，正像整合不充分在肠道中造成腹泻，在血管中则造成各种类型的血液排放，尤其是月经的排放，因为这也是血液排放的一种，且是合乎自然的一种，而其他种类的排放是病态的。

显然，认为生成发生于月经乃是合道理的。因为月经是一种非纯净状态下的、仍需要加工处理的精液，正像果实生成时那样，养料虽已充分具备，但尚未渗滤，需要通过加工来纯化。因此月经借助与精液相混合导致生成，正像植物中这种非纯净养料通过与纯净养料相混合产生营养作用一样。

雌性不排放精液可由下述事实表明：性交时的快乐乃是通过雌性与雄性相同部位的接触而产生的，但这里不是体液由之分泌的部位。再者，体液的排放并非发生在所有雌性动物身上，只发生在有血动物那里，但也不是所有有血动物，728b 只是那些子宫不靠近膈、非卵生的动物；体液的排放也不发生在那些没有血液，只有相当于血液的东西的动物身上（这种东西之于它们，正像血液之于有血动物）。这些动物以及上面提及的某些有血动物之所以不排放体液是因为躯体的干燥。干燥的躯体只允许少量剩余物分泌出来，仅够生成而已，但不足以排放到体外。所有最初不产卵的胎生动物（如人以及所有后腿向里弯曲的四足动物，因为它们都是不产卵的胎生动物）都有月经。如果它们在生成时就有缺陷，如骡子，排放量就不像人类那样多。有关每种动物的这些问题的详尽论述在《动物志》中已经给出。

妇女产生的月经量多于其他动物，而男人排出的精液量相对于他的体积来讲也是最多的。因为人类躯体的构成物是潮湿的和充满热量的，在这样的肌体中必然产生大量的剩余物。再者，人类躯体不像其他动物那样，有一些剩余物可以转移其中的部分。因为人类没有覆盖躯体的大量毛发，也没有骨、角和齿的增生物。

有事实表明精液存在于月经之中。正如前面所讲，这种剩余物在雄性中形成的时间相同于月经在雌性中形成的时间，这说明两性中各自承载这些剩余物的场所在相同的时期内开始分化。当两性中该场所周围部分变得膨胀松软时，阴毛便生长出来。正当这些场所得以分化之际，它们又为普纽玛充斥而膨胀，在雄性中这点明显地体现在睾丸和乳房上，在雌性那里则更为明显地体现在乳房上，因为当乳房隆起有两指宽时，大多数妇女开始来月经。

在所有雄雌不分离的生命中，精液或种子是一种胚胎形式。所谓“胚胎”，指雄雌两性的原初混成物。因此一个躯体来自一个种子，例如一株谷物来自一粒谷种，正像一个动物来自一个卵（双黄蛋即为两个卵）。然而在雄雌分离的种 729a 类中，多个动物可由一次精液排放而成，这表明动物的精液在本性上同植物的种子不同。事实证明了这点，即在那些能够一次产下多个子代的动物中，这种结果只需一次交配即可达到。显然，这也表明精液并非来自整个躯体。因为精液不可能在从躯体的同一部分中排放出来时就已经分化为各个部分了，这些部分也不可能一起进入子宫，当到达那里后再分化开来。然而，实际所发生的恰如理性所认为的，雄性提供的是形式和运动的本原，而雌性提供的是肉体和质料。正如乳的凝结一样，这里，乳是肉体，而无花果汁或皱胃膜则是包含凝结本原的东西。因而雄性的精液也是以同样方式活动的，在雌性内被分成各个部分。为什么有时分成多个部分，有时则分成很少几个部分，而有时完全没有分化，在其他章节中再来讨论。由于被分化的精液在种类上是无差别的，因此如果要生成多个子代当且仅当被分化的精液同质料存在着恰当的比例，既不能太少以致于无法整合和确立形式，又不能太多以致于干涸。如果使原初形式得以确立的精液保持单一性，未被分化，那么由之只能生成单一的子代。

由以上所说可以表明，雌性给生成不提供精液，而提供某种构成月经的质料，在无血动物中则是与之相应的东西。从理论上对该问题作一般性探究同样可以表明这点。因为必然存在着能生成的东西和它在其中进行生成的东西，即使两者可以结合为一体，在形式上也必然有区别，其逻各斯也是不同的。在上述两种潜能相互分离的动物中，主动一方的肉体和本性与被动一方的截然不同。如果雄性作为运动者和主动者，雌性之为雌性作为被动者，那么雌性给雄性的精液所提供的就不会是精液，而是质料。这正是事实本身所表明的，因为月经的本性接近于“第一质料”。

【21】 这个问题已讨论得很充分了。以上所述同时也清楚表明我们如何回答下一步必须探索的问题，即雄性是如何
729b
贡献于生成活动的，雄性产生的精液是如何成为子代的原因的。即是说，精液一开始就作为子代躯体的一部分内在其中，与来自雌性的质料相混合，还是并非给子代的躯体提供任何部分，只提供自己的潜能和运动？无论如何，这种东西乃是创造者，而被确立的东西和被赋予形式的东西则是雌性中排放的剩余物。该问题的后一种情况根据理论和事实都是正确的。因为如果就一般意义考虑，我们就会发现当某物是由主动者和被动者结合而形成时，主动者并非存在于被形成的事物之中。在更为普遍的意义上，当某物是由运动者和被运动者结合而产生时，情况同样如此。雌性之为雌性乃是被动者，

雄性之为雄性则是主动者，运动的本原由之而来。因此，如果我们就两性分别归属的最大的种来考察，那么一方为主动者和运动者，另一方为被动者和被运动者。而被生成之物由它们两者生成正像床由木匠和木料，球由蜡和形式产生那样，具有同等意义。显然，任何东西完全应当来自雄性是没有必然性的。如果有东西来自雄性，也决非意谓着子代由之生成是因为它作为内在于子代的一部分，而是因为它作为运动的传递者和形式，其关系正像病人之于医疗术。这个推论完全可由事实明证。因此，某些同雌性交配的雄性明显地不把自身的任何部分插入雌性，相反，雌性将自己的一部分插入雄性，这种现象发生在某些昆虫中。在那些雄性将自身的一部分插入雌性的事例中，正是精液在雌性中产生作用；而在某些昆虫中，当雌性把接受剩余物的部分插入雄性时，同样的作用是由雄性内的热量和潜能产生的。因此这类动物交配的时间长，当它们分离开来之后，子代迅即被产生出来。交配持续进行，直至雄性中的潜能使雌性中的质料固定成形，这点正像精液的活动方式一样。一旦它们相互分离，雌性便立即生出幼虫，因为它们产生的子代是不完善的。实际上，所有此类动物都产生蛴螬。

在鸟类和卵生鱼类中所发生的事实为我们提供了最有力的证据，表明精液并非来自雄性躯体的所有部分，雄性并不排出任何存在于子代中、作为它的一部分的东西，雄性只是 730[a] 凭借精液中的潜能创制子代（正如我们对那些雌性将自己的一部分插入雄性的昆虫所进行的论述一样)。如果雌鸟正在产生未受精卵，在该卵仍然完全呈黄色，尚未开始变白时，雌鸟被雄鸟交尾，那么该卵就不再是未受精卵，而是受精卵了。再者，如果在卵呈黄色时，雌鸟又被另外一只雄鸟交尾，那么整个一窝小鸟孵出后像第二只雄鸟。某些专门选择良种的饲鸟人就是根据这个道理工作的。他们为第一次和第二次交尾而变换雄鸟，似乎并非相信精液存在于卵之内并与之混合起来，也并非相信精液来自雄鸟的所有部分。因为如果这样的话，精液就会共同来自两只雄鸟，那么子代的所有部分就变成双份了。然而，雄性的精液乃是通过自身的潜能赋予雌性中的质料和营养以某种性质的，加在第一次精液之上的第二次精液借助热量和整合作用能够完成这种活动，因为卵只要还在生长就要摄入营养。

同样的情况也发生在卵生鱼类中。当雌鱼产卵之后，雄鱼将精液撒布其上，精液接触过的卵成为受精卵，其他则为未受精卵。这表明雄性给子代提供的不是数量上的东西，而是某种特殊性质。

由上述可以表明，在排放精液的动物中，精液并非来自雄性的整个躯体，在生成方面雌性给子代提供的东西不同于雄性，即雄性提供的是运动的本原，雌性提供的则是质料。这就是雌性之所以凭自己不能生成子代的原因，它需要某种本原，为质料提供运动并确立质料的特性。然而在某些动物中，如鸟类，雌性在本性上能够进行某种程度上的生成，因为它可以形成某种东西，但是不完善的，即所谓的未受精卵。

【22】　基于同样的原因，子代的形成过程发生在雌性体内。雄性本身和雌性都不向雄性排放精液，而雌性在自身内接受承载双方共同提供的东西，因为被创制的生命从中生成的质料在雌性体内。不仅必须直接存在着大量的质料，由之原初胚胎得以形成，而且另外的质料必须持续不断地附加其上，使胚胎能够生长。因此生育必然发生在雌性体内。木匠同木料发生联系，陶工同陶土发生联系，一般说来所有技艺和传递给质料的运动都必然同有关的质料发生联系，例如建筑术在被建造的房屋内。这些事例可以使我们理解雄性是如何贡献于生成活动的。并非所有雄性都排放精液，在排放精液的雄性中精液不是被生成的胚胎的一部分，正像从木匠那里没有任何部分进入质料，即他所加工的木料，也没有任何技艺的部分寓于他所创制的作品中，而是形状和形式通过运动从木匠那里进入质料。正是他的灵魂，即形式存在于其中的东西，他的知识使他的手或躯体其他部分从事某种特殊方式的运动，不同产品用不同的运动方式，同一种产品总是用同一种运动方式。他的手使工具运动，工具又使质料运动。同样，在那些排放精液的雄性中自然把精液用作工具，用作具有现实的运动的东西，正像工具被用于某种技艺的产品中一样，因为在产品中存在着某种意义上的技艺的运动。这就是排放精液的雄性贡献于生成的方式。至于那些不排放精液的

雄性，雌性把自己的某个部分插入雄性，这就好比有人把质料送到工匠那里。由于这种雄性之虚弱，自然不能通过中介手段创制任何东西，它传递给质料的运动在自然本身的监视下就足够充分了。因此，在这里自然更像陶土的模型，而非工匠，因为它不是通过工具接触正在形成的产品，而是用自身的部分。

【23】 在所有能够行进的动物中，雄性和雌性是分离存在的，一为雄，一为雌，但它们是同种的，正如男人和女
731a 人、公马和母马是同种的一样。然而，在植物中这些潜能是混合在一起的，雌性没有从雄性中分离出来，这是它们之所以由自身生成，不产生精液，只产生胚胎，即所谓“种子”的原因。恩培多克勒在他的诗句中说得好：“因此大树生卵，橄榄为先……”。正像卵是一种胚胎，由其某个部分生成动物，剩下的作为营养，因此从种子的某部分生成植物，其余部分成为萌芽和原初根系的营养。

在某种意义上，这种现象也发生在雄雌分离的动物身上。因为当它们需要生成时，两性便不再分离，像在植物中那样相互结合，其本性渴求成为一体。当它们结合和交配时，〔一个动物由两性双方生成〕是显而易见的。

那些不排放精液的动物具有长时间交配的本性，直到雄性使胚胎形成，如此交配的昆虫就是一例；然而其他动物保持交配状态，直到雄性从自己插入的某部分中排放出某种东

西，这种东西使胚胎在较长时间内形成，例如有血动物即是如此。前者的交配只用一天的一部分时间，而精液则需用几天时间才能使胚胎形成，当精液排放后，两性便停止交配。的确，动物似乎像是被分割开来的植物，好比人们在植物结种时将之分离和分割为雄性与雌性。

自然的所有创制活动都是合乎理性的。植物在本质上除了生成种子之外没有其他功能和活动。既然这是通过雄性和雌性交配而产生的结果，自然使两性混合，置之于植物中，因而植物中雄性和雌性是不分离的。关于植物已在其他著述中探讨过了。但动物的功能不仅在于生成（这是所有生命的共同特征），而且所有动物都分有某种认知能力，某些多一点，某些少一点，某些则微乎其微。因为它们具有感觉，而感觉就是一种认知。认知价值的有无和大小根据有实践智慧（phronesis）的或无灵魂的种类来判断，存在着很大的差异。同有实践智慧的种类相比，只具备触觉和味觉似乎没有 731b
什么价值；但同完全缺少感觉能力的种类相比，似乎价值很高。宁肯获得这种认知能力而不愿处于死亡和非存在状态似乎是有价值的事。正是通过感觉动物同仅仅存活的东西区别开来。如果是动物，必然是存活的；因此，当必须要完成属于存活的东西的功能时，动物好像变成植物一样，相互结合和交配，如前所述。

有壳虫类由于界于动物和植物之间，因而其功能不属于两者中任何一类。作为植物，它们没有雄雌之分，因此不是通过一方在另一方中进行生成；作为动物，它们不像植物那样在体外结出果实。它们是从某种土和水的凝结物中取得形式和生成的。有关这些动物的生成问题必须以后讨论。

第　二　卷

【1】　我们在前面已经讲过，雄性和雌性是生成的本原，并且还说了什么是它们的潜能和本质的逻各斯。至于为什么一种为雄，一种为雌，一方面随着讨论的进展我们必须尽力说明，这是出于必然性之结果，即出于原初动力因和构成它们的质料；另一方面我们必须尽力表明，这是为了某种“更好”的东西之缘故，即为了某种目的，而目的因乃是属于天体的本原。某些现存的事物是永恒的和神圣的，而另一些则既可能是存在的又可能是非存在的。完美而神圣的东西根据其本性永远是那些可能性事物中的好的方面的原因，非永恒的东西既可能是存在的又可能是非存在的，既可以分有好的一方面又可以分有不好的一方面。灵魂优于肉体，有灵魂的东西正是因为灵魂而比无灵魂的东西好，存在比非存在好，生命比无生命好。这些即为动物生成的原因。既然像动物这样的种类在本性上不能是永恒的，因而生成之物仅仅在可能性意义才是永恒的。作为个体的动物不可能是永恒的，因为事物的本质或实体就在个别事物之中，如果个体是永恒的，那

么其本质或实质就成为永恒的了；然而作为类或形式动物可能是永恒的。这就是为什么总有人的类、动物的类和植物的类。既然雄性和雌性是这些种类的本原，因此为了生成，雄性和雌性存在于所有具有雄雌两性的种类中。再者，由于属于逻各斯和形式的原初动力因在本性上比质料更为优越、更为神圣，因此高贵的本原最好同低级的本原分离开来。这就是之所以雄性在各种可能的情况下，尽最大可能地同雌性分离开来的原因，因为对于生成之物来说，作为运动本原的雄性比作为质料的雌性更为优越、更为神圣。然而，为了完成生成活动，雄性又要同雌性相互结合和相互混合，因为生成毕竟是与两者相关的事情。

〔一物乃是根据它所分有的雄性和雌性而成为有生命的，因此甚至植物也有生命。但动物种类则是根据感觉能力而存在的。在几乎所有能行进的动物中，雄雌两性是分离开来的，原因业已说过。如前所述，有些这样的动物在交配时排放精液，有些则不排放。原因在于高级动物在本性上更加自足或独立，因此它们具有较大的体积，然而如果没有灵魂的热量这是不可能的，因为较大的体积必然需要较大的力量来推动，而热本身就是一种推动力量。因此在一般意义上我们可以说，有血动物比无血动物大，能行进的动物比保持静止的动物大。它们是那些因自身的热量和体积而排放精液的动物。〕

我们已经说明了雄性和雌性之所以存在的原因。

某些动物以完善的方式进行生成，产出像它们自己的子代，如所有使子代生成即有生命的动物；另一些动物则产出某种尚未分化发育、尚未获得其形式的东西。在后一种类中，有血的产卵，无血的则产蛴螬。卵与蛴螬的区别在于：卵是某种由其一部分生成子代，剩下的部分作为子代的营养的东西；而蛴螬的全部都被用以生成整个子代。至于那些在体外产出像自己的完善的子代的动物，即胎生动物，有些开始在体内就是胎生的，如人、马、牛以及海生动物中的海豚等等；有些则首先在体内是卵生的，然后在体外是胎生 732b
的，如所谓的鲨类。至于卵生动物，某些产出完善状态的卵，如鸟类、卵生四足类和无足类，即蜥蜴、龟以及大部分蛇，所有这些动物的卵一旦产出就不再生长；某些卵生动物产出非完善状态的卵，如鱼类、甲壳类和所谓的头足类，它们的卵产出后还要生长。

所有胎生和〔卵生〕动物都是有血的，有血动物或是胎生的或是卵生的，除了那些完全无生育能力的种类。在无血动物中昆虫类产出蛴螬，这点对于那些由交配产生的昆虫和那些尽管可以交配但本身并非由交配产生的昆虫来说，都是如此。因为某些昆虫虽然由偶发性因素生成，但却有雄有雌，由它们的交配可以产生某种东西，只是一种不完善的东西，这个问题的原因我们在其他地方业已讲过。

在动物的各个种类之间存在着大量的交叉重叠。两足的并非都是胎生的（因为鸟类是卵生的），也并非都是卵生的（因为人类是胎生的）；四足的并非都是卵生的（因为马、牛以及许多其他四足动物是胎生的)，也并非都是胎生的（蜥蜴、鳄鱼以及其他四足动物是卵生的)。种类之间的区别也不在于有足的或无足的。某些无足的是胎生的（如蝰蛇和鲨类)，某些无足的则是卵生的（如鱼类和其他蛇类)；在有足动物中许多种类是卵生的，许多种类则是胎生的（如业已提及的四足类)。那些在体内是胎生的动物，有些是有足的（如人类)，有些是无足的（如鲸和海豚)。因此借助这种特征是不可能对动物进行划分的，任何行进的器官都不是种类之间区别的原因。正是那些本性上更为完善、分有更加纯净之本原的动物才是胎生的，因为没有任何动物在体内是胎生的，除非它呼吸空气。而更为完善的动物是那些在本性上更热，具有更多潮湿元素而非土性元素的动物。本性之热量的表征乃是仅当有血液充斥其中的肺。一般说来，有肺的动物比无肺的动物更热，在前者中其肺并非呈海绵状、并非紧密结实、并非血液供给不足，而是血液充分，质地柔软的动物热量更
733a 多。既然现实的动物是完善的东西，而卵和蛴螬是不完善的东西，因此完善的东西自然地由更完善的东西生成。如果某些动物因具有肺而被表明拥有较多的热量，但在本性上较干燥一些，或者较冷一些，但拥有较多的潮湿物，那么它们或者是卵生动物，产出完善的卵，或者先在体内产卵，然后使子代成为胎生的。因此鸟类和拥有鳞甲的动物因其热量产出完善的卵，但又因其干燥产出的只能是卵；而鲨类比它们的热量少，但潮湿物多于它们，因此鲨类分有双重特征，在自身内既是卵生的又

是胎生的，是卵生的因为其冷的本性，是胎生的因为其潮湿的本性。因为潮湿孕育着生命，干燥离生命最远。由于鲨类既无羽毛又无鳞甲，这些更是干燥物或土质元素的标志，因此它们产出的卵是柔软的。因为正像土质元素并未进入它们躯体本身一样，土质元素也未进入其卵的表层。这是它们之所以在体内产卵的原因，如果排出体外，就会因缺少保护层而招致毁灭。

那些趋于冷而干燥的动物也产卵，但其卵是不完善的。同时，因为其土质的本性和产卵的不完善状态，所以它们具有较硬的覆盖物，即具有壳状的外层用以自我保护。因此鱼类因其鱼鳞，甲壳类因其土质的本性从而产出具有较硬覆盖物的卵。头足类因其躯体之黏着的本性，也采用相应于这种本性的方式保护产出的不完善的卵，它们往胚胎的表层排放大量的黏性物质。所有昆虫都产蛴螬。而所有昆虫都是无血的，这就是它们之所以在体外产出蛴螬的原因。然而我们不能简单地说所有无血动物都产蛴螬，因为在产蛴螬的昆虫和产不完善卵的动物（如有鳞的鱼类、甲壳类和头足类）之间存在着重叠交叉。后者的卵在排出后增长这个方面相似于蛴螬，而前者的蛴螬因其增长又相似子卵，这是如何发生的以后再加说明。

我们必须认识到，自然是如何按确定的等级序列对生成进行正确安排的。（1）更为完善和热量更多的动物在质的方面，以完善的状态生成子代（没有动物在量的方面产生完善 733b

的子代，因为子代产生后总要在体积上增长），子代一开始在其体内就是活着的动物。（2）第二类动物并非一开始在体内生成完善的动物（因为它们只有在首先产卵后才使子代成为胎生的），但在体外产生胎生动物。（3）其他动物不是产生完善的动物，而是完善的卵。（4）在本性上比产卵的这些动物更冷的动物，其卵是不完善的，只有在体外方可达到完善。如有鳞的鱼类、甲壳类和头足类。（5）第五类也是最冷的一类，甚至自身并不直接产卵，如上所述，其卵的形成发生在亲本体外。昆虫首先产出蛴螬，随着蛴螬的生长变成卵状物（所谓的蝶蛹等同于卵），由之生成动物，在第三个变化阶段中达到了生成的目的。

前面讲过，有些动物并非由精液生成，但所有通过交配产生的有血动物都是由精液生成的，雄性向雌性排放精液，当精液进入雌性时子代便得以形成，获得其特殊形状。对于胎生动物，该过程发生在亲本体内，而对于其他动物，则发生在卵中〔和种子中以及其他排泄物中〕。

在理解植物如何由种子生成或动物如何由精液生成方面存在着不少疑难问题。生成之物必然出自某种东西，被某种东西生成，成为某种东西。“出自某种东西”即是指构成生命的质料。某些动物在自身内具有原初质料，是从雌性亲本那里获得的，如那些并非被活着生成而是被作为蛴螬或卵生成的动物；其他动物则是借助吸吮，从雌性亲本那里经过相当长的一段时间获得的。如那些不仅在体外，而且在体内都是胎生的动物。因此，质料乃是动物从中生成的东西。但我们现在研究的不是动物的各部分出自何种东西，而是“被什么东西”生成。或是某种外在的东西创制了动物的各部分，或是某种存在于精液中的东西，或是精液本身。这种东西或是 734a 灵魂的某个部分，或是灵魂，或是某种具有灵魂的存在物。认为动物的每个部分，无论是内脏还是其他部分是由某种外在的东西创制出来的，这种看法似乎是不合理的。因为如果不发生联系，无物能够在他物中产生运动；如果不在他物中产生运动，无物能够受其作用。因此我们所研究的那种东西必然存在于胚胎本身之中，或是胚胎的一部分中，或与之相分离。然而认为它是某种与胚胎相分离的其他东西同样是不合理的。因为如果这样的话，当动物的生成完成之后，这种东西消亡了还是继续存在于动物内呢？然而我们不可能找到任何一种东西，它存在于植物或动物体内，但又不是整个肌体的一部分。另一方面，声称这种东西创制了肌体的所有部分或某些部分之后就消亡了也是荒唐的。如果它只创制了某些部分，那么什么东西创制其他剩余的部分呢？假如它创制了心脏，然后消亡了，心脏又创制了某些其他部分，那么就会面临一个同样的问题：所有这些部分或者消亡，或者继续存在。因此，这种东西必须被保存下来。它必须是整个肌体的一部分，自开始就存在于精液之中。如果的确没有任何一个灵魂的部分不在躯体的某个部分中，那么这种东西也必须是从一开始就具有灵魂的一个部分。

那么其他部分是如何被这种东西创制出来的呢？诸如心、肺、肝、眼等等所有部分或者同时一起生成，或者按序依次生成，正像在描述奥尔弗斯的诗句中，他说动物的生成和编织鱼网一样。各部分并非同时一起生成，这点对于我们的感觉来说是显而易见的。因为某些部分显然存在于胚胎中，而另一些部分则没有。很明显，我们看不到某些部分并非因为它们太小。肺的体积大于心脏，但在原初生成过程中比心脏出现得晚。既然一部分生成得早一些，另一部分晚一些，那么究竟是一部分创制另一部分，后面出现的部分根据与之相近的部分而存在，还是一部分继另一部分之后生成？我认为，例如，并非心脏一旦生成就创制了肝，肝又创制了其他部分，乃是肝继心脏之后生成，不是被心脏创制，正像成年人继儿童之后生成，不是被儿童创制一样。关于这个问题的解释是：在所有自然或技艺的产品中，潜能意义上的东西乃是通过现实意义上的东西生成的；因此假如一部分创制另一部分，那么后一部分的形式和形状就会存在于前一部分中，如肝的形式存在于心脏中。这种论断是荒唐而虚幻的。

再者，即使整个动物或植物由精液或种子生成，其任何一部分也不可能一开始就已经形成于精液或种子中了，不管这一部分是否能够创制其他部分。因为显然，如果开始就存
734b 在于精液中，那么该部分就会被创制精液的东西所创制。但精液必须先于任何部分被创制，这是亲本的功能。因此，任何部分存在于精液中是不可能的。精液本身不具有创制部分

的东西。然而这种东西又不能在精液之外。因而这种东西必然或在精液之外，或在精液之内。

我们必须竭力解决这一难题。或许我们以前所做出的某些无条件的论断应加以限定，如这个陈述：动物的部分不能被外在于精液的东西产生。因为在某种意义上不能，但在另一种意义上能够。就精液自身内具有能生成者所生的运动而言，说“精液”或“精液由之而来的东西”是没有区别的。A使B运动，而B又使C运动，这是可能的，这种情况相似于自动的木偶。这个木偶上的组成部分即使处于静止状态自身内也有某种程度的运动的潜能，当任何外部力量使其第一部分运动时，毗连的那部分立即产生现实的运动。正像在自动木偶中外部力量并非通过当下一一接触各个部分使其运动，而是通过先前某个时刻接触过的部分使其运动，与之相似，精液由之而来的东西，即创制精液的东西并非通过不断接触胚胎，而是通过最初曾经接触过的某个部分使胚胎产生运动。引起胚胎运动的是一种内在的运动，正像建筑的活动引起房屋得以建筑一样。

显然，存在着某种创制胚胎各部分的东西，但这种东西不是作为个体存在的，也不是作为完善的部分最初存在于精液中。

然而每个部分是如何生成的呢？我们必须从下述原则出发来解答这个问题：即无论是自然的产物还是技艺的产物，都是被某种现实存在之物从某种潜在存在之物中产生的。精液就具备这种本性，它包含着运动的本原，因而当原初运动一旦停止，每个部分就得以生成并获得灵魂。因为如果没有灵魂在内，就不会有脸或肉这样的东西，如果失去了生命，它们只能在同名的意义上被称为脸或肉，好像它们成了石制的或木制的东西。“同类部分”和器官部分[①]同时一起生成。正像我们不应说斧子或其他工具是单纯由火形成的，因此我们也不应说足或手是单纯由火形成的，这点同样适合于肉，因为肉也是一种具有功能的部分。硬和软、黏和脆以及其他存在于有灵魂的部分中的性质是由热和冷形成的，但肉之为肉、骨之为骨的逻各斯就不能由热和冷形成，而是由来自雄性亲本的运动形成的，雄性亲本是现实意义上的存在，而子代从中生成的质料则是潜能意义上的存在。这点正像根据技艺所
735a 创制的产品一样。热和冷使铁软化或硬化，但并不创制剑，剑是由所使用的工具的运动创制出来的，这种运动包含着技艺的逻各斯。因为技艺既是产品的本原又是产品的形式。技艺的运动存在于产品之外的什么地方，而自然的运动存在于它的产品之中，来自另一个具有现实意义的形式的自然有机体。

精液究竟有灵魂还是无灵魂？对这个问题的解释同对躯体各部分的解释是一样的。即灵魂除了它所存在于其中的东西不会存在于任何东西中；任何一部分如果不分有灵魂就不是该部分，除了同名之外。如死人的眼。显然，精液既具有

① 即“异类部分”。

灵魂，同时又是潜能意义上的灵魂。

但潜能意义上存在的东西离其实现的可能性或近或远，例如正在睡眠的几何学家比处于清醒状态的几何学家远，而后者又比正忙于研究的几何学家远。因此生成过程的原因不是躯体的任何一个部分，而是产生原初运动的外部因素。因为无物自我生成，尽管生成后自我发育。这即是某部分首先生成，而非全部一起生成的原因。必然最先生成的部分乃是具备生长发育之本原的部分。无论植物还是动物，这种营养功能都同样存在于它们之中。这种功能也是使动植物生成同种子代的功能，因为这是一种属于所有本性上完善的动植物的功能。之所以必然如此的原因在于一种生命一旦生成，必然发育成长。尽管它是由具有同名的另外一种东西生成，如人由人生成，但它靠自己发育成长。因此存在着某种自我发育成长的东西。如果这是一个单一的部分和首要的部分，那么它必然最早生成。因此如果在某些动物中心脏最早生成，而在无心脏的动物中类似于心脏的东西最早生成，那么正是心脏或类似于心脏的东西提供了运动的本原。

就前面提出的疑难问题：什么是有关各种动物的生成本原方面的原因，即什么是原初推动者和创制者，我们已经做出回答。

【2】　下一个有待于解决的是有关精液的本性问题。精液刚从体内排出是黏稠的、白色的，但一经冷却便成为水状

的液体，呈水的色泽。这点似乎有些奇怪，因为水并不因受热而变得黏稠，而精液从充满热量的动物体内排出后呈黏稠状，受冷后变成液体。再者，含水的液体结冰，然而当精液被置于户外冰点温度之下并不结冰，而是保持液体状态，似乎精液之黏稠是由与冷相反的力量所致。但认为精液因受热而呈黏稠状也是没有道理的，因为只有那些包含大量土性质
735b 料的东西在沸腾时才凝固化和黏稠化，如乳汁。因此在冷却时精液应当结干，但事实上完全没有结干，整个呈水状。的确，这是疑难之所在。如果精液是水，而水显然并没有因受热而黏稠化，但精液是黏稠的，精液以及产生精液的躯体充满热量；如果它由土构成，或是土与水的混成物，那么它就不应完全变成液体和水。或许问题出在我们尚未辨析完所有可能发生的情况。因为不仅由水和土构成的液体可以黏稠化，而且由水和气构成的液体也可以如此。例如，较为黏稠、呈白色的泡沫。气泡越小，可见度越差，泡沫的整体就越白、越稠密。油也是这样，当与气混合时便黏稠起来。因此变白的东西即为黏稠化的东西，因为其中的水性元素被热量分离出来，变成了气。铅矿砂也是这样，一旦同水和油混合起来，体积就会大幅度增加，并由液体的和黑色的变为黏着的和白色的，原因在于气混合在里面，这就导致了体积的增加，使白色闪耀，就像泡沫和雪那样，因为雪也是一种泡沫。当水本身同油相混合时也变得黏稠和发白，因为气通过混合活动残留在里面，另外油本身也含有大量的气，当然闪耀是气的性

质，不是土或水的性质。这就是油之所以浮在水面上的原因。气在油中正像在容器中，这些气支撑起它，并使它浮动。气是油重量较轻的原因。再者，在寒冷天气中油变得黏稠，但不结冰。不结冰是由于油中的热量（因为气是热的，不会结冰），变得黏稠则是因为气遇冷而凝缩。这就是为什么精液刚从动物体内排出时是黏着的和白色的，精液由于体内的热量而含有大量的热气。之后，当热量被蒸发掉，气变冷的时候，精液变为液体且呈黑色，因为或许有水质的和少量土质的元素在精液结干时留在里面，正像在痰或黏液中发生的那样。

精液是由普纽玛和水构成的复合物，而普纽玛就是热气。 736a
由于精液由水制成，因此在本性上它是液体。科尼多人克特西亚（Ktesias ho Knidios）在大象精液的描述方面显然是错误的，他说当精液结干时变得如此之坚硬，以至像琥珀一样。然而事实并非如此。当然，一种精液必然比另一种所包含的土性质料多，尤其是那些因庞大的躯体从而具有大量土性质料的动物。但精液由于有气混合在里面，因此是浓厚的和白色的。在所有情况下精液都呈白色。希罗多德声称埃塞俄比亚人的精液是黑色的，这种说法是错误的。在他看来，似乎黑皮肤的人的所有东西都是黑色的，精液也是如此，尽管他看到他们的牙齿是白色的。精液呈白色的原因在于它是一种泡沫，而泡沫是白色的，最白的是那种由最细小的成分构成的泡沫，细小到肉眼无法辨明每个气泡的程度，如前面提到的那种由水和油相混合而产生的泡沫。甚至古人似乎也认识到了精液的本性是泡沫性质的，至少主管交配的女神是由泡沫一词命名的。[①]

这就是对所提出的问题的解释，显然，这也是精液不冻结的原因，因为气不冻结。

【3】 接下来我们提出并解决的问题是：在那些雄性向雌性排放精液的动物中，如果射入的精液并不是所形成的胚胎的一部分，如果正像我们所看到的那样，精液只是凭借自身内的潜能发生活动，那么什么东西成为精液的质料性部分？首先我们应当确定在雌性体内形成的东西是否从进入体内的东西中获得任何质料性部分，另外还应确定动物由之被称为动物的灵魂（事实上动物乃是根据灵魂之感觉部分被称为动物的）是否一开始就存在于精液和胚胎中，如果存在其中，它从何而来。当然，无任何躯体可以维系一种完全没有灵魂或缺少各种意义上的生命的胚胎，因为动物的精液和胚胎具有类似于植物那样的生命，它们在某种程度上是能生殖的东西。显然，它们具有营养灵魂（在另外一部分析灵魂的著述
736b
中我们表明了为什么肌体必须首先获得营养灵魂）。随着不断地发育，它们也获得了感觉灵魂，动物据此而成为动物。因为当一种动物生成时，不会立即成为人、马或其他某种特殊种类的动物，这是由于生成之目的最后才能完成，每一种类所特

① 阿芙洛狄忒（Aphrodite）名字来自“泡沫”（aphros）。

有的属性是其生成的目的。因而这就引发了一个最为困难的问题，即有关理智的问题。那些分有这种本原的动物在什么时间，通过什么方式，从什么地方获得的？对这一难题我们必须在各种可能的情况下尽最大努力去竭力解决。

显然，精液和胚胎在尚未同亲本分离时必然被认为具有潜能意义上的、而非现实意义上的营养灵魂，直到它们吸收养分、完成营养灵魂之功能为止，正如那些同亲本分离开来的胚胎一样，因为最初这些东西似乎同植物一样生活。显然，在有关感觉灵魂和思维灵魂①的论述中我们应当按相似的方式进行，因为所有这三种灵魂在被现实地分有之前必然被潜能地分有。因此必然存在着下述几种情况：这三种灵魂或者全部在胚胎中生成，无一在先存在，或者全部在先存在，或者某些这样存在，某些不这样存在。再者，它们必然或者在没有雄性精液进入的情况下，在雌性所提供的质料中生成，或者来自雄性的精液，被传至雌性的质料中。如果是后者，那么或者全部，或者无一，或者某些在雌性体外的雄性中生成。由下述推论可以清楚表明它们全部都不能在先存在。显然，肉体活动的本原不能离开肉体而存在，比如行走不能离开足。出于同样的原因，它们也不能从外部进入。它们既不可能凭自身进入，因为它们与肉体是不可分离的，又不可能通过肉体的传递进入，因为精液只是处于变化过程中的营养的剩余物。

① peri tees aisthetikees psukhees kai peri tees noetikees。

那么剩下来的只有理智从外部进入，只有理智是神圣的，因为肉体的活动同理智的活动毫无关系。

的确，所有灵魂的能力似乎和另外一种不同于所谓的“元素”、又比“元素”神圣的物质发生联系。正像各种灵魂在价值高低方面相互有别，与之相关的物质的本性也是如此。所有动物都在精液内包含着使其生殖的东西，我是指所谓的“热”，它既不是火又不是任何类似的能力，而是包含在精液中的普纽玛，或泡沫性质的东西，是在普纽玛中的自然本原，类似于构成星体的元素。因此，火不能生成任何动物，我们发现没有任何动物在受火影响的固体或液体中取得形式；而太阳的热和动物的热却能生成，这不仅是通过精液进行活动的热，而且也是通过其他具有生命本原的自然剩余物进行活动的热。由以上所述，显然动物的热既不是火也不从火那里获得其本原。

现在我们来谈精液的质料性部分，当它被排放出来，灵魂的本原就部分地与之相伴，并用之进行活动。灵魂的本原一部分同质料相分离，这属于那些自身包含某种神圣之物的动物，所谓“理智”[1]就是这样的东西；另外的部分同质料不分离。精液的这种质料部分因为具有液体的和水的本性，所以进行溶解和蒸发。因此我们不应总是试图发现它从雌性中又被重新排了出来，或试图发现它是获得形式的胚胎的一个

[1] nous。

组成部分。这点正像使乳汁凝结的无花果汁一样，因为无花果汁经过了变化，但并未成为凝结物整体的一部分。

我们已经明确了精液和胚胎在什么意义上有灵魂，在什么意义上没有灵魂。它们有潜在的灵魂，而非现实的灵魂。

精液是一种剩余物，它所进行的运动相同于肌体生长发育所赖以进行的运动，而肌体的生长发育是通过最后阶段的营养的分配发生的。当精液进入子宫，便使雌性所产生的剩余物获得形式，并使之进行和自身相同的那种运动。当然，雌性贡献的乃是一种剩余物，它在自身内潜在地而非现实地包含了躯体的所有部分，甚至包括那些雌与雄相互区别的部分。因为正像伤残的子代有时由伤残的亲本产生，有时却并非由伤残的亲本产生，因此由雌性产生的子代有时是雌性，有时却不是，而是雄性。原因在于雌性类似伤残的雄性，月经仅仅是一种处于非纯净状态下的精液，因为它自身内所缺少的只有一样东西，即灵魂的本原。出于这种原因，当某些动物产生未受精卵时，这种取得形式的卵潜在包含了雄雌两性，但并没有灵魂的本原，因此它不能成为一种有生命的东西。这种灵魂的本原由雄性的精液提供，当雌性的剩余物分有了它，胚胎便得以生成。

〔当潮湿的同时又是有形的物质受热时，就会形成外部表层，正像被煮沸的东西冷却后形成的干燥的外部表层一样。
一切肌体都依赖于某种黏性的东西来聚合自身。随着不断发 737b
育生长体积增大，这种黏着的性质为所谓的腱所获得，腱使动物的各部分结合在一起，在某些动物那里则是相当于腱的东西。皮肤、血管、膜以及其他类似的东西属于同一类型，它们只是在黏性的大小方面，一般说来是在过多或不足方面区别开来。〕[①]

【4】 在那些本性不太完善的动物中，一旦形成了成熟的胚胎，尽管还不是成熟的动物，便将胚胎排出体外，原因业已解释。对于具有两性区别的动物来说，胚胎的成熟乃是在它成为雄性或雌性的时候。有些动物，即所有本身并非由雄性亲本或雌性亲本生成，并非由两性交配生成的动物，它们产生的子代既非雄又非雌，有关这些动物的生成方式以后再谈。

完善的动物，即在体内为胎生的动物，使胚胎在自身内发育并与之紧密相联，直到生成完善的动物，排出体外。

至于那些先在体内为卵生，后在体外为胎生的动物，当卵发育完善后，有时与子宫脱离，正像体外卵生动物那样，其子代在母体内由卵生成；有时则不与子宫脱离，因为一旦卵中的营养被耗尽，卵的完善所需要的东西只能来自子宫。鲨类具有这种鲜明特征，我们必须以后再来讨论。

现在我们必须从第一种类，即那些完善的或胎生的动物开始讨论，其中首先是人类。在所有此类动物中精液的排放

① 这一段似乎是与本章没有关系的插话。

方式和其他剩余物一样，每种剩余物被输送到恰当的位置，没有任何来自气或其他原因的迫力。但某些人声称生殖部分借助气的力量，像火罐一样吸取精液，似乎这种剩余物以及潮湿或干燥营养的剩余物如果离开了这种力量的作用就会流动到其他什么场所。这种说法的理由是我们在排放剩余物时往往屏住气息，然而这是一种属于在运动产生情况下的共同现象，因为屏住气息是获取力量的方式。此外，甚至在没有 738a
这种力量作用的条件下剩余物也会在睡眠中排放出来，如果相关部分处于松弛状态并充满了剩余物。上述那种说法无异于说植物的种子正是借助气才总是排放到通常结果的场所，但事实并非如此。如前所述，真正的原因在于所有动物都有承载剩余物的部分，无论是有用的还是无用的〔如干燥的和潮湿的，对于血液则有所谓的血管〕。

接下来考察雌性中的子宫区域。在躯体上部有两条血管，即大血管和主动脉，由之分出许多微细的血管，在子宫中终结。由于雌性在本性上是冷的，不能完成整合作用，因而当这些血管满载了过多的营养时，这些营养便通过极为微细的血管到达子宫。又因血管非常狭窄，不能承载过量的营养，因此便引起了一种出血现象的发生。在妇女中出血的日期不太确切，但倾向于月亏期间发生。这是有道理的，因为当环境变冷时动物的躯体也变冷，在从一月到另一月的转变时因月亮的缺失天气较冷，这也是月末所以比月中多风雨的原因。当营养的剩余物变为血液时，月经便在上述期间产生；然而当剩余物尚未被整合时，少量物质每每分泌出来，因而在雌性中出现“白带”现象，甚至在年龄很小的时候，在儿童期也会出现。如果这两种剩余物的排放数量适中，躯体便保持健康状态，因为那些造成疾病的剩余物已被净化掉；如果完全不排放或排放量过多则是有害的，或引发疾病，或使肌体虚弱。因此如果白带持续不断地大量分泌，就会阻碍年轻女孩的发育。这种剩余物由雌性排放一方面乃是出自必然性之结果，原因业已说过，因为雌性在本性上不能充分整合营养，不仅必然存留下无用营养的剩余物，而且必然在血管中存在着血液的剩余物，当大量剩余物充斥于极为微细的血管时必
738b 然溢出；另一方面自然出于有益之目的，为了生成在这个场所使用剩余物，以便产生另一个同种动物，因为经血乃是它在潜在意义上所从中排出的肉体。

在所有雌性中必然存在着此类剩余物，有血动物较多，人类最多，在其他动物那里必然也有某种质料集结于子宫区域。为什么有血动物较多，人类最多，原因业已解释。

尽管所有雌性都有这种剩余物，但并非所有雄性都有与之相当的精液。因为某些雄性根本不排放精液，但正像那些排放精液的动物，通过精液中的运动，从雌性提供的质料中创制出成形的子代，因而它们也借助存在于自身某个部分中的运动（该部分相当于排放精液的部分）创制出成形的子代。该部分在所有有膈的动物中存在于膈周围，因为心脏或类似于心脏的东西是自然有机物的本原，而较下的部分仅仅是为

了心脏而存在的附着物。为什么并非所有雄性都有生殖性质的剩余物，而所有雌性都有，原因在于动物乃是具有灵魂的肉体。雌性总是提供质料，雄性则提供使质料成形的东西，我们断言这是两性各自具有的特殊潜能，这也正是使雄之为雄或雌之为雌的东西。因而对于雌性来说提供肉体或质料性部分乃是必然的，但对于雄性来说提供这些东西则决非必然，因为工具或创制者并非存在于产品中。因此肉体来自雌性，灵魂来自雄性，灵魂是某种肉体的实体或本质。出于这种原因，如果不同种类的雄雌两性进行杂交（在那些妊娠期相等，几乎同一季节怀孕，体积无很大差别的动物中发生），第一代相似于双方亲本，例如狐狸与狗的杂交种，鹧鸪和一般家禽的杂交种。随着时间转移，一代一代地繁殖下去，其最终产物在外形上相似于雌性，正像带到异地的种子，其长出的植物相似于播种的土壤，因为土壤提供给种子的是质料性的东西。因此在雌性中接受精液的部分不是管道，而是具有相当宽度的子宫，但释放精液的雄性只具备管道，而且是无血液的。739a

每种剩余物仅当处于某种恰当的位置时才成为这种剩余物，在此之前不是这种剩余物，除非有相悖于自然的强力的作用。

我们已经解释了在动物中生殖性剩余物的排放原因。

在排放精液的动物中，一旦来自雄性的精液进入雌性，便使雌性剩余物的最纯净部分获得形式。（因为绝大部分月经是无用的，是液态的，正像雄性的精液绝大部分是液态的那样。

在每次排放中，先排出的部分往往比后排出的部分生殖力弱，因为前者未经充分整合，所以具有较少的灵魂热量，而经过充分整合的剩余物较为浓厚，具有较多的质料性成分。）

在妇女或其他雌性动物中，如果因为在所分泌的剩余物中无过多的无用部分从而不发生体外排放，那么在它们体内所产生的剩余物的数量等同于在体外排放的雌性中所产生的剩余物的数量。这种剩余物或者由雄性所排放的精液中的潜能获得形式，或者正如我们在某些昆虫中所看到的那样，通过雌性中相当于子宫的部分插入雄性获得形式。

前面已经讲过，在雌性中与快感相伴而生的分泌液对于胚胎的生成不提供任何东西。相信这种分泌液对于胚胎产生作用的主要证据是在男性和女性中都发生夜间的所谓的梦遗。然而这完全不是证据，因为这种现象同样发生在尚未排放精液的年轻人身上，也发生在排放无生殖力精液的男性身上。

如果在性交过程中没有来自雄性的排放物，没有雌性的剩余物，无论是排放到体外还是大量地存在于体内，怀孕是不可能的。即使体验不到性交的快感怀孕也会发生，仅当有关部分具有一定的热量，子宫恰好处于下倾状态。然而一般说来怀孕和快感的发生是同步的，因为当雌性和雄性中通过伴随快感而来的排放活动发生时，子宫口是打开的，这种状态就为雄性精液进入子宫提供了相当方便的途径。

精液的排放并不像某些人所认为的那样发生在子宫里

面，因为子宫口非常狭窄，而是发生在子宫前部，确切地讲，和雌性在某些情况下释放分泌物的场所相同。有时精液 739b
滞留在此处，有时如果子宫恰好处于合适状态，并因排放活动而充满热量，就会将精液吸入。事实表明，子宫帽在运作时是潮湿的，当移开时则是干燥的。另外，在所有子宫靠进膈周围的动物中，如鸟类和胎生鱼类，精液的排放不可能按上述方式发生，它必须被子宫吸入。膈周围由于存在着热量，由于经血的排放和聚集也在此处产生了热量，因而吸收精液，正像锥形容器一样，当被充满热量的液体冲刷后，因口部下倾从而将水吸入自身内。这就是精液被吸入的方式，但某些人声称这种活动不是通过与性交有关的器官部分发生的，持这种反对意见的人实际上是说妇女和男性一样排放精液，因为如果子宫将精液排出自身之外，就会再将之吸进自身之内，如果要与雄性的精液相混合的话。然而这个过程是多余的，自然不做多余之事。

雌性的排放物在子宫中被雄性的精液定型，这点类似于胃衬膜对乳汁产生的作用，因为胃衬膜是一种包含生命乳汁热量的东西，它把同种物质凝结为一体，使之定型。由于乳汁和月经在本性上是一样的，因而精液之于月经的活动等同于胃衬膜之于乳汁的活动。一旦有形部分形成，液体部分便分离出来，因为土性质料凝固为环绕表层的膜，这种结果或出于必然性，或为了某种目的。出于必然性，是因为胚胎的表层在受热或受冷后必然凝固；为了某种目的，是因为胚胎不应处于液体中，而应与之分离。凝固化了的外表层有些被称为膜，有些则叫做绒毛膜[1]。它们存在于卵生动物和胎生动物中。

胚胎一旦形成，便像植物的种子一样活动。因为种子自身内也包含着生长发育的第一本原，当这种最初潜在存在着的东西得以分化时，枝芽和根系便萌发出来，植物通过根系获取营养，因为它需要生长发育。因此在胚胎中也是这样，所有部分都是在潜在意义上存在着的，而第一本原实现的途程最长，因此最初在实现意义上分化出来的是心脏。这点不仅对于感觉是显明的，（因为事实即如此，）而且对于理性也是显明的。一旦子代同其双方亲本分离开来，它必须能够自我调控，就像另立门户，独立于父亲的儿子一样。因此它必须具有第一本原，由之动物躯体产生的顺序得以形成。假如这个本原来自外部，以后寓于胚胎中，那么我们不仅要问这种活动是在什么时间发生的，我们还要指出第一本原必然一开始就存在着，即当每一部分同其他部分相互区分开来的时候就存在着，因为其他部分的生长和运动由之而来。因此像德谟克里特之类的人认为动物的外在部分首先分化，内在部分在后分化是错误的。他们谈论的似乎是木制的或石制的动物，是一些完全没有第一本原的东西，而所有有生命的动物却在自身内包含着这种本原。因此在所有有血动物中心脏明显地

① khoria。

最早分化出来，因为这既是“同类部分”又是“异类部分”的第一本原，因为从动物或有机体开始需要营养的那一时刻起它就理所当然地被确定为第一本原，凡存在之物都要生长。对于动物来说，营养的最终形式是血液或相当于血液的东西，而血管则是这些东西的容器，因此心脏是它们的第一本原。有关这些问题已在《动物志》和《解剖学》中清楚地阐明。

既然胚胎已是潜在意义上的动物，尽管是不完善的动物，但它必须从其他什么地方获取营养。因此为了获取营养它像植物利用土壤那样利用子宫和母体，一直完善到作为潜在意义上能行进的动物为止。因此自然首先设计了两条发源于心脏的血管，由这两条血管又分出一些细小的血管通至子宫，形成了所谓的脐。脐由血管构成，有些动物的脐由一条血管构成，有些则由多条血管构成。有皮状覆盖物包裹着这些血管，因为血管比较脆弱，需要保护和遮盖。血管像植物的根系一样与子宫接合，胚胎由之获取营养。这即是子代之所以在子宫中滞留的原因，并不像德谟克里特所声称的那样，是为了各部分可以按其母亲各部分的形状塑造出来。这点在卵生动物中非常明显，因为卵一旦同母体分离，各部分 740b
就在卵中分化出来。

这里还有一个问题，即如果血液是营养，如果最早生成的心脏已经包含着血液，而营养来自外部，那么最初的营养从哪里进来的？或许断言所有营养都来自外部并非真实。正像在植物的种子中有某种最初呈乳汁状的营养物，因此同样在动物的质料中，构成动物所剩余的部分乃是最初的营养。

胚胎借助脐而生长发育正像植物借助于根系〔或像动物本身，一旦分离出来就靠自身内的营养生长〕，有关这个问题我们以后在恰当的时候再做讨论。至于各部分的分化，并非像某些人所认为的那样是由于本性上相同者相聚。这种理论除了存在着许多其他困难之外，如果我们接受了关于原因的这种解释，就会得出这样的结论，即每种“同类部分”如骨、腱、肉分别根据自身单独生成。然而所有这些部分生成的真正原因却在于雌性提供的剩余物在本性上正是潜在的动物，所有这些部分并非在现实意义上，而是在潜在意义上存在于剩余物中；另外还因为当主动者和被动者以某种一为主动者、一为被动者的方式相互接触时（所谓“方式”是指接触的样式、地点和时间），那么直接一方进行创制活动，另一方被动承受。在这种情况下，雌性提供质料，雄性提供运动的本原。技艺的产品由工具产生，准确的说法是由工具的运动产生，这种运动是技艺的现实化活动，而技艺则是产品的形式，它不在产品中而在他处，因此营养灵魂的潜能也是这样。正像在成熟的动物和植物中，营养灵魂在后期阶段以热和冷为工具（因为在这些东西中存在着灵魂的运动，每部分根据其确定的逻各斯生成），从它所提供的营养中导致生长发育，因此同样，营养灵魂一开始就使自然生成物获得形式。因为后期生长发育所使用的质料等同于一开始用于确定形式的质料，因此作用于质料的潜能是相同的。如果它是营养灵魂，那么它同样

也是生殖灵魂。这一灵魂的部分是每种自然有机体的本性，存在于所有动物和植物中。灵魂的其他部分存在于某些生命 741a
中，却不存在于另一些生命中。

在植物中雌性同雄性并不分离，但在那些雌雄分离的动物中雌性还需要雄性。

【5】 然而人们或许会提出疑问，如果雌性具有和雄性同样的灵魂，如果雌性提供的剩余物是胚胎的质料，为什么它还需要雄性而不能完全由自身进行生成呢？原因在于动物通过感觉能力同植物区别开来。如果没有感觉灵魂，无论在现实意义上还是在潜在意义上，无论有条件限定还是无条件限定，脸、手、肉或其他任何部分都不可能存在。如果这样，我们所具有的无异于僵尸或僵尸的部分。因为，如果雄性具备创制感觉灵魂的能力，那么在雌雄分离的情况下，雌性由自身单独生成子代是不可能的，因为上述的功能恰恰是雄性之为雄性的本质之所在。当然，上述观点不是完全没有疑难，这点明显存在于生产未受精卵的鸟类中，至少说明雌性在某种程度上能够自我生成。但这里依然存在着问题：在什么意义上我们说这种卵是活着的？它们既不可能像受精卵一样存活，因为如果这样的话，就会从自身中孵出现实意义上的活的子代；它们又不可能作为木制的或石制的卵，因为它们像受精卵那样可以变质，这点表明它们一开始就具有某种意义上的生命。显然它们在潜在意义上具有灵魂。是一种怎样的

灵魂呢？当然一定是最低级的，即营养灵魂，因为它同样存在于所有动物和植物中。为什么这种灵魂不能使各部分以及动物本身完善呢？因为动物的部分不像植物，它们必须具有感觉灵魂。雌性动物需要雄性的共同配合，因为在这些动物中雄雌是分离开来的。事实表明：如果雄性同雌性交尾，未受精卵才会成为受精卵。有关这些问题的原因，我们以后再做详尽说明。

如果存在着某种未与雄性分离的雌性动物，那么它由自身生成子代则是可能的。但目前尚未观察到可信的证据，不过有一种鱼类使我们感到迟疑不决，即所谓的红肉鱼类[1]，未曾发现一个雄性标本，只发现充满鱼精液的雌性标本。尽管对于这种鱼类我们还缺少可信的证据，但某些鱼类的确既无
741b 雄又无雌，如鳗和某种生活于污浊水域中的鲻鱼。然而在所有雄雌分离的动物中，雌性不能单凭自身完善地生成子代，如果能够生成，雄性的存在就会毫无意义，自然不做无意义的事。因此在这样的动物中雄性总是使生成过程完善化，它或直接通过自身的活动，或借助于精液，把感觉灵魂置于胚胎中。躯体的各部分潜在地存在于质料中，一旦运动的本原传至其中，就一部分接一部分地不断生成，像在自动木偶中所发生的那样。自然哲学家所说的“同与同相聚”一定不能被理解为各部分做位置移动，而被理解为各部分处于原来的位

① eruthrinos。

置，进行性质的变化，如软、硬、颜色及其他“同类部分”的差异。即它们把原先潜在存在的东西变成现实存在的东西。最早生成的是第一本原，正如以前多次讲过，在有血动物中就是心脏，在其他动物中就是类似于心脏的东西。第一本原最早生成不仅对于感觉来说是显然的，而且就生命的终结而言也是如此，因为生命最终结束于心脏。我们普遍发现最后形成的东西最早解体，最早形成的东西最后解体。自然循环运作，最终返回出发点。生成过程由非存在到存在，死亡过程则由存在重新回到非存在。

【6】　如前所述，在第一本原生成之后，其他部分得以生成，内在部分先于外在部分。较大部分比较小的部分更早地被观察到，尽管某些较大的部分事实上并非更早地生成。膈之上的部分最先分化出来，它们的体积较大，而膈之下的部分体积较小，不太分明。除了昆虫之外，这种现象存在于所有上部与下部明显分化的动物中。生成蛴螬的昆虫，其躯体的增长发生在上部，因为上部一开始较小。头足类乃是唯一一种上部与下部没有分化的能行进的动物。上述情况也发生于植物中，即上部先于下部生成，根系先于枝芽从种子中萌发。

动物的部分是通过气而分化出来，但并非是母体的气或胚胎本身的气，像某些自然哲学家所说的那样。这点在鸟类、
鱼类和昆虫那里非常明显。因为某些这样的动物在卵同母体 742a

分离之后从卵中产生出来，也正是在卵中各部分得以分化的；另一些动物完全不呼吸，但被作为蛴螬或卵产生出来；还有一些既呼吸又在子宫中得以分化的动物直到肺发育完善后才能呼吸，肺以及在前的部分先于呼吸而分化。再者，所有多趾四足类，如狗、狮、狼、狐狸和豺，它们都生成瞎眼的子代，直到出生后的一定时间才分化出眼睑。显然，对于所有其他部分同样如此。正像质的分化一样，量的分化也是借助相同于质的分化原因，由最初潜在意义上的存在变为后来现实意义上的存在，因此眼睑由一成为二。元气必然存在，因为热和湿存在，前者为主动，后者为被动。

某些早期自然哲学家致力于描述哪一部分继随哪一部分生成，然而他们无一触及事实。正像对于其他任何东西一样，对于躯体的部分，一部分在本性上必然先于另一部分。“先于”一词有多种意义。因为目的因不同于为了它而存在的东西，后者在生成过程中先于前者，前者在实体上先于后者。再者，为了目的而存在的东西又可分为两种，一为运动之所出，一为被目的所利用的东西。换言之，一为能生成者，一为用于被生成者的工具。其中，创制者必须在先存在，正像教师先于学生，或学习演奏笛子的人先于笛子一样，因为不会演奏笛子的人具有笛子是多余的。因此，存在着三种东西：第一，目的，我们将之描述为他物的“何所为”；第二，为了目的而存在的运动本原和生成本原（因为创制者和能生成者之为本原，只是相对被创制者和被生成者而言的）；第三，有用的东西，即被目的所使用的东西。因此，必然首先存在着某个部分，运动的本原寓于其中（因为它直接是目的的一个部分，而且是占主导地位的部分）；其次是作为整体的动物，即目的；再次或最后是为了目的而使用的器官部分。因此如果有某个包含整个有机体的本原和目的的部分必然存在于动物中，那么这个部分必然最早生成。作为运动产生者，它最 742b 早生成；作为目的的一部分，它伴随整个有机体一起生成。因此在本性上具有生成能力的器官部分必然总是先于其他部分存在，因为它们为了其他某种东西存在，正如第一本原为了目的而存在。而那些尽管为了其他某种东西存在，但不具有生成能力的部分在后存在。因此确定哪种部分在先不很容易：是为了他物存在的东西，还是他物之所为。产生运动的部分因在生成过程中先于目的，所以带来了判断上的模糊，在运动产生者和器官部分之间进行确定决非易事。根据这种方法我们必须探究什么部分继随什么部分生成的顺序，因为目的在某些部分之后，但在其他某些部分之先。因此包含第一本原的部分最早生成，之后便是躯体的上面部分。这就是之所以在胚胎中最初头颅周围部分，尤其是眼睛周围部分显得较大，而脐之下的部分，如腿，显得较小的原因。因为躯体的下面部分为了上面部分而存在，既不是目的的部分，又不能生成目的。

那些简单地声称“动物总是如此生成”并想象这就是此类事物中的第一本原的人，其观点既不正确又未揭示出必然原因。如阿布德拉的德谟克里特说，无限的东西是没有本原或始点的；而原因是本原、是始点，“总是这样”的东西是无限的；因此追问“总是这样”的东西的原因就是探求无限者的始点。按照这种阻止我们寻求原因的论点，就不会存在对任何永恒事物的证据。但是在“总是这样”产生和存在的事物中显然有许多证据。例如，三角形内角和总是相等于两直角，正方形的对角线总是与边不可通约，无论如何这些真理是有原因的，是可以证明的。因此断言我们不能试图发现万事万物的本原是正确的，但要声称我们不能发现所有“总是这样”存在或“总是这样”产生的事物的本原或始点就不恰当了。对于永恒事物的第一本原来说，我们并非通过证明，而是通过其他认知方法进行把握的。在不运动的事物中第一本原即为该事物之是什么，而在生成的事物中有多个本原，种类并不完全相同，其中之一便是从中产生运动的本原，如前所述，这就是所有有血动物首先具备心脏的原因，而在其他动物中与心脏类似的部分最早生成。

743a 血管自心脏出发，遍布全身，正像支撑墙壁的构架，各部分围绕着血管，因为它们由血管生成。“同类部分”通过热和冷生成，因为某些部分由冷、某些部分则由热定型和凝固。这些部分的差异在其他地方业已说过，我们已经讲过哪些部分融解于液体和火，哪些部分不融解于液体，不被火所融化。由于营养通过血管和各部分中的管道渗出，正像处于未焙干的陶器中的水一样，形成了肉或相当于肉的部分，肉被冷凝固，因而融解于火。含有少量水分和热量的土性质料过多涌出，当水分与热量一起蒸发之后冷却下来，形成了坚硬的和具有土性外层的部分，如指甲、角、蹄和鸟嘴。这些部分能被火软化，但不能被融解，某些此类部分如卵壳却能被水融解。

腱和骨在水分干涸后由内在的热形成，因此骨不被火融化，它像炉中的陶器一样被生成过程中的热量烘焙。然而并非随便什么质料，在随便什么场所、随便什么时间都可以由火生成肉或骨，质料、场所和时间必须被自然所规定。潜在存在的东西是不会被缺少现实性的运动者所产生的，同样，具有现实性的东西也不会从随便什么质料中创制出产品来。木匠除了从木料中，不会从任何东西中做出木箱，同样，如果没有木匠，木箱也不会从木料中生成。

热量存在于精液性质的剩余物中，热量所具有的运动和现实活动无论在量上还是在质上都恰当地适合于每一部分。如果热量缺少或过多，生成物则是低劣的或是有缺陷的，这点正像我们为了美味或其他目的，通过煮沸某种外在的东西使之凝固一样。只不过在这种情况下运动所需要的适当的热量由我们自己提供，而在前一种情况下则由生殖者的本性给予。至于那些自发生成的动物，相关的原因乃是天气的运动和热量。

冷是热的缺失，两者都为自然所使用。每种必然具有产
生不同结果的潜能，在胚胎生成方面或冷却或加热乃是为了 743b

确定的目的，因此每一部分得以生成。一方面出于必然性，另一方面为了某种目的，它们使肉柔软，使腱坚实和富有弹性，使骨坚硬和易脆。皮是通过肉的干化形成的，正像煮沸的物质上面的浮渣。皮如此生成不仅由于它位于外部，而且还由于黏着物不能蒸发，因而存留于表层。有血动物的黏着物比无血动物更富脂肪性质，在无血动物中黏着物是干燥的，因此其外在部分是有甲壳的或硬皮的。在那些本性上没有过多土性质料的有血动物中，脂肪聚集于皮性覆盖物之下，这点表明皮是由这种黏着物生成的，因为脂肪本身是某种程度上的黏着物。如前所述，我们必须重申所有这些东西的生成一方面出于必然性，另一方面并非出于必然性，而是为了某种目的。

在有血动物的胚胎生成过程中，躯体上面部分最早分化出来，随着时间的推移下面部分发育生长出来。所有这些部分最初只是分化出轮廓来，以后获得颜色、软、硬等特征，似乎自然是创制艺术品的画家，因为画家一开始先勾勒出动物的线条，然后再着色。

因为感觉的本原位于心脏，因此心脏是整个动物中最早生成的部分；又因为心脏充满了热量，为了与之平衡，冷形成了脑，血管终结于此。因此头颅周围的部分继心脏之后生成，比其他部分大一些，因为脑一开始就较大，并是液态的。

关于动物的眼睛的生成是一个令人疑惑的问题。在所有动物中，无论是行进的、游动的、还是飞翔的，眼尽管最初显得非常大，然而却是最后一个完善生成的部分，它会在一段时间内收缩。原因在于视觉器官像其他器官一样位于某些管道之上。而触觉器官和味觉器官只是动物躯体本身或躯体的某个部分，嗅觉器官和听觉器官乃是同外部的空气发生联 744a 系的管道，自身充满了内在的普纽玛，这些管道终结于脑周围的、发源于心脏的血管。然而眼是唯一具备属于自己的特殊肉体的感官，它是液态的和冷性的。它不像最初潜在地存在于它们的场所中、后来在现实意义上被生成的部分，眼一开始并不在它以后所在的位置上，它是由脑周围从管道中排出的最纯净的液体形成的，这些管道明显地自眼出发通至脑周围的膜。有关这个问题的证据在于在头部中除了脑之外，没有任何其他部分像眼那样是冷性的和液态的。因此这一区域最初较大，以后逐渐收缩乃是出自必然性之结果。因为这种情况同样发生在脑那里，它最初是液态的，体积较大，但在蒸发和整合过程中变得更为坚实，而且发生收缩，眼的大小也是这样。头部因脑之缘故一开始就非常大，眼由于液体充斥其中显得较大。眼是最后达到完善的部分，因为脑的形成不太容易，直到后期阶段它才祛除了冷和液体。这点对于所有有脑的动物都是如此，尤其是人类。因此前囟门①是最后生成的骨，甚至当子代产生后，在儿童时期这种骨仍然是柔软的。这种情况在人类身上尤为突出的原因在于人类的脑最为

① bregma。

潮湿，体积最大，这是因为人类心脏中的热最为纯净。其理智表明人类是混合精致的动物，因为人类比任何其他动物都有智慧。由于脑的重量，儿童在相当一段时期不能控制头部，这种情况同样发生在必须运动的部分中。因为运动的本原很晚才控制躯体的上面部分，它对那些在运动方面不与之密切相联的部分的控制最晚，如腿。眼睑也是这样的部分。既然自然不做多余和无意义之事，显然它既不过迟又不过早
744b 地创制任何事物，否则其结果将是无意义的或多余的。因此，眼睑的分离和能够使之运动的能力必然是同步的。在动物中眼的完善较迟，因为脑需要大量的整合；眼是最后生成的部分，因为为了使如此远离第一本原、如此容易受冷的部分运动，这种推动必须强劲有力。眼睑所具有的这种本性可由下述事实表明：如果因睡眠或醉酒或其他此类活动头部受到最轻微的影响，我们不能抬动眼睑，尽管它本身的重量很轻。

我们已经充分说明了眼是如何生成的，它为什么、出于何种原因是最后分化出来的部分。

其他每一部分都是由营养生成的。最高贵的部分，即分有支配本原的部分，由经过充分整合的最纯净的第一营养生成；为了上述部分而存在的必然的部分则由低级营养和剩下的残余物生成。自然像一位优秀的管家，不习惯于抛弃任何由之可能做成有用之物的东西。在家务管理中，得来的最好的食物分配给自由民，低级的和最好的食物的残余物分配给奴隶，最差的给家养的动物。在这里好像有一个外在于它

们的心灵为其生长而活动。同样在动物的生成过程中，自然由最纯净的质料构成了肉和其他器官的肉体部分，由剩余物构成了骨、腱、毛发、指甲、蹄等等。这些部分最后获得形式，因为它们不得不等到自然可以匀出某些剩余物时才被形成。

骨在第一生成阶段由精液的剩余物构成，随着动物的生长而生长。骨的生长来自自然的营养，这些营养和提供给起支配作用的部分的营养相同，只不过是多余的剩余物。在所有情况下营养可分为两种：第一种是使整体和部分得以存在的有营养作用的东西；第二种是与生长作用有关的，即引起体积增长的东西。对这些问题必须以后再详加说明。腱和骨以同样的方式，由同样的质料构成，即由精液的或营养的剩余物构成。指甲、蹄、角、鸟嘴、公鸡的距及其他类似的部 745a
分则是由额外获得的营养或与生长有关的营养构成的，这些营养来自母体或外部世界。由于这个原因，骨只在某种程度上持续生长，因为在所有动物中都有一个体积的限度，骨的生长也是如此。如果骨总是继续不断地生长，那么每种有骨或有相当于骨的东西的动物只要活着就会不停地生长，因为骨为动物的大小设定了界限。我们以后再来讨论骨不会永远持续生长的原因。然而毛发及其同种类的东西只要还存在就会继续不断地生长，在生病期间，在步入老年和躯体消瘦时长得更多。这是因为老年和消瘦意味着躯体的主导部分所耗费的营养较少，所以剩下较多的剩余物，尽管当剩余物因年龄之故变得匮乏时毛发也随之匮乏。但对骨来说恰恰相反，它们随躯体及其部分一起消瘦。在生命结束之后毛发的确还会继续长长，但那时不会重新生出。

关于牙齿还有疑难。齿和骨具有同样的本性，并且是由骨生成的。而指甲、毛发、角等等是由皮生成的，这就是它们随皮一起变更颜色的原因，它们根据皮的颜色变为白的、黑的以及各种颜色。齿并不这样，因为在那些具有牙齿和骨骼的动物中齿是骨生成的。在所有的骨当中只有齿一生都在不断地生长，这非常明显地体现在那种沿斜线生长，因而不能相互接触的齿上面。牙齿生长的原因，即为什么而生长的目的因在于它的功能，如果没有某种补救措施它就会被磨损，尽管这样，在某些吃得多，牙齿小的老年动物中还是完全被磨损，因为其生成与其损耗不成比例。因此为了适应这种情况自然进行了精心设计，使齿的脱落或缺损与老年和死亡同步。假如生命可以持续一千年或一万年，牙齿一开始就会非常之大，就会多次重新生长，即便如此不断地生长也不足以
745b 避免损耗，避免在功能上变得无用。我们已经论述了牙齿得以生长的目的因。但事实上，齿并非和其他的骨具有相同的本性，因为所有其他的骨骼都在构成胚胎的第一阶段中生成，而牙齿则在后期生成。这就是当旧牙脱落后新牙能够生出的原因，因为尽管齿同骨有联系，但并非同骨一起生成。在骨已经获得其个体的完善时，齿从分配给骨的营养中生成，因此具有相同的特征。除人之外的所有其他动物一生下来就有齿或类

似于齿的东西，除非某种相悖于自然的事情发生，因为当它们从生长过程中脱离出来时就比人类完善。人类生下来时没有牙齿，除非发生相悖于自然的事情。以后我们将解释为什么某些牙齿生成并且脱落，为什么某些并不脱落。

人类的肉体之所以比任何动物都要裸露，人类之所以与其体积相比具有的指甲最小，原因在于这些部分是由剩余物构成的。人类中的土性剩余物最少，而不能充分整合的东西是剩余物，在动物躯体中最不能充分整合的东西则是土性物质。我们已经说过了每一部分是如何形成的，其生成的原因是什么。

【7】　如前所述，在胎生动物中胚胎通过脐带得以生长发育。灵魂的营养功能以及其他功能存在于动物体内，它直接派生出通至子宫的脐带，像植物的根系一样。脐带由处于鞘中的血管构成，在像牛之类的体积较大的动物中血管较多。在体积适中的动物中有两条血管，在体积最小的动物中只有一条血管。胚胎通过脐带获得血液性质的营养，因为子宫是许多血管的终端。对于所有上腭无前齿的动物和双腭有齿，并且其子宫有许多血管，但没有一条大血管穿越其中的动物，它们的子宫中都有所谓的绒毛叶，脐带与绒毛叶紧密相连，牢固地附着其上。因为贯穿脐带的血管前后伸展，遍布蔓延于整个子宫，在其终端处形成了绒毛叶。绒毛叶的凸面朝向子宫，凹面朝向胚胎。界于子宫和胚胎之间的是绒毛膜和膜，随

746a 着胚胎的发育生长和趋于完善绒毛叶逐渐变小，当胚胎最终完善后绒毛叶完全消失。自然把为胚胎提供的血液性质的营养输送到子宫的这一部分，正像输送到乳房一样，由于绒毛叶逐渐由多到少地收缩集聚，因而变得像发疹或发炎一样。在胚胎很小、还不能够获取大量营养时，绒毛叶较大，并明晰可见，但当胚胎体积增大时，绒毛叶发生皱缩。

然而多数发育受阻的动物和双腭有齿的动物在其子宫中没有绒毛叶，它们的脐带同一条较大的伸展穿越于子宫的血管相接。这些动物中的某些一次只产一个子代，某些一次产下多个子代，但上述特征共同属于两个种类。对这些问题的研究应参阅《解剖学》和《动物志》所给出的例子。胚胎分别附着于脐带，而脐带则附着于血管。它们一个接一个地沿血管的走向分布，就像沿河道分布一样。膜和绒毛膜包围着每个胚胎。

那些声称在子宫中幼儿通过吸吮某些肉来获取营养的说法是错误的。如果真是这样，那么同样的情况也会发生在其他动物中，然而事实上我们没有发现这种情况（因为通过解剖很容易观察到）。再者，所有胚胎，无论是飞翔的、游泳的还是行走的，都有包围自身的精致的膜，膜使胚胎同子宫和子宫中生成的液体分离开来。在这些膜中不存在任何像肉这样的物质，胚胎不可能由之获得任何营养。显然，在所有卵生动物中胚胎的发育生长是在它同子宫分离后发生的。

交配发生在本性上属于同种的动物之间。此外，那些在本性上接近，在形式上差别不大的动物如果体积相当，妊娠期相等也可以交配。这种杂交在多数动物中不太常见，但在狗、狐狸、狼和豺中间时常发生。印度狗就是狗与野生的狗状动物杂交的产物。人们发现同样的情况也发生在那些好色的鸟类中，如鹧鸪和一般家禽。在食肉鸟类中不同形式的鹰 746b
似乎也能交配，对于某些其他鸟类也是如此。这种情况是否发生在海生动物中，我们尚未获得可信的观察证据。但人们尤为相信那些所谓的 rhinobatai 是由 rinee 和 batos 杂交而生。有关利比亚的谚语说：“利比亚总是产生新事物”，意谓着在那里不同种类的动物相互交配，因为利比亚缺水，所有动物都云集在少数几个能找到水源的地方，因此不同种类的动物在此交配。

人们发现，除了骡子之外所有杂交而生的动物都能再次相互交配，并能产生雄雌两性的子代，只有骡子是不能生育的，既不能通过同种相互交配，也不能通过与其他动物交配来生成子代。当然，为什么某种雄性或雌性个体不能生育这是个一般性问题，因为某些男人和女人就是不能生育的，还有其他种类的某些动物，如马和羊也存在着这种状况。但对于骡子来说，整个种类都无生育能力。在骡子之外的其他动物中不能生育的原因有多种。如果男人和女人用于交配的部分是有缺陷的，那他（她）们生来就是不能生育的，因此这种男人像阉人一样不长胡须，这种女人不能发育成熟；其他一些人则是随着年龄增长变得不能生育的，有时因为躯体的营养状况过好，在处于极好状态下的男人和过于肥胖的女人中生殖性质的剩余物被躯体所吸收，因此前者无精液，后者无月经。有时又因为疾病之缘故，男人释放的精液是液态的和冷性的，而女人的排放物则是劣质的，充满了致病的剩余物。通常情况下两性中的这种状态是由用来性交的部分或区域的缺陷造成的。某些缺陷是可医治的，某些则是无法医治的。那些在胚胎的最初形成期间造成缺陷的动物尤其没有生殖能力。因而这就导致了雄性化的雌性和雌性化的雄性，前747a者不排泄月经，后者的精液薄而冷。因此，通过“水试法”测试雄性精液是否无生殖能力乃是有道理的，因为薄而冷的精液迅速扩散到水面上来，而有生殖能力的精液则沉入水底。因为被整合了的物质是热性的，而坚实的、浓稠的物质当然是被整合了的。妇女通过子宫帽来测试，观察气味是否自下而上穿透到嘴中吐出的气息，另外通过在眼睛上涂抹颜色，观察唾液是否着色。如果预期的结果没有达到，这表明排放剩余物的躯体的管道受阻或关闭起来，因为在头部所有部位中眼睛乃是最富精液性质的，事实表明：只有这一部分在性交过程中发生显著变化，性交过度的人明显地眼睛下陷。这是因为精液的本性类似于脑，其构成质料是水质的，而热量只是后来获得的。精液自膈排放出来，因为自然有机体的第一本原位于此处，因此来自生殖器官的运动传至胸部，而来自胸部的气味通过呼吸被感受到。

【8】　如前所述，这种生殖力方面的缺陷只是部分地发生于人类和其他动物中。但整个骡子种类都是无生育能力的。恩培多克勒对这个问题原因的解释是模糊不清的，德谟克里特的解释更为聪明一些，但两者都是不正确的。他们对所有不同种类动物之间的交配状况做出了一个总括性的解释。德谟克里特声称，骡子的生殖管道在母体的子宫中被损坏了，因为这些动物一开始就不是由同种亲本生成的。然而我们发现，尽管同样的情况也发生在其他动物那里，但它们依然能够生育。假如德谟克里特的解释是正确的，所有其他以这种方式交配的动物就应当是无生育能力的。恩培多克勒给出的原因是：种子的混成物变得浓厚，由于构成混成物的两种生殖性体液的每种都是柔软的；每种的空心与另一种的实心相适合， 747b 因此在这种情况下两种柔软的东西构成了一种坚硬的东西，就像青铜与锡相混合一样。首先他对青铜和锡的原因的解释是错误的，有关这点我在《问题集》中业已说过。再者，在一般意义上其论证的出发点是不可理解的。空洞的东西和坚实的东西如何相互适合，产生像酒和水那样的混成物？这种说法使人无法理解。应怎样理解酒和水的空洞的另一面，乃是超越感知的事情。再者，事实上马由马生成，驴由驴生成，骡子由马和驴（不管何者为公，何者为母）生成。为什么马和驴产生出如此浓厚的东西，以致于由之所生成的子代是不能生育的，而来自雄马和雌马的子代，来自公驴和母驴的子代就不是不能生育的？既然雄马与雌马的生殖性体液是柔软

的，两种性别的马与两种性别的驴进行杂交，那么按照恩培多克勒的解释，在这两种情况下所产生的子代之所以是无生育能力的，原因在于两种柔软的种子产生了某种浓厚的东西。如果这样，雄马和雌马的子代也应当是无生育能力的。如果只有一种性别的马与驴杂交，恩培多克勒或许会说骡子不能生育的原因在于这种性别同驴的生殖性体液之间没有相似性。事实上，驴子杂交的生殖性体液与相近种类动物的没有性质上的差异。再者，恩培多克勒同样地把这个论证用到公骡和母骡，然而据说公骡在七岁时能够生成，而母骡则完全无生殖能力，这仅仅因为它不能使胚胎获得营养，以达到完善之目的，尽管人们知道母骡是可以怀胎的。

或许一种逻辑推论要比以上所述显得更为可信。我称之为逻辑推论是因为它越是普遍，就越是远离特殊性原则。这种推论是这样进行的：由同种雄性和雌性生成的子代在本性上乃是同种的雄性或雌性，例如雄狗和雌狗的子代或是雄狗，或是雌狗。由两种不同种类的动物生成不同种类的子代，例如，狗不同于狮，雄狗和雌狮的子代或雄狮和雌狗的子代不
748a 同于双方亲本。既然螺子生来就有雄雌两性，在种类上没有区别，而骡子本身是由马和驴生成的，两者在种类上不同于骡子，因此由骡子不能生成任何东西。既不能生成不同种类的子代，因为由同一种类的雄性和雌性生成同一种类的子代，也不能生成骡子，因为骡子是由不同种类的马和驴生成的子代，前面业已确定由不同种类的动物生成不同种类的子代。这

个推论太一般、太空泛。因为所有不从问题所特有的恰当原则出发的推论都是空泛的，它们似乎触及了事实，然而并非真正如此。正像几何学的推论必须从几何学的原则出发，其他推论也是这样。空泛的东西似乎是某种东西，但事实上什么都不是。此外，这种推论并非真实，因为正如前面所讲，许多由不同种类亲本所生成的子代是有生育能力的。因此我们不应以这种方法研究自然哲学以及其他问题。如果我们从存在于马和驴中的特殊事实出发进行考察，就会更有希望地找到真正的原因。首先，当马和驴分别与其同类进行交配时一次只生一个驹。其次，雌性并非每次交配都能怀孕，这就是饲马人每隔一段时间就要使公马同母马交配的原因〔因为母马不能连续不断地怀孕〕。母马在月经方面是欠缺的，比其他任何四足动物的排放量都少。母驴不接受精液的注入，把精液同尿一起排出，因此人们追随其后进行鞭打。再者，驴是一种冷性动物，在本性上不能承受寒冷，因而在寒冷的地区不易生产，比如在斯库提亚及其周围区域，或在伊比利亚以远的凯勒图这些寒冷地带。出于这个原因，人们不在春分或秋分季节让公驴与母驴交配，像对马那样，而在夏至让它们交配，为的是驴驹可以在温暖的气候中生成（因为雌性生产的季节相同于受精的季节，马和驴的孕期都为一年）。如前所述，驴是冷性的动物，因而其精液必然也是冷性的。有证据表明，如果一匹公马同一匹已经被公驴所授精的母马交配，它不会破坏驴的授精；如果一匹公驴同一匹已经被公马所授精的母驴交配，则会因其精液的寒冷破坏马的授精，因此，当 748b 马和驴进行杂交时，生殖性物质由双方中一方的热量即由马的热量所保存或维系，因为来自马的排放物较热。在驴中精液和质料都是冷的，在马中这两种东西都是热的。因此当它们进行杂交时，或者热加到冷上面，或者冷加到热上面，其结果是：由它们形成的胚胎被完整无缺地保存下来，即这两种动物在相互杂交时是有生殖力的，然而由它们产生的动物则不再是有生殖力的，不能产生完善的子代。

一般说来，这两种动物在本性上每种都趋向于无生殖力。驴具有前面提到的各种缺陷，此外如果它在第一次牙齿脱落时还未开始生育，那么它将永远不再生育。驴如此接近于无生殖力。马也是这样，它具有倾向于无生殖力的本性。使马完全无生殖力所需要的东西在于其排放物变得较冷一些，而这点发生在马同驴的排放物相互混合之时。驴甚至在与同种交配时也同样近于生成无生殖力的子代。因此当相悖于自然的杂交方面的困难再加上同种交配时一次只产一个子代的困难，其杂交的产物将更缺乏生殖能力，更相悖于自然，所以并不需任何东西使之无生殖力，而是必然就无生殖力。

再者，母骡的躯体长得较大，因为本来用于形成月经的排放物被转移到躯体的增长上了。既然在此类动物中孕期为一年，母骡不仅要受孕，而且还要时时为胚胎提供营养，但如果没有月经的排放是不可能的。事实上母骡没有月经。其营养中的无用部分随同来自膀胱的剩余物一起被排出（这就是公骡不像其他单蹄动物那样嗅母骡的阴部，而是嗅剩余物本身的原因），营养的其他部分则全部用于增长躯体的体积。事实表明，母骡偶尔也可以怀孕，但它不可能每每为胚胎提供营养，直到使之出生。公骡有时也能生成，因为雄性在本性上比雌性的热量大，而且并不为混成物提供有形的物质。这种情况下的产物是 ginnos，即有缺陷的骡子。因为 ginnos 也会由马和驴的交配产生，仅当胚胎在子宫中得病。实际 749a
上，ginnos 相似于猪中的所谓的 metakhoiron，因为 metakhoiron 也是子宫中有缺陷的猪，这种情况对任何猪来说都会发生。人类中的侏儒也是这样产生的，因为其部分和整个体积也是在孕期受阻，成为有缺陷的，他们相似于 ginnos 和 metakhoiron。

第　三　卷

【1】 我们已经讲述了骡子的不生育性，讲述了既在体外又在体内胎生的动物。至于那些卵生有血动物的生成方式，一方面它们类似于行走的动物，因此这同样适合于所有这些动物，另一方面卵生有血动物之间以及它们同行走的动物之间存在着种种差异。一般说来所有这些动物都是通过交配，即由雄性向雌性排放精液生成的。但在卵生动物中鸟类产生具有硬壳的完善的卵，除非为疾病所损害，所有鸟类的卵都是两种颜色的。正如我们以前多次讲过的，鲨鱼类在体内产卵，在体外产生活的子代，其卵先由子宫的某一部分变化至另一部分。其卵是软壳的，只有一种颜色。在这类动物中所谓鮟鱇是唯一一种体内胎生者。这个问题的原因必须以后讨论。所有其他卵生鱼类产生只有一种颜色的卵，这种卵是不完善的，是在母体外获得生长发育的，其原因同体内完善的卵的原因一样。

关于子宫存在着什么样的差异，出于怎样的原因，我们在前面已经讲述过了。某些胎生动物如鲨鱼类，其子宫在躯体上部靠近膈周围，其他胎生动物诸如人、马等既在体内又在体外胎生的动物，其子宫位于躯体下面阴部区域。在卵生动物中有的子宫在下面，如卵生鱼类，有的子宫在上面，如鸟类。

在鸟类中有些胚胎是自发形成的，某些人称之为“未受精卵”或“zephuria”[1]，它们产生于那些既不善飞行，又没有 749b
钩爪，但能多产的鸟类中。因为这些鸟类具有大量剩余物，而在有钩爪的鸟类中这种排放物被转移到翅和羽毛的生长上了，其躯体瘦小、干燥、充满热量。月经和生殖性体液是剩余物。既然羽毛和精液都由剩余物生成，因而自然不能同时大量地供给两者。出于同样的原因，有钩爪的鸟类无频繁交配的习性，产卵也不太多，而那些重量大的鸟类和体积大的飞行鸟类如鸽子等不是这样。在那些重量大并且不善飞行的鸟类中，如一般家禽、鹧鸪等，产生大量的剩余物，这就是其雄性频繁地交配，其雌性排放大量物质的原因。此类鸟中的某些一次产下很多卵，某些则多次产卵。例如，一般家禽、鹧鸪和利比亚鸵鸟产卵很多，而鸽子类虽然产卵不多但能多次产卵。因为鸽子类界于有钩爪的鸟类和重量大的鸟类之间。像前者，它们可以飞行；像后者，它们具有笨重的躯体。因此，由于它们是飞行的鸟类，剩余物就转移到翅上面，产卵的数量也就不多；既然它们具有笨重的躯体，胃里充满热量，

① 原意为“西风”。

易于整合作用的发生，另外它们能够很容易地摄取食物，而有钩爪的鸟类在摄食方面较为困难，因此鸽子类经常产卵。

体积较小的鸟类也频繁地交配，也是多产的，这点正像矮小的植物一样，因为本来用于增长体积的质料转移到精液性质的剩余物上了。亚得里亚家禽尤为多产，因为它们的体积很小，营养被用来生成子代了。再者，劣种鸟类比优种鸟类更为多产，因为其躯体更为潮湿，更为笨重，而优种鸟类则比较纤细，比较干燥，因为优种的精气更愿在这种躯体中产生。另外，腿部之细弱使劣种鸟类在本性上易于交配和多产，这种现象同样也存在于人类中，因为本来用于腿部的营养被转移到精液性质的剩余物上了，自然把从某一部位拿走的东西加到另一部位。有钩爪的鸟类恰好相反，它们具有强劲的足和丰厚的腿，这是由其生活方式所致。因此出于所有这些原因，它们既不频繁地交配，又不大量地产仔。红隼算是它们当中最多产的了，它几乎是唯一一种饮水的有钩爪的鸟类，其体内的水分和从体外获得的水分同自身内所存在的热量结合在一起，很利于精液的生成。但这种鸟并不产生许多卵，最多四个。

杜鹃尽管不是有钩爪的鸟，但只产生少量的卵，因为它具有冷的本性，这点由其胆怯可以表明，而充满精液的动物应当是热的和潮湿的。显然杜鹃是胆小的，因为它被所有其他鸟类所追逐，在其他鸟巢中产卵。

鸽子类中的多数习惯于产生两个卵，因为它们既不产生一个卵（除杜鹃外没有鸟产生一个卵，甚至杜鹃有时也产生两个卵），又不产生许多卵，而是经常产生两个卵，最多不过三个卵，多数情况下产生两个卵，因为这个数界于一和多之间。

事实表明，在多产鸟类中营养被转移到精液中了。大多数树木如果结果太多，收获后一旦营养不再保存其中就会枯萎，如豆类、谷物等一年生植物似乎具有这种状况。因为它们是多产种类，把营养全部用来生成种子。某些家禽当产下过量的卵（甚至一天两个）之后，就会因产卵过多而死亡。在这里鸟类和植物似乎变得完全枯竭，这是一种剩余物排放过多的状况。同样，这种状况也是狮子在后期阶段丧失生殖力的原因，第一胎产下五个或六个仔，第二胎产下四个仔，接下来是三个仔，一个仔，直到完全不产仔，这表明剩余物被耗尽，精液随着年岁而减少。

我们已经讨论了什么样的鸟类生产未受精卵，什么样的 750b
鸟类是多产的和非多产的以及出于何种原因。

如前所说，未受精卵的生成是由于在雌性中存在着生殖性质的质料，对于鸟类来说不像胎生有血动物那样排放月经。因为所有胎生有血动物都排放月经，有的数量多一些，有的数量少一些，有的数量恰好标识出自己属于排放月经的动物。正像鸟类那样，鱼类也没有月经的排放，在鱼类中也形成未经受精的胚胎，尽管不太明晰，这是因为其本性较冷。在鸟类中相当于胎生动物中月经排放的活动发生在适合于释放剩余物的恰当时间，由于膈周围充满热量，因此其胚胎在体积方面是完善的，但在生成方面如果离开了雄性的精液则是不完善的，这点在鸟类和鱼类中同样如此，原因以前业已说过。在善飞行的鸟类中并不产生未受精卵，原因和这种鸟类之所以不是多产的相同。因为在有钩爪的鸟类中剩余物稀少，它们需要雄性为剩余物的释放提供动力。未受精卵产生的数量多于受精卵，但未受精卵的体积较小，这两种情况出于同一种原因：体积较小是因为它的不完善性，数量较多是因为其体积较小，未受精卵吃起来不太可口，因为它未被充分整合，而经过整合的东西总是美味的。

通过观察我们已充分地认识到，无论是鸟类的卵还是鱼类的卵如果离开了雄性都不能在生成方面获得完善。至于在鱼类中在离开雄性的情况下形成的胚胎同样如此，这点尤其可以在淡水鱼中观察到。我们发现，有些这样的鱼类一开始就有卵，正像在《动物志》中所记录的那样。一般说来，在鸟类中未受精卵甚至不能充分获得生长发育，除非雌鸟不断地被交尾。原因在于正像同男性交配的女性使月经的排放减
751a
少那样（因为受热的子宫吸收液体，管道口是张开的），因此对于鸟类来说也是这样。相当于月经的剩余物一点一点地向前推进，并未排出体外，因为剩余物的数量不多，子宫高高在上位于膈附近，剩余物则是集聚于子宫本身之中。正如胎生动物的胚胎通过脐带生长，卵则通过由子宫流至它的剩余物生长。因为一旦雌鸟被交尾，它们全部几乎不间断地拥有

卵，尽管体积很小。因此某些人习惯于把卵说成是并非独立生成之物，只是先前受精的残片，但这种说法是错误的。我们充分观察到，在小鸡和小鹅中卵在未受精的情况下也会形成。被当做诱饵的雌性鹧鸪一旦嗅到雄性的气息或听到雄性的声音，未被交尾的便充满了卵，已被交尾的便孵化出卵。这种情况同在人类和四足动物中所发生的情况出于同样的原因，如果他们的躯体恰好处于兴奋状态，只要看一眼雌性或轻轻触摸一下雌性就会排精。上述鸟类在本性上倾向于频繁交配，拥有大量精液，因此当它们处于兴奋状态时排放精液所需的驱动力很小，排放活动可以迅即发生，未受精的形成未受精卵，业已受精的其卵迅即发育生长，获得完善。

在体外产卵的动物中，鸟类生产完善状态的卵，鱼类则生产非完善状态的卵。如前所说，鱼类的卵在母体外获得生长发育。因为鱼类是多产动物，大量的卵不可能在体内达到完善，因此它们体外产卵，其排放活动迅速发生，因为在体外卵生鱼类中子宫靠近生殖管道。

鸟类的卵是双色的，但所有鱼类的卵都是单色的。鸟类的卵为双色的原因可以从卵的每一部分即白和黄的特殊功能中发现，卵的质料由血液构成〔没有任何无血动物产卵〕，而血液正如以前所讲，乃是躯体的质料。卵的一部分即热的部 751b 分，接近生成之物的形式；而另一部分即土性元素较多的部分，则提供构成躯体的质料，该部分远离形式。因此在所有具有双色卵的动物中，子代由白获得生成第一本原（因为灵魂的本原寓于热的东西中），由黄获得营养。因此在本性较热的动物中，第一本原由之产生的部分和营养由之产生的部分区别开来，一为白，一为黄，白色的和纯净的部分总是多于黄色的和土性的部分；在那些水分较多，不太热的动物中卵中的黄较多、较潮湿，这种情况发生在栖息于沼泽中的鸟类那里，因为它们在本性上比陆生鸟类更潮湿、更冷，因此这类鸟的卵含有大量的所谓的黄，颜色并不太黄，因为白没有与其明显地分离出来；至于那些本性上是冷的、水分较多的卵生动物（此为鱼类），卵中的白完全没有分离出来，这是由于其较小的体积和大量的冷性和土性质料。因此所有鱼类的卵都是单色的，同黄色相比它是白色的，同白色相比它是黄色的。甚至鸟类的未受精卵也有颜色的区分，因为它们自身包含着每一部分由之产生的东西，即本原之所出和营养之所出，只是并非完善，需要雄性的介入，因为如果在一定时间内通过雄性的授精未受精卵才成为有生殖力的。颜色的区分并非因为两性的区别，好像白来自雄性，黄来自雌性，相反，两者都来自雌性，真正的差别在于一为冷，一为热。因此在存在着大量热性质料的地方，热性质料同冷性质料分离开来，如果热性质料太少则分离不会发生。如前所述，这就是鱼类的卵是单色的原因。雄性的精液只是使卵得以固定，因此鸟类的卵一开始显得白而小，随着发育完全变黄，更多的血液状物质不断地与之混合，最后因热性部分分离出来，白沿四周
752a 均匀分布，就像沸腾的液体。因为白在本性上是液态的，自

身包含着灵魂的热量，因此沿四周分离出来，而黄色的土性部分则在里面。如果我们把一些卵一起倒入囊状物或某种类似的容器，用火将之煮沸，使热量运动的速度并不快于卵中白和黄分离的速度，那么在这些卵的聚合体中所发生的情况同于在一个卵中黄位于中心、白环绕四周所发生的情况。

我们已经论述了为什么某些卵是单色的，而某些卵是双色的。

【2】　在卵中来自雄性的本原在卵同子宫的相接处，同其他部分分离开来，这说明双色卵之所以是不对称的，即不是完美的圆形，而是一端较为尖细，原因在于包含本原的白色部分必须同其他部分区分开来。因此卵的这一端比底部更为坚硬，因为本原必须得到遮盖和保护。这也是卵的较为尖细的一端比另一端晚一些产生的原因，因为同子宫相接的部分产出得较晚，卵在本原寓于其中的地方同子宫相接，本原在较为尖细的一端。这种情况同样存在于植物的种子中，种子的本原有时附着于嫩枝，有时附着于外壳，有时附着于果皮。这点明显地存在于豆类植物中，豆类及类似植物的种子固定在两片子叶相交之处，这里是种子的本原之所在。

人们或许就卵的生长还会提出疑问。它是以什么方式由子宫获得生长的？如果动物通过脐带获取营养，那么卵通过什么途径获取营养？它不像蛴螬那样通过自身而生长。如果存在着某种东西，卵由之附着于子宫之上，那么当卵完善后这种东西又怎样了呢？它并不是随卵一起长出，就像脐带随动物长出那样，因为当卵达到完善时卵壳形成于四周。这个问题提得正确，但没有注意到卵壳一开始只是一种柔软的膜，直到卵完善后才变得坚硬和易碎。卵壳混合得如此精细，以至于刚刚长出时还是柔软的（否则在生产时会引起痛苦），一离开母体就因冷却而凝固，由于水分很少因而迅即蒸发，土性部分保留下来。最初这种膜的一部分即卵的尖细一端相似于脐带，在卵很小的时候像管道一样凸出。这点在较小的流产的卵中明晰可见。如果雌鸟被水浸泡，或以其他什么方式受寒便立即早产，其卵呈血液状，有一小尾巴像脐带那样穿越其中。随着卵的体积增大，这个小尾巴更加卷曲，变得更小。当卵达到完善时这一终端即为卵的尖细一端。在其之下是内在的膜，由它将白和黄区分开来。当卵完善后，整个卵脱离出来，类似于脐带的东西理所当然地见不到了，因为它成为卵本身的终端。

卵和胎生动物的子代以相反的方式产出。后者首先产出头和本原，卵似乎首先产生出足。原因业已说过，这是由于卵在本原寓于其中的部位同子宫相接。

鸟从卵中生成乃是借助母鸟的孵化和参与整合完成的，鸟从卵的一部分中分离出来，从剩下的另一部分中获得生长和完善。因为自然在卵中既提供了动物的质料，又为其生长提供了充足的营养。既然母鸟不能在自身内使其子代达到完善，因此当它产卵时也在卵中产生营养。至于胎生动物的营养，所谓的乳汁，则在另一部分即乳房中产生，但自然在卵中为鸟类创制营养。事实同人们所认为的以及克罗顿的阿尔克迈翁所说的相反，并非卵中的白为乳汁，而是黄为乳汁，因为正是黄成为幼鸟的营养，人们猜想白是乳汁乃是根据两者颜色的相似性。

如前所述，幼鸟通过母鸟的孵化产生。如果气候宜人，或者如果产卵的场所恰好比较温暖，鸟类的卵以及卵生四足类的卵就会得以整合。因为所有四足类都在地上产卵，其卵可以借助于土中的热量进行整合，卵生四足类坐在产出的卵上监视着它们，这样做是为了保护它们，并非为了其他目的。

四足类的卵和鸟类的卵以相同的方式生成。它们也有坚 753a
硬的卵壳，也是双色的，和鸟类的卵那样形成于膈附近，在外部和内部的各个方面都呈现出相似性，因此对其原因的研究可以举一反三。然而四足类的卵因比较强劲，只靠气候的热量就可以得到充分整合，鸟类的卵因脆弱易损，需要母鸟本身的热量和保护。自然似乎愿意将关心照料子代的感觉置于动物中。在较为低级的动物那里这种感觉只持续到生产之时，在其他动物那里则持续到子代达到完善之时。在那些比较有理智的动物中这种感觉持续到哺育完毕。那些最富有理智的动物，如人类和某些四足类，在其子代达到完善之后仍然表现出亲昵和爱抚。对于鸟类，其舐犊之情直到生出幼鸟并将之养大。因此如果母鸟产卵后并不孵化，那它必定处于极坏状态，似乎被剥夺了某种天性。

当天气温暖时幼鸟在卵中迅速得以完善，因为温暖的天气参与了活动，整合就是一种热的运动。另外土以其自身的热量参与了整合活动，坐窝的母鸟也是如此，它将自己的热量传入卵中。在炎热的季节卵更容易变质，更容易产出所谓的 ouria[1]，这是有道理的。因为正像酒在热天因沉淀物被搅拌而变酸一样（这是酒变质的原因），卵中的黄同样如此，沉淀物和黄都为土性部分，因此当沉淀物与酒混合时酒变混浊，那些因黄之缘故正在变质的卵也变混浊。这种情况发生在多产鸟类中是合乎道理的，因为要给所有的卵提供恰当的热量并不容易。有的得到的热量太少，有的得到的太多，过多的热量使卵混浊，这点似乎是由腐败引起的。这种情况同样发生在有钩爪的鸟类中，尽管它们只产几个卵。通常两个卵中的一个要腐烂，第三个总要腐烂。它们具有热的本性，可以致使卵中的液体像开水一样沸腾。黄和白在本性上是相反的。
753b 黄在严寒气候下冻结，当受热时变为液体，因此当黄被土中的热量或孵化作用整合时就会液体化，这种状态的黄成为正在形成的子代的营养。当受到火的烧烤黄不会变硬，因为其本性正像蜡块一样是土性的。因此当受热过多卵就会成为浆液状的，而且变质腐化〔除非它们来自液态剩余物〕[2]。白恰恰相反，遇冷不会冻结，而会变为液体（原因业已解释），受

① 根据《动物志》560a5，这是一种夏天产的未受精卵。

② 括号内的似乎是误抄句。

热则变为固体。因此在子代的生成过程中当白被整合时变得浓厚。动物正是由白形成，而黄则成为动物的营养，各个阶段形成的部分由之获得生长发育。由于本性不同，白和黄被膜分离开来。有关它们在生成过程的初期阶段和在动物的形成时期所具有的相互关系的精确详尽描述，以及有关膜和脐带的论述，应参阅《动物志》中的记录。对于目前的研究来说，我们应充分理解下列问题，即当心脏最初形成，大血管由之分化出来之后，两条脐带从大血管伸展出来，一条通至黄四周的膜，另一条通至包围着整个卵的绒毛膜状的膜，后者环绕着卵壳内膜。胚胎通过其中的一条从黄中摄取营养，黄逐渐增大，由于受热黄更为液态化。这是因为作为有形的营养物必须成为液态的，这点正像植物那样，正在形成的胚胎无论在卵中还是在子宫中，最初都像植物那样生活，因为其最初的生长和营养乃是通过附着于他物获得的。另一条脐带通至环绕胚胎的绒毛膜。在卵生动物中，当胚胎在母体内时，我们应当把它同黄的关系理解为胎生动物的胚胎同母体的关系。因为卵生动物的胚胎的营养不能在母体内完成，胚胎从母体带走一部分营养；另外还应当把它同最外面的膜，即呈血液状的膜的关系理解为胎生动物的胚胎同子宫的关系。
再者，卵壳将黄和绒毛膜包围起来，其作用相当于子宫，好 754a
像把胚胎和整个母体都包围在内。这是因为胚胎必须在子宫中，并附着于母体。在胎生动物中子宫位于母体内，但在卵生动物中情况不是这样，似乎可以说母体位于子宫内，因为来自母体的东西〔营养〕是黄。原因在于营养过程在母体内不能完成。

随着胚胎的发育生长，通至绒毛膜的脐带最早折叠收缩起来，因为正是在这里子代破壳而出。剩下的黄和通至黄的脐带晚一些折叠收缩起来，因为子代刚刚出壳时必须具有营养，它既不能被母亲所喂养，又不能靠自己直接摄取营养。因此黄同脐带一起进入子代内，而且肉环绕着黄生长出来。

这就是在由完善的卵生成的动物中，那些产出硬壳卵的鸟类和四足类的生成方式。上述种种特征在体积较大的动物中较为明显，在体积较小的动物中不太明晰，因为其体积过小。

【3】 鱼类也是一种卵生动物。那些子宫位于腹下的鱼类产生不完善的卵，原因业已说过。除了一种叫鮟鱇的鱼之外，所谓的鲨类都在体内产生完善的卵，但在体外产生活的动物。鮟鱇是唯一一种在体外产生完善的卵的鲨类，原因在于其躯体的本性，因为它的头比躯体的其他部分大几倍，而且是多刺的，非常粗糙。这就是它一开始不把子代活着产生的原因，也是子代产生后不能重新进入母体的原因①。因为其头部的体积和粗糙阻碍了子代的进入，同时也阻碍了子代的产出。鲨类的卵是软壳的（因为此类动物的本性是冷的，不

① 有些鲨类的子代有一种游进亲本的嘴中寻求保护的本性。

能使卵的周边坚硬和干燥），只有鲛鳒的卵是坚实的，这是为了在体外可以受到保护。其他鲨类的卵在本性上是液态和柔软的，因为它们在母体内，受到母体的保护。 754b

对于体外完善的鲛鳒和体内完善的其他鲨类，子代由卵生成是相同的。但后者和鸟类的生成方式部分相似，部分不相似。首先鲨类缺少通至卵壳内侧绒毛膜的第二条脐带，原因在于它们没有环绕着卵的外壳，因为对它们来说卵壳是无用的，母体可以提供保护。而对那些产在体外的卵来说，卵壳成为一种防护物，以免受到外来的伤害。其次，鲨类的生成也从卵的表层开始，但不是在卵同子宫的相接处。鸟类由卵的尖细一端生成，此处正是卵附着于子宫的地方。原因在于鸟类的卵乃是同子宫分离开来的，但绝大部分，尽管不是全部鲨类的卵在成熟后仍然附着于子宫。当鲨类的子代由卵的表层生成时，卵被消耗（这点正像鸟类的卵和其他从子宫脱离出来的卵那样），最后子代借以取得完善的脐带依然附着于子宫。那些卵由子宫脱离出来的鲨类也有类似的特征，有些鲨类的卵一经完善就脱离出来。

人们或许要问，为什么在这个方面鸟类同鱼类的生成方式互不相同。原因在于在鸟类的卵中白和黄是分离开来的，而鱼类的卵是单色的，其成分被整个地混同起来，因此没有任何东西可以妨碍本原位于相反的一端，因为卵的附着于子宫的一端和相反的另一端在本性上相同，而借助于由本原伸展出来的管道从子宫摄取营养比较容易。这点明显地存在于那些不脱离出来的卵中，因为某些鲨类的卵不从子宫中脱离出来，当子宫下倾以产生活的子代时，卵依然同子宫相连。当卵被耗尽时，获得完善的子代仍通过脐带与子宫相连。因此显然，在子代还被包围在卵中的早期阶段，管道通至子宫。如前所述，这种情况发生在光滑的角鲨或星鲨中。

在这些方面，根据上述原因，鱼类的生成方式同鸟类的区别开来，但在其他方面则按相同的方式发生。鱼类具有一
755a 条脐带，正像鸟类的那条同卵黄相接的脐带一样，只是鱼类的脐带同整个卵相接（因为鱼卵没有白与黄之分，完全是一种颜色），并借助这条脐带获取营养。也像鸟类一样，当卵被耗尽时肉占有了脐带，环绕脐带生长出来。

这就是那些在体内产生完善卵，在体外产出活子代的鱼类的生成方式。

【4】 绝大多数的其他鱼类都为体外卵生动物，都产生不完善的卵，除鮟鱇之外。这个例外的原因业已说过，其他鱼类之所以产生不完善的卵的原因也已解释。这些鱼类除了生长迅速，一开始体积较小，卵的外部边缘较硬之外，在由卵生成的方式上相同于那些体内卵生的鲨类。卵的生长相似于蛴螬，因为那些产生蛴螬的动物最初生出某种很小的东西，这种东西自我生长，并不借助任何附着于母体的手段。卵生长的原因正像酵母发酵的原因，因为酵母也由一开始较小的体积逐渐增大，因为更多的干燥部分变得潮湿，而潮湿部分

变成气态。在动物中灵魂的热量的本性发生活动，在酵母中与之混合的液汁的热量发生活动。因此，卵根据这种原因必然生长（因为卵具有酵母性质的剩余物），另外卵的生长还在于为了某种更好的目的，因为这种动物具有多产的习性，其卵在子宫中不可能获得充分全面的发育。这就是卵在刚刚排出时很小，但迅速生长的原因。小是因为子宫没有开阔的空间来容纳大量的卵，生长迅速是为了避免种类的毁灭，如果在生成过程中过多的时间用在卵的发育生长上就会发生这种情况。即便生长迅速，大部分排出的卵也会被毁灭。因此鱼类是多产的，因为自然用数量来补偿毁灭。还有一些鱼类如所谓的海龙类[①]，因其卵的体积大而胀裂，这种鱼类的卵不是多而是大，因为自然在这里减其数量，增其体积。

我们已经论述了此类卵的生长发育及其原因。

【5】　这些鱼类同其他鱼类一样也为卵生的，其证据在 755b
于甚至像鲨鱼这样的胎生鱼类最初也在体内产卵，因为显然整个鱼类都为卵生动物。然而，在存在着雄雌两性，卵由受精产生的鱼类那里，如果雄性不把精液撒播在卵上面，卵是不会达到完善的。有人错误地声称，除了鲨类所有鱼类都为雌性，因为他们认为雌性区别于被人们所想象的雄性正像在橄榄、胡颓子、无花果和野生无花果这样的植物中某棵是结

① belonee，如海马。

果的，另一棵是不结果的。他们相信同样的情况也存在于所有鱼类中，但鲨类例外，因为他们对鲨类的两性差异没有争议。然而事实上在性器官方面雄性鲨类和雄性卵生鱼类没有什么区别，人们可以看到在合适的季节精液从两类雄性中流溢出来。另外雌性鱼类具有子宫。但如果整个鱼类都为雌性，并且某些是不能发育的，那么不仅产卵的鱼类应当具有子宫，而且所有其他鱼类也应当具有，只是后者的子宫应当不同于前者。但事实上某些具有子宫，某些则具有输精器官，这种区别存在于除红肉鱼类和鲻类之外的所有鱼类中。如果我们倾听事实，那么使这些人提出这种观点的疑难就会迎刃而解。他们承认所有进行交配的动物无一是多产的，这点是正确的，因为任何本身由完善的动物或完善的卵生成的动物都不像卵生鱼类那样多产，卵生鱼类的卵数目众多。然而他们忽视了一个事实，即鱼类的卵在活动方式上不同于鸟类的卵。鸟类，卵生四足类，或许还有某种卵生鲨类[1]，它们都产生完善的卵，卵一旦离开亲本就不再生长；但鱼类产生不完善的卵，当卵离开亲本后还要生长。再者，同样的情况也发生在头足类和甲壳类那里，人们可以看到这些动物的交配活动，因为其交配持续的时间很长，显然在这种情况下一为雄性，一为具有子宫的雌性。如果雌雄两性的区分并不存在于整个卵生
756a 动物中，正像存在于所有胎生动物中那样，就会成为相当不可

① 指鮟鱇。

思议的事。之所以有人提出上述错误观点，其原因在于他们无视动物交配方式的差异，无视各种动物的生成是多种多样的，是不太显明的，他们把研究建立在少数几个事例上，认为所有事例都应当同样如此。

有人声称雌性鱼类怀孕乃是吞食雄性的精液之结果，当他们谈论这个问题时忽视了些许事实，因为雄性有精液和雌性有卵几乎发生在一年的同一时间，雌性产卵越稠密，雄性的精液量就越多，精液的流动性就越大。正像雄性中精液的生长和雌性中的卵的生长是同时发生的，两者的排放也是同时发生的，雌性并不一次产完所有的卵，而是一次一点，雄性也并非把所有的精液一次排空。所有这些事实的发生都是合乎道理的。因为正像鸟类有时具有为数不多的未受精卵，而大多数卵都是受精之结果，因此同样的现象也发生在鱼类那里，但程度较低。在这两类动物中这些偶发性的卵是无生育能力的，除非（在有雄性存在的种类中）雄性将精液撒播其上。对鸟类来说，这个活动必须发生在卵位于母体内的时候，因为卵一旦排出就是完善的。但对鱼类来说，因为其卵是不完善的，在所有情况下都要在母体外获得生长发育，因此，即便其卵是由受精产生的，那些幸存下来的还是在母体外被精液撒播其上的卵，雄性的精液全部用在这里。因此精液量的减少同雌性产卵的消失发生在同一时间，因为雄性总是尾随着卵，当卵产出时将精液撒播其上。鱼类有雌有雄，除了那些无两性差别的种类外都进行交配，没有雄性的精液就不会有任何鱼类的生成。

致使那些人得出错误结论的另一事实在于卵生鱼类进行交配的时间较短，因而许多渔夫甚至从未看到过它们的交配，当然没有渔夫为求知而去观察此类事情。但它们的交配的确已被人们观察到，因为鱼类（当尾部不造成影响时）像
756b 海豚那样通过相互并行进行交配。但海豚用以解脱的时间较长，而卵生鱼类则较为迅速。渔夫并未注意到这件事实，却看见雌性吞食精液和卵，因而人云亦云，重述着寓言家希罗多德编织的同一个古老而愚蠢的传说，似乎鱼类通过吞食精液而受孕，并未考虑这是不可能的。因为管道由嘴通至肠，并非通至子宫，而进入肠道中的东西必然转化为营养，因为经过了整合。然而子宫里显然充满了卵，这些卵是从哪里进入子宫的?

【6】 有关鸟类的生成也存在着同样的传说。有人声称渡鸦和鹮用嘴交配，四足动物中的鼬鼠用嘴产生子代。阿那克萨戈拉以及某些其他自然哲学家如此声称，他们的言辞简单肤浅，缺乏深入思考研究。就鸟类而言，他们陷入了一个错误的推理，因为渡鸦的交配很少被人们目击，嘴对嘴相互结合却经常可见，整个渡鸦种类都有这种习性，这点显然也存在于家养寒鸦那里。鸽子类也有这种习性，但它们的交配活动明显可见，因而没有关于它们的同样的古老传说。渡鸦类性欲不太强烈，它们是产卵较少的鸟类，但人们还是可以

看到这种鸟类的交配活动。然而，令人奇怪的是那些自然哲学家并未推断，精液如何通过肠道进入子宫，因为肠道整合所有进入其内的东西，如营养。此外这些鸟类也像其他鸟类一样具有子宫，卵明显地位于膈周围。像其他四足动物，鼬鼠也有同样的子宫，胚胎通过什么途径由子宫到嘴？造成这种看法的原因在于鼬鼠的子代像我们以后将要讲到的其他裂蹄动物那样体积很小，它们经常被亲本衔在嘴里四处运动。

还有另外一个有关 trokhos 和鬣狗的愚蠢而极为错误的 757a
传说。许多人声称鬣狗具有两个阴部，一为雄性的，一为雌性的，赫拉克利亚的希洛多鲁（Herodoros）则声称 trokhos 具有这种特征。这些人声称 trokhos 自我授精，而鬣狗隔年进行交配和被交配。然而，在某些地区有很多机会来检验这个说法，人们看到鬣狗只有一个阴部，在尾部下面有一条类似于雌性阴部的线条。雄性和雌性鬣狗都有这个表征，但由于人们可以经常捕捉到雄性，粗略随意的观察造成了上述错误判断。有关该问题已论述得很充分了。

【7】　至于鱼类的生成人们或许还会提出疑问，为什么在鲨类中既看不到雌性产出胚胎，也看不到雄性排放精液，而在非胎生鱼类中既能看到雌性产卵，又能看到雄性排放精液。原因在于鲨类的子宫靠近膈附近。当然一种鱼类的雄性有别于另一种鱼类的雄性，雌性也是如此。鲨类产出的精液量较少。但在卵生鱼类中雄性排精正如雌性产卵，各按其众多的

数量进行。雄性拥有的精液量远远多于用来交配的数量，因为当雌性产卵后自然喜欢把精液用在帮助卵的发育完善上面，而不愿用在卵的最初形成上面。正如在以前和最近的讨论中所说，鸟类的卵在体内完善，鱼类的卵则在体外完善。在生成方式上鱼类相似于生产蛴螬的动物，因为后者产出更不完善的胚胎。对于鸟类的卵和鱼类的卵两者来说，正是雄性使之完善。在鸟类那里这种活动在体内完成，因为鸟类的卵在体内完善；在鱼类那里则在体外完成，因为当卵排出时是不完善的，但在两者那里结果是一样的。

757b 在鸟类中未受精卵变为有生殖力的〔仅当雌鸟被雄鸟交尾〕①，而且先前被一种雄性所授精的卵在本性上变为后来进行授精的雄性。如果同一只雄鸟在停止同雌鸟交尾一段时间后，卵并未因之而生长，那么当它重新进行交尾时就会使卵迅即获得生长发育。然而这种活动不能在任一时间发生，交尾必须在白与黄开始分离从而引起卵的变化之前发生。但对于鱼类的卵来说，就没有这种时间的限定，为了确保卵的健全发育雄性迅速将精液撒播其上。原因在于鱼类的卵不是双色的，因而不像鸟类的卵那样具有时间上的限定。这种状况是合乎道理的，因为当白与黄相互分离时鸟类的卵已经包含了来自雄性的本原，雄性提供了这种本原。

未受精卵获得生成能力是可能的，但它们完善到足以产

① 该句意思不完整，〔 〕号内文字系译者所加。

生动物的程度则是不可能的，因为动物需要感觉功能。然而正如以前多次提到的，灵魂的营养功能既为雌性所拥有，又为雄性所拥有，实际上为所有生命所拥有，因此卵本身作为植物的胚胎是完善的，但作为动物的胚胎就是不完善的。如果在鸟类中没有雄性存在，那么其卵就会像在某些鱼类中那样被产生出来，假定存在着某些可以离开雄性进行生成的鱼类。然而有关这种现象正如以前所述，我们尚缺少充分的观察。既然雄雌两性存在于所有鸟类中，因而未受精卵作为植物而言是完善的（这就是受精后不再变化的原因），作为动物而言尚未完善，没有任何其他东西由之产生，因为它既不像植物那样简单而直接地生成，又不像动物那样通过交配生成。然而，至于那些由交配产生的而且业已分化为白和黄的卵，它们根据最早进行授精的雄性生成，因为它们已经具有了两种本原①。

【8】　诸如乌贼等等的头足类动物和螯虾以及相似于螯虾的甲壳类动物都以相同的方式产生子代，因为它们也由交配产卵，雄性同雌性之间的交配可以经常看到。由此可见，那些声称所有鱼类都为雌性，都可以不通过交配产卵的人显 758a
然缺少由探究所获得的知识。因为承认头足类和甲壳类由交配产卵，却又认为鱼类并非由交配产卵，这是多么令人惊奇的

① 指营养灵魂和感觉灵魂。

事。再者，如果他们不了解头足类和甲壳类通过交配产卵，这恰恰表明他们的无知。所有这些动物用于交配的时间较长，这点正像昆虫一样，这是合乎情理的，因为它们是无血动物，具有冷的本性。

在乌贼和枪鲗中卵似乎有两个，因为它们的子宫被分割开来，好像有两半。但章鱼的卵似乎只有一个，因为其子宫呈圆球状，当卵充满其中时裂痕并不明晰。螯虾的子宫也是双重的。所有这些动物也像鱼类那样，出于相同的原因产出不完善的卵。螯虾种类的雌性使其产生的卵靠近自身，雌性比雄性拥有更大的周边覆盖物，目的在于保护卵的发育。头足类产出的卵远离自身。正像雄性鱼类向卵撒播精液一样，雄性头足类也向雌性撒播精液，其精液为连续的、胶着状物质。但在螯虾那里看不到此类现象，发生此类现象是不合理的，因为螯虾的卵在雌性躯体下面，且有坚硬的外壳。螯虾和头足类的卵在体外获得生长发育，这点和鱼类的卵一样。

正在生成的乌贼通过躯体前部附着于卵，这是唯一可能的部位，因为只有在这种动物中前后部分的方向是相同的。至于正在生成的子代的位置和姿态应参阅《动物志》。

【9】 我们已经讲过了那些行走的、飞翔的和游泳的动物的生成方式。按照既定的顺序，必须讨论的还有昆虫类和有壳虫类。我们首先从昆虫类开始。

以前讲过，某些昆虫是由交配生成的，某些则是自发生成的，此外还讲过它们都产生蛴螬以及出于何种原因。在某种意义上所有动物似乎都在最初阶段产生蛴螬，因为最不完善的胚胎即是蛴螬性质的东西。在所有胎生动物和所有产生完善的卵的卵生动物中，胚胎一开始尚未分化出各部分，要不断获得生长发育，这正是蛴螬之本性。之后，某些卵生动物产生完善的卵，某些则产生不完善的卵，其卵在母体外达到完善，这点正像我们在讨论鱼类时多次讲到的那样。在那 758b
些体内胎生动物中，当胚胎最初形成后，在某种意义上是一种卵状物，体液包裹在精致的膜中，很像去掉卵壳的卵，这就是人们之所以把该阶段胚胎的流产称为“流出”的原因。

那些能生成的昆虫产出蛴螬。那些并非通过交配，而是自发生成的昆虫最初也由这种生命形成。因为毛虫和蜘蛛的产物必须被视为某种形式的蛴螬。某些此类东西以及许多其他昆虫的产物因其圆的外形或许被认为相似于卵，但我们一定不能通过外形或通过外表的软硬来作判断（因为某些此类动物的胚胎是硬的），而要通过下述事实进行判断，即此类东西的整体发生变更，动物由整个而非部分此类东西生成。所有这些蛴螬性质的东西在经过生长发育，达到体态完整之后成为某种卵状物：外壳变硬，在此阶段保持静止不动。这点在蜜蜂和黄蜂的蛴螬那里，在毛虫那里明晰可见。原因在于其本性是不完善的，因而好像在某个确定时刻之前产卵，这点表明处于生长过程中的蛴螬似乎是一种柔软的卵。相似的状况也存在于所有其他并非通过交配，自发生成于羊毛、羊毛状物质和水中的昆虫那里。因为所有这些昆虫在经过蛴螬阶段之后变为不动的，外壳表面变得干燥。此后，外壳裂开，从中产出第三阶段完善的动物，正像从卵中产出那样。在这些昆虫中有翼的种类多于行走的种类。

另一种现象或许会使许多人感到奇怪，但却是合乎情理的。即毛虫最初摄取营养，之后便停止这种活动，成为某种所谓的静止不动的蝶蛹。黄蜂和蜜蜂的蛴螬也是这样，经过摄食阶段之后变成所谓的蛹。卵同样具有这种本性，一旦达到完善就不再生长，但最初要生长并获取营养，直到分化出各部分，成为完善的卵。某些蛴螬自身内包含着赖以生存的
759a 质料，由之产生剩余物，例如蜜蜂和黄蜂的蛴螬。还有一些蛴螬从外部获取养料，如毛虫以及其他种类的蛴螬。

我们已经谈论了为什么昆虫这种动物的生成要经过三个阶段，出于何种原因由运动的变为不动的。再者，某些昆虫正像鸟类、胎生动物和大多数鱼类那样是通过交配生成的，另一些昆虫则像某些植物那样是自发生成的。

【10】 在蜜蜂的生成问题上存在着很多疑问。如果某些鱼类是不通过交配生成的，那么从表象上看，同样的情况也可能发生在蜜蜂那里。因为蜜蜂或必然从外面什么地方得到子代，正像某些人所认为的那样，如果这样的话，子代要么是自发生成的，要么是由其他动物生成的；或必然自己生成子代；或必然从外面得到某些子代，自己生成某些子代，因

为这也是某些人所持有的看法，他们声称唯有雄蜂的子代是从外面得来的。再者，如果蜜蜂自己生成子代，那么或必然通过交配，或必然不通过交配；如果通过交配，那么或必然每种生成自己的同种，或必然三种中之一生成其他各种，或必然一种同另一种进行交配。我指的是或工蜂由工蜂之间的交配生成，雄蜂由雄蜂之间的交配生成，蜂王由蜂王之间的交配生成；或所有其他几种都由一种即所谓的蜂王或“领袖”生成；或都由雄蜂和工蜂交配生成（因为有人说前者为雄，后者为雌，而另有人说后者为雄，前者为雌）。

然而，一方面根据发生在蜜蜂身上的特殊事实推断，另一方面根据存在于其他动物中的一般性事实推断，所有上述观点都是不可能的。因为如果蜜蜂并不自己生成子代，而是从其他什么地方获得子代，那么在这种情况下其子代也应当是被生成的，即使蜜蜂并没有把子代的种子从找到它们的地方带走。因为既然种子被带走子代便产生出来，那为什么种子留在原处就不能产生子代呢？子代应当是被生成的，不管种子是自发产生于花层中还是由其他动物产生。再者，如果种子是某种其他动物的种子，那么那种动物就应当由种子而非蜜蜂产生。另外，蜜蜂应当采集蜂蜜，这是合理的，因为蜂蜜是它们的食物。然而它们要采集既非自己所生，又非食物的子代却是荒唐的。它们为什么要这样做呢？因为所有关心子代的动物都为看起来属于自己的子代而忙碌劳作。

认为工蜂为雌，雄蜂为雄的观点也是没有根据的。因为 759b

自然不会把防卫武器赋予任何雌性，而雄蜂是无刺的，所有工蜂都有刺。相反的看法即工蜂为雄，雄蜂为雌也是没有道理的，因为无任何雄性会为子代而忙碌辛苦，事实上工蜂却是如此。一般说来，既然雄蜂的幼虫甚至可以在雄蜂不存在的情况下产生出来，而工蜂的幼虫如果离开了蜂王便不能生成（这即是某些人声称雄蜂的子代是唯一从外面获得的原因），那么显然，它们不是通过交配生成的，既不是由工蜂与工蜂的交配生成，也不是由雄蜂与雄蜂的交配生成，也不是由工蜂与雄蜂的交配生成。所谓雄蜂是唯一从外面获得的是不可能的，原因除了前面提及的之外还在于如果同样的情况不发生在蜜蜂的所有种类中也是不合理的。再者，某些工蜂本身为雄，某些工蜂为雌也不可能，因为在所有动物中雄雌两性有所差别。如果这样的话，工蜂就会由自身生成工蜂，然而事实上正像某些人所说的那样，如果蜂王不在其中，显然工蜂的幼虫是不会生成的。同这两种观点即雄蜂和工蜂分别由自己的同种交配生成，或由两个种相互交配生成相反的看法是：雄蜂和工蜂从未被发现进行交配活动，假如在它们中间有雄有雌，交配活动或许会经常发生。如果要假定它们是通过交配生成的，那么剩下的可能性在于蜂王进行交配，因而产生了它们。但正如我们看到的那样，雄蜂甚至可以在没有“领袖”存在其中的情况下得以生成。工蜂也不可能从外面获得雄蜂的幼虫或通过自身交配生成雄蜂，显然剩下的唯一可能性乃是工蜂在不通过交配的情况下生成雄蜂，正像我们在某些鱼类那里发现的那样。就生成能力而言工蜂作为雌性，但又像植物一样自身包含着雄性和雌性。因而它们也具备防卫器官，因为我们不应把雄性尚未分离出来的动物称为雌性。

如果在雄蜂生成问题上事实如此，即它们并非通过交配生成，那么同样的解释必然也适合于工蜂和蜂王的生成，它们也必定不是通过交配生成的。假如工蜂的幼虫被发现可以离开蜂王而生成，那么工蜂也就必然是由工蜂本身在不通过 760a 交配的情况下产生的，然而其职责在于监护工蜂的蜂王的存在否定了这个假设，因此剩下的唯一可能性是蜂王生成了自身种类，也生成了工蜂。

由于蜜蜂是一种特殊而不平常的动物，因而其生成方式也显得极为特殊。蜜蜂不通过交配进行生成或许类似于某些其他动物的行为，然而它可以生成不同种类却是独一无二的，因为即便是红肉鱼类和鮨类也生成自己的同种。原因在于蜜蜂本身并不像苍蝇及其类似的昆虫那样生成，而是来自既不相同又近似的种类，因为它们由“领袖”生成。因此其生成方式具有一定的类似性。〔因为“领袖”在体积上相似于雄蜂，在有刺上则相似于工蜂，因而工蜂在这个方面相似于“领袖”，但雄蜂在体积方面相似于“领袖”。〕因为三个种类必然不会完全一致，否则每种总要生成自己的同种，但这是不可能的，因为这样一来全部都成为“领袖”了。因此工蜂在生成能力上相似于“领袖”，而雄蜂在体积上相似于“领袖”。

〔如果雄蜂也具有刺，就会成为“领袖”，但存在着困难，因为“领袖”同时相似于两者，在有刺方面相似于工蜂，在体积方面相似于雄蜂。〕但“领袖”也必须由某种东西生成。既然它不是由工蜂，也不是由雄蜂生成，那它必然由自己的同种生成。〔其巢室最晚形成，且数目不多。〕因而结果是：“领袖”生成自己的同种，也生成另一种类即工蜂；而工蜂生成另一种类即雄蜂，但不生成自己的种类，它被剥夺了生成自身的功能。既然合乎自然的东西总具有一定的秩序，因此雄蜂必然被剥夺了生成其他种类的功能。事实表明如此，雄蜂本身是被生成的，但它不生成任何其他种类，生成过程在第三阶段已达到了极限。自然的安排如此之美妙完善，三个种类总是连续存在，无一间断，尽管并非全部都能生成。〔另外
760b 一个事实也是合乎情理的。在风和日丽的季节大量的蜂蜜被采集起来，大量的雄蜂被产生出来，但在多雨季节大量的一般工蜂被产生出来。因为潮湿的气候使较多的剩余物在“领袖”体内形成，而阳光充足的气候使较多的剩余物在工蜂体内形成，由于它们的体积较小，更需要好的气候条件。〕此外下述事实也是正确的，即作为生来就是为了产生子代的蜂王应当留在室内，避免必然性的辛苦劳作，再者其体积应当较大，因为其躯体生来就是为了养育子代的；雄蜂应当较为懒散无用，因为它们没有用于保护食物的武器，还因为其躯体的迟缓性。然而工蜂界于两者之间，这有利于它们的工作，它们是养育子代和供给亲本的劳作者。还有其他事实符合我们

的看法：工蜂侍候蜂王，这是因为它们由蜂王生成〔如果不是这样的话，蜂王的领袖地位就是不合理的了〕，它们使作为其父的“领袖”无活可做，使作为其子的雄蜂得到惩罚，因为地位高贵者和无活可做者惩罚其子。少数“领袖”生成大量工蜂这一事实似乎类似于狮子的生成。狮子最初生成五个子代，之后每次减少，最后只有一个，直至完全没有。因此“领袖”最初产生大量的工蜂，以后产生为数不多的自己的同种。后者的数量少于前者，但自然通过增加其体积以补偿数量的减少。

从理论和信以为真的事实出发，上述观点似乎是有关蜜蜂生成方式的真实描述。然而事实本身尚未被充分把握。如果何时被充分把握，那么证据必须诉诸感觉经验甚于诉诸理论论证。理论论证仅当它所表明的结果同所观察的事实一致。

〔另外一个表明蜜蜂并非通过交配生成的证据在于其幼虫在蜂房中显得很少，而那些由交配生成的昆虫用于交配的时间很长，并迅即产出具有蛴螬本性的和具有相当体积的子 761a
代。〕

至于那些接近于蜜蜂的动物的生成方式，如大黄蜂和黄蜂，在某种程度上全都具有相似性，然而缺少蜜蜂所具备的独特性。这是合理的，因为它们没有蜜蜂那样的神圣性。虽然所谓的“母亲”的确可以进行生成，并构建蜂房的最原初的部分，但它们是通过交配进行生成的，因为其交配活动可以经常被发现。有关这些种类之间的差异以及它们同蜜蜂之间的差异，应参阅《动物志》中的记录。

我们已经描述了所有昆虫的生成方式，接下来必须讨论有壳虫类。

【11】 这些动物的生成活动部分相似于、部分不相似于其他动物。这是合乎道理的，因为与动物相比它们相似于植物，与植物相比它们则相似于动物，因而在某种意义上它们由精液生成，在某种意义上则并非由精液生成；在一种意义上它们是自发生成的，在另一种意义上是由自身生成的；或者某些是自发生成的，某些是由自身生成的。由于有壳虫类具有同植物相对的本性，因而没有或很少一部分在土中生成，例如蜗牛以及类似的其他少数种类，多数种类都生活在海洋以及类似的水域中，但植物很少或可以说没有一种生活于海洋以及类似的地方，所有的种类都在土中生长。因为植物和有壳虫类之间具有一定的可类比性，因为液体比固体，水比土具有更多的维系生命的能力，因此有壳虫类的本性区别于植物，有壳虫类在目的上同水的关系正如植物同土的关系，植物似乎是陆生的有壳虫类，而有壳虫类则是水生的植物。

因此，水生的有壳虫类比陆生的在形式上更复杂多样。因为液态在本性上比土的可塑性更强，其物质成分也并不过少。对于海生类更是如此，因为尽管淡水甜而具有营养，但
761b 物质成分较少，而且水温较低。这就是那些无血的、在本性上无热量的动物既不在湖泊，也不在咸水中的淡水流生成的原因，

这点很少有例外。然而有壳虫类、头足类和甲壳类所有这些无血的，本性上无热量的动物却在港湾和河口处生成。原因在于它们同时寻找温暖和食物。海洋不仅是液态的，而且比淡水拥有更多的物质成分，在本性上是热的。它分有整个宇宙的所有成分，即水、气和土，因而它也分有靠这些成分生成的所有生命。因为植物可归为土，水生动物可归为水，陆生动物可归为气，但量上的多与少，运动的远与近造成它们之间的巨大差异。至于第四种生命，我们不应在这些场所中寻找，尽管应当有某种相应于火元素的生命，因为火被视为第四种有形元素。然而火所具有的形式从不显现出自己的特有属性，总是存在于某些其他元素中，因为燃烧之物或显现为气，或显现为烟，或显现为土。这种生命必须到月球上寻找，因为月球似乎分有远离地球的第四种元素。然而有关这些事情的论述当属另外一个话题。

至于有壳虫类，某些是自发生成的，某些则是通过自身排放某种特殊生成性物质生成的，但这些种类通常也是由自发的结合生成的。为了理解这一问题，我们必须把握植物的生成方式。某些植物由种子生成，某些则由栽植的插枝生成，还有一些通过旁生的萌芽生成，例如洋葱类。贻贝正是以最后一种方式生成的，因为较小的东西总是在原初之物旁边生长出来。蛾螺、紫螺以及所谓的“蜂窝状物”[1]排放黏稠液体，

① 即腹足纲软体动物的卵。

这种物质似乎由某种具有精液本性的东西产生。然而我们必定不能认为这种液体就是精液，而应视之为一种以上面提及的方式对植物相似性的分有。因此当一种此类动物产生出
762a
来，大量此类动物就会产生出来。因为所有这些动物都是自发生成的，如果最初预先存在着某些此类动物，那么按照比例就会形成更多的动物。认为在原初动物周围存在着一些剩余物的剩余部分，由之每个旁生物萌发出来，这种观点是有道理的。既然营养及其剩余物具有相同的潜能，那么作为“蜂窝状物”的这些有壳虫类的产物应当相似于原初构成物则是可能的，因此由剩余物也生成同种子代是合乎道理的。

所有既不产生旁生的萌芽，又不产生“蜂窝状物”的有壳虫类是自发生成的。无论在土中还是在水中，所有以这种方式形成的生命显然是伴随着腐烂和雨水的混合产生的，因为甜的成分分离出来，进入正在形成的本原，而剩余的部分则获得了腐烂的形式。然而，没有任何东西是由腐烂生成的，而是由整合作用生成的。腐烂和腐烂物不过是经过整合的东西的剩余物而已。因为没有任何东西的生成用尽了所有的质料，更不用说技艺的产品了，否则技艺就会无事可为，事实上技艺清除无用的质料，自然也是如此。

动物和植物在土中或水中生成，因为土中有水，水中有气，在所有的气中灵魂的热量普遍存在着，因此在某种意义上所有的东西都充满了灵魂。这就是一旦气和灵魂的热量被包围在任何事物中，便迅即形成生命的原因。当这些东西被

如此包围其中，含有有形物质的液体就会受热，形成泡沫状态。所生成的生命高贵与否取决于内在的灵魂本原，而灵魂本原又依赖于生成过程发生的场所和所包含的物质。在大海中存在着大量土性物质，因而有壳虫类便由这种物质的结合形成。土性物质沿四周硬化，像骨和角一样凝固（因为这些东西不能被火所融化），包含生命的肉体被封闭其中。

蜗牛是唯一一种被发现进行交配的此类动物，但其生成是否来自交配尚未被充分地观察到。

凡意于按正确的方法进行研究的人都会提出这样的问题：
在有壳虫类中相当于质料本原的形成物是什么？当然在雌性 762b
中这是一种由动物排放的剩余物，一种潜在意义上的它由之所出的东西，一种通过雄性的本原将运动传至其中从而完善为动物的东西。然而现在对这些动物中相当于质料本原的东西必须论述些什么？相当于雄性的运动本原来自哪里，是什么？我们必须明白，甚至在能生成的动物那里，体内的热量正是从所摄入的营养中创制剩余物的，通过分泌与整合作用开始形成胚胎。相似的状况也存在于植物中，除了某些不需要雄性本原的种类以及类似的动物之外，因为它们自身内包含着雌雄混合本原，但大多数动物的剩余物需要这种雄性的本原。对于有壳虫类来说，某些营养为土和水，另一些营养来自土和水的组合物，因此在动物体内由营养产生的热量，存在于环境中气候的热量，通过海水和土的整合作用聚集结合。包含其中或分散于气中的灵魂的本原使胚胎形成，并使运动产生于内。至于那些自发生成的植物，其形成方式是独特的。它们由某物的一部分形成，该物的一部分成为本原，另一部分则成为新枝的原初营养。某些动物以蛴螬的形式产生，这不仅包括那些并非由亲本生成的无血动物，甚至还包括某些有血动物，例如某种鲻鱼，其他河生鱼类以及鳗类，因为所有这些动物尽管在本性上血液不多，但毕竟是有血动物，具有作为本原部分的有血的心脏。所谓“土的内脏”①具有蛴螬的本性，鳗的肉体从中生成。

至于人类和四足动物的生成，如果它们像某些人所认为的那样是“土生的”，那么人们或许会假定它们是由两种方式之一生成的，即或由最初的蛴螬生成，或由卵生成。因为它们或必然自身内包含着生长所需要的营养（这种胚胎即为蛴螬），或必然从其他什么地方获取营养，这意谓着或从雌性亲本那里，或从胚胎的一部分中得到营养。因此如果前一种方式是不可能的（即如果营养不可能由土流至它们正像从
763a 雌性亲本流至动物那样），那么它们必然从胚胎的某部分得到营养，这种方式我们称之为由卵生成。

显然，如果确实存在着所有动物的生成本原，那么认为它是蛴螬或卵，两者或居其一则是合理的。然而认为动物都由卵自发生成则是不太合理的，因为我们没有发现这种生成方式发生在所有动物中，但我们看到某些上面提及的有血动

① gees entera。

物和无血动物的确如此生成。这些种类是某些昆虫和我们当下正在讨论的有壳虫类。因为它们不像卵生动物那样由某物的一部分形成，而像蛴螬一样生长，因为蛴螬向上、向本原生长，上部的营养在下部。在这个方面它们相似于由卵产生的动物，但后者消耗掉整个卵，而在由蛴螬产生的动物中，一旦上部通过吸收下部的物质生长发育后，下部便与其他剩余部分区分开来。原因在于不仅在所有动物的发育生长早期阶段，而且在后期阶段营养也产生于膈之下的部分。

蛴螬以这种方式发育生长明显地存在于蜜蜂以及此类昆虫那里，因为其下部最初较大，而上部较小。至于有壳虫类，也具有同样的发育生长方式。显然，在有螺旋状外壳的动物中，总是随着发育生长前部和所谓的“头部”逐渐变大。

我们已经充分讲述了这些以及其他自发生成的动物的生成方式。所有有壳虫类都是自发生成的，这点可由下述事实表明。当船边的起泡沫的淤泥腐烂时它们便在此生成。另外在许多先前并不存在此类动物的地方，当此处因缺水而变得泥泞时，所谓“环礁湖牡蛎”这种有壳虫类动物便在此生成。再如，当战船在罗德海下锚，一些陶器被抛入海中，经过一段时间淤泥集聚四周，人们经常可以发现有牡蛎存在其中。另外还有一个证据表明此类动物并不排放生殖性物质。某些开俄斯人将活着的牡蛎从列斯堡的皮拉运来，置于水流交相碰撞的狭窄的海峡。随着时间推移，牡蛎在数量上并未增加，763b
但在体积上却猛增。至于所谓的“卵”与生成毫无关系，只是营养状态良好的表征，正像有血动物的脂肪，因而牡蛎在这个季节也是美味可口的。这种东西并非真正的卵的证据在于它总是可以在某些有壳虫类中发现，如江珧类、蛾螺和紫螺，只是有时大，有时小。在其他一些有壳虫类中，如扇贝、贻贝和所谓的“环礁湖牡蛎”，这种“卵”并不总是存在，只在春天才有。随着季节的变迁而变小，最后完全消失。原因在于春天有益于其肌体的发育。在其他一些有壳虫类中，如海鞘类，这种“卵”完全看不到。有关它们每种状态的描述以及生成的场所，应参阅《动物志》。

第　四　卷

【1】　我们既从一般意义上，又从特殊性上分门别类地述说了所有动物的生成方式。既然雄雌两性在最完善的动物中是分离存在的，既然我们可以说两性乃是所有动物，也是所有植物的本原，区别只在于某些生命中两性是分离的，某些中两性不分离，因此我们必须首先述说两性的起源或生成，因为当动物在其种类上尚未完善时雄雌两性的差异就已经产生了。

然而，在两性的差异明晰可见之前胚胎究竟为雄还是为雌，究竟在母体内还是在更早的阶段获得这种差异，人们众说纷纭。有些人包括阿那克萨戈拉和其他一些自然哲学家声称这种两性的对立早在精液中就已经存在了，因为他们说精液来自雄性，而雌性只提供场所，雄性来自右面的睾丸，雌性来自左面的睾丸，他们还说雄性胚胎位于子宫的右面，而雌性胚胎位于子宫的左面。还有一些人包括恩培多克勒声称两性的差异发生于子宫。因为他说如果子宫是热的，进入其内的精液则产生雄性；如果是冷的，则产生雌性。子宫的热和冷归因于月经，根据月经的或热或冷，或旧或新而定。阿布德拉的德谟克里特也说雄雌两性的差异形成于母体内，但他认为胚胎为雄或为雌并非取决于子宫的热和冷，而是取决于哪个亲本的精液占优势，即并非取决于全部精液。当恩培多克勒看到在整个两性器官方面，即在雄性的阴部和雌性的子宫之间存在着很大的差异，便认为两性的差异仅仅因为子宫的热和冷，做出了相当草率的假设。因为假如两个动物已经形成，一个是有全部雄性的部分，另一个则有所有雌性的部分，它们被置于子宫中就好比被投入炉中，具有子宫的动物被置于热炉中，无子宫的动物被置于冷炉中，结果是：无子宫的便成为雌性，有子宫的却成为雄性。但这是不可能的。与此相比德谟克里特的说法还是较好的，因为他试图探求雄雌两性在生成过程中的差异，并竭力进行论证，至于对错与否则另当别论。如果热和冷是两性生殖部分差异的原因，那么这个问题应当已被持恩培多克勒式的观点的人所表述，因为对该问题的解释相当于对雄雌两性生成问题的解释，既然在这些部分中明显存在着两性上的差异。然而，如果要从热和冷这种本原出发来证明这些部分生成的原因，来表明当动物受冷时被称为子宫的部分必然得以生成，当受热时则不能生成，这并不是一件轻而易举的事。对于用来性交的部分同样如此，既然它们也以前面提及的方式相互有别。

再者，雄性和雌性的双胞胎经常在子宫的同一部分形成。在所有胎生动物中（包括陆生动物和鱼类），我们通过解剖已大量地观察到这种现象。如果恩培多克勒没有看到这一点，那么在他分析原因时陷入错误就是很自然的了；如果他看到了这一点，却依然认为子宫的热和冷是原因，这就很难理解 764b 了，因为如果按照他的理论，雄雌双胞胎就会都为雄或都为雌，但我们发现事实并非如此。

另外恩培多克勒还说，所产生的胚胎的各部分是被分裂的，某些部分存在于雄性亲本中，某些则存在于雌性亲本中，这也说明为什么它们相互之间渴望交配。如果这样的话，那这些部分的有形实体也必然是相互分离的，也必然发生相互结合，而不是因为冷或热了。然而讨论这样的原因或许是多余的，而从总体看来似乎是想象的结果。如果精液恰如我们以前所言，如果精液并非来自雄性亲本的整个躯体，雄性的排放活动并不为胚胎提供任何质料，那么我们必须对恩培多克勒、德谟克里特和任何其他持有此类观点的人进行反驳。因为精液的实体不可能被分裂开来存在，不可能一部分在雄性亲本内，一部分在雌性亲本内，像恩培多克勒所声称的那样：

肢体的本性已被分裂，部分在男人那里……

另外各部分的整体不可能由每个亲本产生出来，雄性或雌性胚胎也不可能根据一部分优于其他部分而形成。一般说来，认为一部分因占有优势从而使胚胎成为雌性要比在缺乏慎思的情况下仅仅把热视为原因好一些。然而，由于阴部的形状存在着两性上的差异，因此我们需要解释为什么这些部分总是各自自成一体。如果这是因为它们相互接近，那么每个其余的部分也应当自成一体，因为当某些部分占优势地位时，其中任何一个部分都与其他部分相互接近。因此子代不仅为雌或为雄，而且也分别相似于母亲或父亲。此外，设想在整个肌体没有经过变化的条件下这些部分能够单独形成乃是荒唐的。首先以血管为例，这种整个躯体的肉体组织环绕其上，正像环绕于构架之上的东西。并非因为子宫血管才形成某种特征，而是因为血管子宫才形成某种特征，这种判断是合乎道理的。尽管两者都是某种形式的血液的容器，但血管先于子宫。运动的本原必然总是在先的，它因具有某种特征必然成为生成的原因。雄雌两性之间生殖部分的差异只是结果，我们一定不能把它们视为本原或原因，本原或原因在于其他
765a 某种东西，即使没有精液由雄性或雌性排放出来，胚胎也会以其他什么方式形成。

用来反驳恩培多克勒和德谟克里特相同的论证同样也可以用来反驳那些声称雄性来自右面，雌性来自左面的人。如果雄性不提供任何质料，那么持上述观点的人实际上则言之无物。如果像他们所说的那样，雄性提供某种东西，那么我们必须像反驳恩培多克勒的观点，即那种以子宫的热和冷来解释雄雌两性差异的观点那样来反驳他们。他们在用“右和左”解释两性差异方面犯了类似于恩培多克勒的错误，尽管他们看到了两性事实上乃是通过整个生殖部分而相互区别开来的。究竟出于什么原因子代的子宫存在于来自左面的胚胎中，而非存在于来自右面的胚胎中？假如一个胚胎来自左面，

但并未获得这个部分，那么它就会成为一种无子宫的雌性，或许还会成为有子宫的雄性。此外如前所述，雌性胚胎被不只一次地观察到位于子宫的右边，而雄性胚胎位于子宫的左边，或雄雌胚胎处于同一部位。〔或者雄性胚胎在右边，雌性胚胎在左边，两者都在右边生成的机会也并不少。〕某些坚持相同观点的人声称如果雄性把一个睾丸捆扎起来，只用右边的或左边的睾丸进行性交，就会分别产生雄性或雌性。至少莱奥发涅（Leophanees）持有这种观点。有人声称同样的情况也发生在那些只有一个进行活动的睾丸那里。这种观点只是主观臆测。他们从可能性出发去猜测将要发生之事，他们在看到事物发生之前预先判断事物如何存在。此外，就生成雄性和雌性子代而言，他们并不知道动物的这些部分对生成活动并不贡献任何东西。有关这个问题的证据在于许多自身存在着两性差异，并能产生雄性和雌性子代的动物却没有睾丸，如无足动物，即鱼类和蛭蛇类。

假设热和冷是雄和雌的原因，或两性的差异来自右和左
并非完全没有道理。因为躯体右面比左面的热量大，经过整 765b
合的精液比未经整合的精液热量大。再者，浓厚的精液是被整合的，越是浓厚的精液就越是具有生殖力。然而，以这种方式寻求原因实乃舍近求远，我们必须尽可能地接近第一原因。

我们在其他地方业已论述了作为整体的肌体及其部分，解释了每一部分是什么，根据什么原因而存在。但雄性和雌

性乃是通过某种能力和无能区分开来的。(因为雄性是能够整合、能够形成、能够释放精液的东西，而精液具有形式的本原。所谓“本原”并非意谓着由之生成相似于亲本的子代的质料性本原，而是指第一运动因，不管在自身中还是在他物中能够产生运动。雌性乃是接受精液的东西，但它不能形成精液，不能释放精液。)所有整合活动都借助于热量进行，因此雄性动物必然比雌性的热量大。因为正是由于冷和能力的短缺雌性才在躯体的某些部位充满血液。血液的丰富性是一个证据，它表明事实同那些认为雌性因排放月经故而比雄性热量大的人的观点恰恰相反。他们看到血液是热的，因此血液较多之物热量就较大。然而他们把月经排放这种状态理解为通过血液和热量的过多产生的，似乎对于任何同样是血液的东西都是可能的，只要它是液态的并且是呈血液状颜色的，似乎在营养状态较好的动物中血液在量上是不会变少的，只在质上较为纯净。实际上他们是按照肠道中残余物的排放来看待这种残余物的排放的，即如果残余物的量较多，便认为这是较热的本性的特征。但事实正好相反。我们以水果为例。第一阶段的营养十分丰足，但由之获得的有用的产物甚少，最终结果同最初阶段的数量相比微不足道。对于动物躯体也是这样。各部分吸收营养，反过来又加工处理营养，由全部营养所获得的最终结果微乎其微。这种最终结果在某些动物那里是血液，在某些那里则是相当于血液的东西。

既然一种性别能够排放纯净状态的剩余物，另一种则不

能；每种能力都有某种相应的器官，不管其功能是产生较为 766a
完善的产物还是较为不完善的产物；既然雄性和雌性以这种方式相互对应（“能够”和“不能”在多种意义上被使用），因此对于雄性和雌性必然存在着器官，一种具有子宫，另一种具有阳具。再者，自然把器官和功能同时赋予每一个体，因为这样做是有益的。因此躯体的每一部位伴随着分泌和功能同时产生，正像视觉功能没有眼睛便得不到完善，眼睛如果离开了视觉功能也无法完善。肠和膀胱也是随形成剩余物的功能一起生成的。既然器官由之生成的东西和由之成长发育的东西是相同的，即都是营养，那么每种器官都由这种质料构成，都由这种适合于吸收的残余物构成。其次，正如我们所说，每种器官在某种意义上是由其对立面形成的；再次，我们必须明白，如果一物的消亡意谓着转化为它的对立面，那么凡不被创制它的东西所支配的东西必然变为它的对立面。根据这些前提条件，某个胚胎之所以为雄，另一个之所以为雌或许就比较清楚了。一旦运动的本原由于缺乏热量因而不能进行支配和整合营养，不再将质料纳入自己的特有形式，而是处于极差状态时，质料必然转化为自己的对立面。雄性的对立面是雌性，而在为雄或为雌所凭借的东西上也是相互对立的；既然在所具有的能力上相互有别，因而在所具有的器官上也相互有别。因此这就是质料转化为雌性的条件。当某个至关重要的部分发生变化时，整个动物肌体在形式上则会随之产生巨大变异，在阉人那里可以看到这点。只是一个部分受到损害，却使原来的表象大为改观，并十分接近雌性的形式。原因在于某些部分是本原，一旦本原被运动，许多伴随它的部分必然发生变化。

如果雄性是一种本原和原因，雄性之为雄性在于某种能力。雌性之为雌性在于某种无能，如果能力和无能的界定是能够或不能整合最后形态的营养，这种营养在有血动物中被称为血液，在其他动物中则是相当于血液的东西，如果这种整合能力的原因存在于第一本原中，即存在于包含自然热量的本原的那一部分中，那么在有血动物中必然形成心脏，所产生的动物或为雄或为雌，那么在其他具有两性的动物中必然形成相当于心脏的东西。这就是雄性或雌性的本原或原因，这就是它所寓于其中的场所。然而动物为雄或为雌仅当具备了雄雌两性由之得以区别的部分，因为动物并非根据随便某个部分成为雄或成为雌，正像动物并非根据随便某个部分能够看或能够听一样。

我们将上述观点概括重述如下：精液乃是营养的最终形态的剩余物。所谓“最终形态”是指被运至躯体每一部分中的东西，这也是子代相似于亲本的原因。虽说精液来自所有部分和进入所有部分没有多大差别，但后一种说法更恰当一些。然而雄性的精液不同于雌性的排放物，因为雄性自身内包含这样一种本原，即能够在胚胎中产生运动和充分整合最终形态的营养，而雌性的排放物只包含质料。如果雄性的精液处于支配地位，它就可以把质料纳入自身；如果处于被支配地位，它或变为自己的对立面，或走向毁灭。雄性的对立面是雌性，雌性之为雌性乃是由于其整合活动之无能和血液性质的营养之寒冷。自然把每种剩余物分配给适合于接受它的部分。精液是一种剩余物，存在于热量较大的有血动物即雄性中的精液数量适中，因此在雄性中接受这种剩余物的部分是管道。然而在雌性中由于没有整合能力因而存在着大量的血液状物质，这种东西不能被加工为成熟的精液。因此在雌性中也必然存在着适合于接受这种东西的部分，这个部分必然有别于雄性的管道，并具有相当的体积。这就是子宫具有这种本性的原因。子宫是雌性由之区别于雄性的部分。

【2】　我们已经讲过了为什么某些动物为雄，某些为雌。观察到的事实证明了我们的说法。年轻的亲本和年老的亲本比处于壮年的亲本更容易产生雌性子代。原因在于年轻时热量尚未充足完善，年老时热量锐减。另外，那些体内液体较多，雌性化较强的亲本也易于产生雌性子代，充满液体的精液比厚重的精液更易造成这种现象。所有这些特征都出于自然热量的缺乏。

再者，刮北风时进行性交比刮南风时进行性交更易产生雄性子代，因为刮南风时动物的体内充满液体，因而产生较多的剩余物。剩余物越多就越难整合，因此雄性的精液此时便具有较多的液体，雌性排放的月经也是如此。

出于同样的原因，月经的排放在自然的顺序中更多地发 767a

生在月亏时分。每月的这个时候由于月亮的缺失因而变得较冷，水分较多。正像太阳带来了每年的冬和夏，月亮也带来了每月的“冬”和“夏”。这不是由于月亮的转动，而是当月光增加时天气变暖，当月光缺少时气候变冷。

牧羊人也说，不仅在刮北风或刮南风时进行性交可以造成产生雄性子代或雌性子代的差异，而且当动物交配时面北或是面南也会造成这种差异。如此细微之事有时将改变程度，引起热或冷，这些状态反过来又影响生成。

基于上述原因，雄雌两性一般说来在产生雄性子代和雌性子代方面相互区别开来。然而，它们相互之间还需要一定的恰当比例关系，因为所有技艺产品和自然产物都根据确定的比例而存在。如果热量占绝对优势就会吸干水分，如果热量不足就不会使质料成形。对于创制品所必需的是中间比例。否则就会像煮饭时那样，如果火太旺就会把饭煮焦，如果火不足就煮不熟饭，两种情况都达不到煮饭的目的。因此，在雄性和雌性的元素混合方面也需要恰当的比例，这就是许多两性不能进行生成的原因，但如果改换配偶则能生成。无论就能生成或不能生成而言，还是就生成雄性子代或雌性子代而言，这些对立现象有时发生在年轻人那里，有时则发生在老年人那里。

另外出于相同的原因，这些方面一方水土有别于另一方水土。因为特别是营养的质量和肌体的状况都依赖于周围空气的混合和肌体所摄入的营养，最主要的是依赖于水所提供的营养。因为水是我们摄入最多的物质，它作为营养存在于所有物质中，甚至也存在于固体物质中。因此硬水和冷水有时会导致生育能力的丧失，有时则造成雌性子代的产生。

【3】 出于同样原因，某些子代相似于亲本，某些则不相似；无论在整个躯体方面还是在各个部分方面，某些子代 767b
相似于父亲，某些则相似于母亲，它们相似于亲本胜过相似于远祖，相似于前辈胜过相似于随便什么人；雄性像其父甚于像其母，而雌性像其母甚于像其父；某些子代与其血亲毫无相似之处，但无论如何相似于人类，而另有一些子代甚至连人类也不相似，只是一种怪胎。事实上，那些与其亲本不相似的子代已经是某种程度上的怪胎了，因为在这种情况下自然业已偏离了某种特定的生成方式。最初的偏离乃是雌性子代的生成，而非雄性子代的生成。然而就自然而言这依然是必然的，因为分化为雌雄两性的种必须得以保存，此外对于雄性来说有时可能因年轻或年老或其他此类原因而失去支配地位，雌性子代必然为动物产生。就终极目的因而言，怪胎并非必然，但它是偶然意义上的必然，因为我们必须明白它的起源恰恰在于此。如果月经中的生成性剩余物得以充分整合，那么来自雄性的运动就会按照自身的形式创制胚胎的形式。（我们说“精液”或说“使每一部分生长发育的东西”实际上没有区别；说“使之生长发育的东西”或说“使之最初形成的东西”也没有区别，因为在两种情况下运动的逻各

斯是一回事。）因此，如果这种运动占支配地位，就会使胚胎成为雄性而非雌性，就会使雄性胚胎像其父而非像其母；如果这种运动不占支配地位，就会因短缺占支配地位的能力而使胚胎成为有缺陷的。每种情况下的“能力”一词，我是按下述方式使用的。能生成者不仅是雄性，而且是具备某种特征的雄性，例如克里斯库和苏格拉底；不仅是克里斯库，而且是人。这种意义上属于能生成者的某些特征离他近一些，某些离他远一些，这些特征仅就作为能生成者的特征而言，并非指他的偶然属性，如他是一位学者或某人的邻居。特殊和个别的东西在生成中总是具备较强的力量。克里斯库既是人又是动物，但他的人性比动物性更接近他的特殊性。在生成中个别的东西和普遍性的种一起发生作用，但个别的东西更为重要，因为它是实体。被生成的东西生来就具备某种一般性质，但同时也是一“这个”①，而“这个”就是实体。因此，存在于精液中的运动由上述所有这些东西的能力产生，在潜在意义上由远祖的能力产生，但更主要的是由接近于个别的东西的能力产生。个别的东西是指像克里斯库或苏格拉底这样的个体。每种东西当它偏离自己的形成方式时，不是变为随便什么东西，而是变为自己的对立面；同样，在生成中如果生成者和运动者的能力没有获得支配地位，那么没有被支配的东西必然会偏离生成方式，变为自己的对立面；如果就

① tode ti。

雄性而言其能力没有获得支配地位，那么形成的子代即为雌性；如果就克里斯库或苏格拉底而言其能力不占支配地位，则其子代相似于母亲而非相似于父亲。因为正像在一般意义上母亲是父亲的对立面，因此个体的母亲也是个体的父亲的对立面。仅次于个别的东西的能力也是这样。因为子代总是倾向于接近父系和母系两个方面的近宗。

某些东西的运动是现实意义上的，而某些则是潜在意义上的。现实意义上的是指雄性亲本和一般种类的运动，如人和动物；潜在意义上的是指雌性亲本和远祖的运动。如果运动偏离了生成方式，就会变为自己的对立面；然而一旦形成胚胎的运动发生复归，便复归为与之十分接近的亲本的运动。比如，如果雄性亲本的运动发生复归，则变为他的父亲的运动，不过只有很小一点差异，第二步则变为他的祖父的运动。对于母系来说，雌性亲本的运动也以这种方式变为她的母亲的运动，如果不变为这种运动，则变为她的祖母的运动。对于远祖的运动也是这样。

一般雄性的特征和作为个体的父亲的特征将会结合在一起，这是最为自然的事情，无论他们处于支配地位还是处于被支配地位。因为两者的差别不大，达到一致并不困难，苏格拉底既是一个具备一般雄性特征的人，又是一个个体。因此就绝大部分而言，雄性子代相似于父亲，雌性子代相似于母亲，因为生成方式的偏离是按两个方向同时发生的，雄性的对立面为雌性，父亲的对立面为母亲，生成方式的偏离总是转化为自己的对立面。

但如果来自雄性的运动获得支配地位，而来自苏格拉底的运动并未获得支配地位，或者前者与后者的情况相反，那么其结果是雄性子代生来相似于母亲，雌性子代生来相似于父亲。

如果运动发生复归，如果雄性特征保持不变，但来自苏格拉底的运动复归为他的父亲的运动，那么根据这个原理其子代将会是雄性，而且与其祖父或某个其他远祖相似；如果雄性特征处于被支配地位，子代将会是雌性，通常与其母亲相似。但如果来自母亲的运动也发生复归，那么根据同样的原理子代将会相似于母亲的母亲或其他更远的远祖。

768b 对于躯体各部分同样如此，因为通常某些部分相似于父亲，某些则相似于母亲，还有一些相似于某些远祖。因为如前所述，形成部分的某些运动是现实意义上的，而某些则是潜能意义上的。我们必须把握某种一般性原则，不仅要把握刚才提到的原则（即某些部分的运动是现实意义上的，某些是潜能意义上的），而且还要把握下述两个原则：如果某种特征处于被支配地位，就会偏离生成方式，变为自己的对立面；如果发生复归，则复归为与之接近的亲本的运动。如果复归得少一些，则复归为较近的亲本的运动；如果复归得多一些，则复归为较远的亲本的运动。最后，这些运动混同在一起，以致于其结果并不相似于任何血亲，剩下的只是一种共性，即人类。原因在于所有个别特征都为其共性所伴随。人类是一般性，而作为父亲的苏格拉底和母亲（不管她会是谁）则是个别的东西。

运动之所以发生复归的原因在于动作者为承受者所作用或影响。例如用来切割的工具被它所切割的东西磨钝，产生热量的东西被它所加热的东西冷却，一般说来，除了第一运动者之外任何运动者都会得到某种反作用的运动，例如推动者在某种程度上被推动，挤压者本身被压挤。有时承受的程度甚于动作的程度，因此产生热量的东西本身被冷却，或者制冷的东西本身受热，有时主动作用完全没有效果，有时主动作用小于承受作用。（这个问题已在有关动作者和承受者的著述中讨论过了，并说明了动作和承受存在于何种事物中。）承受的东西之所以偏离生成方式，之所以得不到支配的原因或在于整合与运动能力的缺乏，或在于应当被整合的东西和被分化的东西数量过多，温度过低。产生运动的东西在某一部分而非另一部分获得支配地位使处于形成中的胚胎变得复杂多样。这点正像运动员因吃得过多所产生的后果一样。由于营养的数量过多，其本性不能对之进行控制，因而也无法使其形状合乎比例地生长和保持平衡对称。结果，其肢体毫无规则地发育，有时几乎面目全非。与这种状况类似的是所谓“色情狂”这种疾病。〔在这里，大量未被整合的体液或气进入动物的面部，因而其面部很像森林之神。[①]〕

① Saturos（森林之神）与 saturia（色情狂）属同词根词。

769a 我们已经分析了所有下述现象的原因：为什么会生成雄性子代和雌性子代，为什么某些子代与其亲本相似，雌性相似于雌性，雄性相似于雄性，而另外一些子代以另外一种方式与其亲本相似，即雌性相似于父亲，雄性相似于母亲；一般说来，在整个躯体和每个部分方面为什么某些子代像其前代，而某些则不像。

然而某些自然哲学家就为子代生来何以相似于或不相似于亲本这一问题给出了不同的解释。他们陈述了两种理由。有人说子代更相似于排放较多精液量的亲本，子代的整个躯体相似于亲本的整个躯体，每一部分相似于每一部分，这种看法假定了精液来自每一部分。他们说，如果来自双方亲本的精液量相等，则子代不相似于任何一方。但如果这种看法并非真实，如果精液并非来自整个躯体，那么显然他们给出的就不是相似或不相似的原因。再者，他们很难用这种理论解释雌性子代何以相似于父亲，雄性子代何以相似于母亲。那些在雄雌两性的原因问题上持有相同于恩培多克勒或德谟克里特观点的人做出了另外一种不可能的陈述；而那些声称子代的性别取决于来自雄性亲本或雌性亲本的精液量是多还是少，并声称这就是子代为什么生来为雄或为雌的人，他们不能表明雌性如何相似于父亲，雄性如何相似于母亲，因为在同一时刻较多的精液来自双方亲本是不可能的。再者，出于什么原因绝大部分子代相似于祖先，甚至相似于远祖？无论如何没有任何精液来自他们。另一些人对相似性的解释有待于讨论，他们对该问题以及其他问题的论述较好一些。有人说尽管精液是单一的，但好像是由许多成分构成的种子聚合体。好比某人试图把多种液汁混合为一种液体，然后从这些混合物中拿出一些，他不可能总是拿出等量的每种液汁，而是有时这种多点，有时那种多点，有时这种拿出一些，那种则根本没有。因此他们说，对于由多种成分混合的精液也是这样，因为子代相似于那个由之可以得到最多精液的亲本。尽管这种说法并不明晰，在许多方面实属虚构，但它意在达到一种更好的表述，即所谓种子聚合体并非在现实意义上存在，而是在潜能意义上存在，因为它不能现实地存在，只能潜在地存在。然而，如果我们对原因只给出一种方式的解释就不容易说明白所有这些现象的原因：为什么会生成雄性和雌性，为什么雌性常常像其父，而雄性像其母，再者这种相似性可以远及祖先，为什么有时子代虽然是人，但不像任何祖先，有时甚至达到最后看上去不是人，只是一种动物的程度，即所谓的怪胎。

继上述问题之后，接下来要解释这种怪胎的原因。如果来自雄性的运动发生复归，来自雌性的质料得不到支配，剩下来的则是最普遍一般的东西，即动物。因此人们说小孩长有羊头或牛头，其他动物也有类似情况，牛长有小孩的头，或羊长有牛头。所有这些怪胎都出于上述原因，但它们并非就是它们被说成的那种东西，只是相似而已，类似情况甚至发生在无发育缺陷的东西那里。因而开玩笑的人常把其貌不扬的人比作喷火的山羊，或比作顶撞的公牛。某些相士把所有的面相归为两种或三种动物，这种说法常常可以征服听众。然而这种怪胎即某种在另一种动物之中的动物是不可能生成的，这点可由人、羊、狗、牛截然不同的妊娠期所表明，如果不是在自己特定的时间内它们无一能够生成。

这是一种传说的怪胎，还有另外一些因躯体的某些部分繁多而得名的怪胎，它们生来具有众多的足或众多的头。

有关怪胎原因的解释非常接近或在某种方式上相似于畸形动物原因的解释，因为怪胎的确是一种畸形。

【4】 德谟克里特声称，怪胎乃是由于两次排放的精液注入子宫产生的。前次的精液未被排出，还在发生作用，后面的精液接着进入子宫，因而胚胎的各部分生长在一起，相互混同。〔然而，他说在鸟类中由于交配总是迅速发生，因此卵及其颜色处于混同无序状态。〕但如果正像事实所表明
770[a] 的那样，几个子代可由一次排精和一次交配产生，那我们在思考研究这种现象时最好不要舍近求远，因为当精液并未分离开来，而是全部一起进入雌性时这种现象的发生乃是绝对必然的。

如果我们必须把这种现象归因于雄性的精液，那么这是我们据以解释问题的方式，但一般说来我们更倾向于认为其原因在于质料，在于正在形成的胚胎。因此这种怪胎在一次只产一个子代的动物中很少出现，而在多产的动物中较为常

见，在鸟类中，尤其在一般家禽中最为常见。这种鸟类是多产的，这不仅由于它们经常产卵，如鸽子类，而且还由于它们同时拥有多个胚胎，一年四季频繁交配。它们产出许多双黄卵，因为胚胎相互靠近从而长在一起，正像在许多水果那里发生的那样。在这种双黄卵中，当黄被膜分离开来时就会产生两个分离存在的幼鸟，没有任何不正常的现象；当黄连续不断，之间没有任何区分时就会产生怪胎，长有一个身体，一个头，四条腿和四个翅。这是因为躯体的上部较早地由白形成，其营养从黄中摄取，而下部较晚生成，其营养是单一的和不可分的。

出于同样的原因，蛇类也被发现有时长有两个头，这一种类是卵生的，而且是多产的。然而由于其子宫的形状，怪胎在这一种类中不太常见，因为其躯体细长，大量的卵纵向排列。无任何此类现象发生在蜜蜂和黄蜂中，因为其子代存在于分离的巢室中。但在家禽中情况恰好相反，由此我们必须认为此类现象的原因在于质料。在其他动物中，如果它们是多产的，则这种怪胎更为常见。因此在人类中怪胎不太常见，因为大多数人一次只产一个子代，而且是完善的子代。即使在人类中这种现象也更多地发生在妇女们生儿育女较多的地区，例如埃及。怪胎在山羊和绵羊中较为普遍，因为它们是更为多产的动物。在多趾足动物中也较为常见，因为这种动物产生许多子代，而且是不完善的子代，如狗，大多数此类动物刚出生时是瞎眼的。为什么会发生这种现象，为什么 770b

它们是多产的，必须以后再说。但自然通过生成与其亲本不相似的不完善的子代，为怪胎的产生提前做了准备，因为怪胎属于与其亲本不相似的东西。因而这种偶然性影响了具有某种本性的动物，导致了怪胎的产生，尤其在所谓的 metakhoira 中最为常见，这种动物在某些方面也发生变异，因为缺少一部分或多出一部分正是某种怪异现象。怪胎属于相悖于自然的东西，但不是相悖于作为全部的自然，而是相悖于作为大多数的自然。就作为永恒和必然的自然而言，无物与之相悖而产生。相悖于自然的东西只存在于那些在大多数情况下以某种方式发生，但也可能以另外一种方式发生的事情之中，实际上，在这些怪异事例中所发生的过程虽然同确定的秩序相悖，但永远不会盲无目的地偶然发生。因此怪胎似乎不算十分怪异，因为即便同自然相悖的东西在某种意义上也是合乎自然的东西，仅当“形式的”本性没有支配“质料的”本性。因此人们不把这种东西称为怪物，也不把那些习惯上发生的现象，如在水果中发生的某些事例称为怪物。有一种葡萄树，人们称之为“烟色”葡萄树，如果它结出了黑色果实，人们并不将之视为怪异现象，因为这种葡萄树在习性上经常如此。原因在于其本性界于黑白之间，而且变更不大，并未真正与自然相悖，至少没有变为另一种本性。然而怪胎发生在多产动物中，因为众多的胚胎相互干扰，妨碍了完善的获得和生成运动。

有关动物的多产和部分的过多，有关动物的少产或只产一个子代以及部分的缺失，尚有许多疑问。有时动物生来具有过多的趾，有时只有一个趾。其他部分同样如此，或多余，或残缺。某些动物具有两个生殖器官，一为雄，一为雌。这种现象在人类中时有发生，尤其在山羊中更为多见，所谓的 tragainai 就是这种具有雄雌两种生殖器官的山羊。还有一种山羊生来腿上长角。变更、缺失和残缺也发生在内部器官上面，动物或完全短缺某些器官，或具有残缺状态的器官，或具有过多的器官，或器官错位。的确，无任何动物生来没有心脏，但有些动物生来没有脾，或有两个脾，或有一个肾。再者，没有任何动物生来完全无肝，但有些动物的肝处于不完善状态。所有这些现象发生在那些完善的和活的动物之中。我们发现，那些在本性上本应具有膀胱的动物有时没有，其他一些动物却有一个以上的膀胱。还有一些动物的器官发生错位：肝在左面，脾在右面。如上所述，这些现象发生在那些发育完善的动物那里。在刚出生的动物中可以发现各种器官的混乱现象，那些离开本性不远者通常存活下来，而那些离开本性甚远者，即当非本性状态存在于支配生命的部分中时，则不会存活下来。

有关所有这些现象的疑难在于：我们应当认为一次只产一个子代和其部分的残缺与那一次产出多个子代和其部分的多余是出于某个唯一相同的原因，还是并非如此呢？

首先，为什么有些动物是多产的，有些只产一个子代，对这个问题产生疑问是近乎情理的。因为最大的动物只产一个子代，如大象、骆驼、马以及其他单蹄动物。在这些动物中某些体积大一些，某些体积则相当可观。狗、狼以及所有多趾动物产生多个子代，甚至在体积较小的此类动物中，如鼠类，也存在多产现象。除了猪这种多产动物之外，其他所有偶蹄或裂趾蹄动物只产少数几个子代。以上所述，是令人产生疑问的事，因为体积大的动物应当能够产生更多的子代和更多的精液才是合理的。然而令我们产生疑问的东西恰恰是我们不应产生疑问的原因。它们体积大正是不产生多个子代的原因，因为在这类动物中营养被用于体积的增长，而在体积较小的动物中自然从体积中把多余的营养拿走，用到精液性质的剩余物上了，再者，体积大的动物用于生成的精液量相对多些，而体积小的动物则相对少些。另外，多个体积小的动物可以在同一场所形成，而多个体积大的动物则相当困难。〔对于体积居中的动物，自然则给予居中数目的子代。我

771b

们以前解释了为什么某些动物体积较大，某些较小，某些居中。〕就大多数而言，单蹄动物只产一个子代，偶蹄动物产生为数不多的几个子代，多趾动物产生多个子代。一般说来，原因在于大多数动物体积上的差异相应于趾上的差异。然而这种情况并非全部如此，因为多产或少产的原因在于体积的大小，不在于动物的种类具有一个趾、两个趾或多个趾。下述事实可作为证据：象是最大的动物，但却是多趾的；骆驼是第二大的动物，则是单蹄的。不仅在行进的动物中，而且在飞行的和游动的动物中，体积大的少产，体积小的多产，原

因是相同的。与之相似，并非最大的植物即结出最多的果实。

我们已经解释了为什么在本性上某些动物是多产的，某些是少产的，而某些只产生一个。就上述种种疑难而言，我们更有理由对多产动物感到疑惑，因为显然，此类动物通常一次交配即可怀孕。或许是雄性精液用以成为胚胎的部分，通过与雌性生成性的体液相混合对胚胎的质料有益；或许并非如此，而是像我们所说的那样，雄性的精液通过凝聚，塑造雌性中的质料和生成性剩余物发生活动，正像无花果液汁之于乳汁一样。哪种观点正确，出于什么原因精液没有形成一个具有相当体积的动物，而是形成多个子代？在凝结大量乳汁过程中无花果液汁并未分离开来，而是乳汁越多，注入的无花果液汁就越多，被凝结的块状乳汁就越大。有人说，由于子宫有多个区域以及绒毛叶也不是单一的，因而子宫的这些区域将精液吸入，形成多个子代。然而事实并非如此。因为两个胚胎经常在子宫的同一区域内形成，在多产动物中，当子宫充满胚胎时人们可以发现它们成行存在于子宫中。这点由解剖可以看得十分清楚。事实表明，当动物发育完善后，在体积方面有一个上限和下限，既不能大于也不能小于这两个限度，而是在这两个限度之间存在着体积上的过分和不足，正是在限度内一个人（或任何其他动物）相对大一些，或相对小一些。同样，胚胎所赖以形成的生成性质料也不是没有 772a
上下两个限度的，其数量既不能多于也不能少于某种限度。胚胎不能由随便多少数量的生成性质料构成。当一种动物出于业已提及的原因排放出多于一个动物的本原所需要的剩余物时，由全部剩余物只生成一个胚胎是不可能的。相反，而是生成多个子代，其数目由属于该动物的恰当尺寸所限定。再者，雄性的精液或精液中所富余的潜能也不会形成多于或少于合乎本性的东西。与之相似，如果雄性排放出多于必需的精液，或在被分割的精液的不同部分存在着过多的潜能，最为可能的是不会使任何东西增大，反而会使质料变干并将之毁坏，因此，火本身热量的增加并不意味着会使水的热量按同样比例增加，相反，水所能承受的热量存在着一个限度。如果达到这个限度，再来增加火的热量那么水不会继续升温，反而会更加汽化，而最终消逝，变干。既然在雌性的剩余物和来自雄性的排放物（这里指排放精液的雄性）之间似乎存在着某种比例，那么在多产动物中雄性最初排放具有潜能的精液，当精液被分离为各个部分时便形成多个胚胎。而雌性提供足够的质料，以致于多个胚胎能够由之形成。（以前我们所列举的凝结乳汁的例子在这里并不切题，因为由精液的热量所形成的东西不仅具有某种量，而且具有某种质，而在无花果液汁和干胃膜的热量中只包含量。）这就是在多产动物中形成多个胚胎，并未结合为一个连续整体的原因。因为胚胎并非由任意数量构成，如果数量过多或过少，两种情况都不会产生任何结果，因为在被作用质料的潜能和发生作用的热量的潜能方面都有确定的限度。

与此相似，在那些体积较大，一次只产一个子代的动物那里，由大量的剩余物并未生成大量的子代，因为质料的量和对之产生作用的东西的量是确定的。因此由于上面所说的原因它们并未排放大量的此类质料，它们所排放的质料在本性上仅够形成一个胚胎，如果排放量过多就会产生双胞胎。这种情况似乎是一种怪异现象，因为其形成相悖于一般性和习惯性原则。

人类属于所有三种情况，因为一次只产一个子代，有时 772b
产生多个或很少几个子代，尽管在本性上几乎总是产生一个子代。由于躯体的潮湿和热量人类会产生多个子代（因为精液的本性是潮湿的和充满热量的）；但由于其体积较大因而产生少数几个或只产一个子代。因此，在动物中只有人类的妊娠期是不规则的，而在其他动物那里妊娠期是确定的，人类有几个妊娠期，婴儿可以在七个月、十个月或七个月与十个月之间出生，的确八个月出生的婴儿能够活下来，尽管存活率低于其他几个妊娠期出生的婴儿。原因可由以上所述得知，这些事情已在《问题集》中论述过了。

这就是我们分析这个问题的方式。

至于同自然相悖的部分之所以会增生，其原因和产生双胞胎的原因一样。这个原因早在胚胎中业已存在了，如果多于各部分的本性所必需的质料集聚于此，结果，或者胚胎的某一部分大于其他部分，如指、手、足或其他四肢；或者如果胚胎分裂开来，就会形成几个胚胎，就像河水中的漩涡一样。如果沿河道以某种运动流淌的水碰到障碍物，则会由原来的一股水流分为两股水流，每股具有同样的运动，在胚胎中所发生的状况也是这样。正常部分和增生多余部分通常紧密相接，但有时保持一段距离，这是由发生在胚胎中的运动所致，主要因为过多的质料重新回到它原来被排出的地方，它所具有的形式则来自它作为增生之物而产生的那个部分。

在某些动物中存在着两套生殖器〔一为雄，一为雌〕。每当这种增生多余部分产生时，总有一个部分发生作用，而另一部分不起作用，因为后者与自然相悖，营养总是供给不足。它像赘生物一样附着于肉体之上，因为赘生物也摄取营养，但比正常肉体发育晚一些，并与自然相悖。如若创制力量处于支配地位或处于被支配地位，则两套相似的生殖器官得以形成；如若创制力量在某种程度上处于支配地位，在某种程度上又处于被支配地位，那么两套生殖器官一为雄，一为雌。这个解释对于各个部分以及作为整体的动物为什么为雄和为雌都同样适合。

对于手足或其他四肢所发生的缺失现象，我们应当视之为和整个胚胎的流产出于同一种原因。胚胎的流产是经常发生的事。

773a 〔多余物的增生以上面提及的方式区别于子代的多产；怪胎不同于多余物的增生在于它们大多数是由几个胚胎长在一起所致。〕变更也时有发生，某些情况下变更影响较小或不太重要的部分，而某些情况下则影响较大的和至关重要的部分，例如有些动物具有两个脾，有些具有多个肾。再者，还有一些部分由于运动转向和质料的移位而发生移位。怪胎是单一的，还是由几个生长在一起的胚胎构成的，我们必须根据生命的本原来作判断。如果心脏就是关于本原的部分，那么具有一个心脏的就是单一的动物，任何多余部分只是增生物，而具有两个心脏的即为两个动物，由于胚胎的混同从而生长在一起。

甚至在许多似乎没有缺陷、发育完善的动物那里，某些动物的管道长在一起，某些则改变了正常的生长方式，这种情况经常发生。有些妇女的子宫口长在一起，当月经开始排放时感到疼痛，直到管道口自己张开或由医生将之切开。如果管道口完全不能打开或打开十分费力，患者就会死亡。另外，有些男孩的阴茎终端和排尿管道的终端不相一致，因而排尿管道很低，他们不得不蹲下排尿，当睾丸悬挂其上，从远处看上去似乎长有雌雄两套生殖器官。在绵羊和其他一切动物中，排放干燥营养物的管道长在一起。在佩林苏有一种牛，从膀胱中排放出经过精细过滤的营养物质，当它的肛门被切开后又迅速长在一起，不能再被打开。

我们已经说过了子代的少产与多产，多余部分和缺失部分的本性，也说过了怪胎。

【5】 重孕现象在某些动物那里完全不会发生，在某些动物那里则可以发生。在后者中，有些能够生育胚胎，有些则有时能，有时不能。其所以在某些动物那里不会发生重孕

773b 现象的原因在于它们一次只产一个子代。因此，这种现象不会发生在单蹄动物和比较大的动物中，由于体积较大其剩余物全部用于一个胚胎的生成上了。对于所有大体积动物来说，体积越大其胚胎按照比例也就越大，因此大象的胚胎和牛犊一样大。但重孕现象发生在多产动物中，因为子代的多产本身就是一种一个胚胎加在另一个胚胎之上的重孕。在这些动物中体积较大者，如人，可以生育第二个胚胎，如果第二次交配发生在第一次交配之后不久，这种现象已被观察到。原因正如以前所述，在一次交配活动中排放的精液量非常充足，当精液被分为各个部分时便导致多个子代产生，其中一个晚于另一个。但当胚胎已经发育到一定程度时再进行交配，则重孕现象时有发生，但不常见，因为在妊娠期妇女的子宫一般说来是关闭的。如果发生重孕（因为这种现象确也发生过），母亲也不能使第二个胚胎达到完善，而是将之排出子宫，这种情况很像所谓的流产。正像在只产一个子代的动物中那样，由于体积较大雌性的所有剩余物都集中到第一次形成的胚胎中，因此在多产动物中也是这样。唯一的差别在于在前者这个过程直接迅即发生，在后者中则是当胚胎发育到一定程度后发生，因为此时其状态相似于一次只产一个子代的动物，与之相似，既然人类在本性上能够产生多个子代，既然子宫的大小和剩余物的数量都比一个胚胎所必需的还要大，还要多，只是不足以生育第二个胚胎，因此妇女和母马是唯一可以在怀孕时交配的动物，在妇女中发生这种情况的原因业已说过，在母马中则是因为其本性的无生育和其子宫的宽余，对于一个胚胎宽阔有余，对于第二个胚胎的完善则不够充足。母马在本性上倾向于交配，因为它和无生育能力的妇女处于同一状态，妇女无生育能力是因为她们没有月经的排放（这点相当于雄性的交配活动），而母马则排放很少一点。在所有胎生动物中无生育能力的雌性倾向于交配活动，因为它们相似于那些当精液集聚于睾丸，但还没有排放的雄性。因为在雌性中月经的排放相当于精液的排放，正如以前所 774a
说，月经是未被整合的精液。因此，那些房事无节制的妇女在生育几个子女后其性交的欲望便趋于终止，因为生成性剩余物已被排出体外，她们不再渴望性交。在鸟类中雌鸟的性欲低于雄鸟，因为其子宫靠近膈附近，而雄鸟则恰好相反，其睾丸收缩在体内，因而如果任何一种鸟类在本性上具有大量精液，它总是渴求交配。因此，在雌性中正是子宫的下倾促进交配，而在雄性中正是睾丸的收缩促进交配。

我们已经说过了为什么重孕现象在某些动物那里完全不会发生，为什么在某些其他动物那里则会发生，这些动物有时能生育后面形成的胚胎，有时则不能，为什么此类动物有些倾向于、有些则不倾向于交配。

某些重孕可以从中发生的动物能够生育胚胎，甚至在两次受孕之间有一段长长的间隔。这是一些具有大量生殖性体液的种类，体积不大，能够生成多个子代。因为它们是多产的，所以子宫宽阔；因为它们具有丰富的生殖性体液，所以可以排放大量的月经；因为它们的体积不大，而排放物在比例上远远超过胚胎所必需的营养，所以它们能使子代得以形成，并能生重孕得到的胚胎。再者，此类动物的子宫并不关闭，因为有大量排放物剩余下来。这种情况在妇女中时有发生，有些妇女的月经排放持续整个妊娠期。在妇女那里，这种情况是悖于自然的，因而胚胎遭受损害，而在当下讨论的动物那里则是合乎自然的，因为其躯体一开始就是如此形成的，例如野兔。这是一种可以发生重孕的动物，因为它的体积不大，可以产生多个子代（由于它们是多趾的，多趾动物产生多个子代），它们具有丰富的生殖性体液。这点可由其多毛特征表明。它具有过多的毛发，是唯一在足下和腭内生毛的动物。多毛性乃是具备大量剩余物的标志。出于同样的原因，多毛的男性更易于性交，比皮肤光洁者具备更多的精
774b 液。在野兔中，通常某些具有不完善的胚胎，而其他一些的子代生来就是完善的。

【6】 在胎生动物中，某些生出完善的子代，某些生出的子代则不完善。属于前者的有单蹄动物和偶蹄动物，属于后者的是大多数的多趾动物。原因在于单蹄动物一次只产一个子代，偶蹄动物一般说来一次产生一个或两个子代，养育少数几个子代，使之完善不是难事。所有产生不完善子代的多趾动物都是多产的，因此，尽管它们能够为刚生成的胚胎提供营养，然而当胚胎业已发育，获得一定体积时其躯体就

不能再来养育胚胎，而像产生蛴螬的动物那样将它们排出体外。的确，其胚胎像蛴螬一样刚生下来是未被分化的，例如狐狸、熊、狮以及其他类似动物的胚胎。几乎所有上述这些动物生下来是瞎眼的，此外还有狗、狼和豺。只有猪既是多产的，又是生出完善子代的动物，只在猪那里发现重叠现象：它像多趾动物那样产出多个子代，但又是偶蹄的或单蹄的，因为的确存在着单蹄猪。猪产生多个子代，因为本来用于增加体积的营养被转移到生殖性剩余物上了（因为作为单蹄动物，猪的体积不大）；但猪更是一种偶蹄动物，似乎同单蹄动物的本性相抵触。出于这个原因，猪有时只产一个仔，有时生产两个仔，但一般说来产出多个仔，并在生出前将之养育完善，这是由于其躯体的状况良好，正像能够为植物提供充足营养的沃土一样。

某些鸟类的子代孵出后是不完善的和瞎眼的，这些鸟类包括所有产卵较多、体积较小的种类，例如乌鸦、樫鸟、麻雀、燕子，另外还包括那些产卵较少，不能为其子代提供大量营养的种类，例如斑尾林鸽、斑鸠和鸽子。如果在燕子幼小之时眼睛受到损伤，还会恢复光明，因为损伤发生在燕子的形成时期，并非发生在完成时期，因此眼睛还会重新生长，恢复视觉。一般说来，子代在发育完善之前被产生是由于母体不能继续提供营养，而子代以不完善状态被产生则是因为它们生得过早。这点在七个月的婴儿那里很明显，因为他们中的某些刚生下来是不完善的，甚至像耳、鼻等管道通常还

775a 没有分化开来，只是随婴儿的发育后来才逐渐分化开来。许多这样的婴儿可以活下来。

在人类中雄性比雌性更容易生来具有缺陷，而在其他动物那里没有这种情况。原因在于在人类中雄性在本性上比雌性具有更多的热量，因而雄性胚胎比雌性胚胎更能四处运动，由于四处运动所以更易受伤，因为幼小的生命脆弱，易遭伤害。出于同样的原因，在人类中雌性胚胎的完善不同于雄性胚胎，因为其子宫的状态就和其他动物不一样。在其他动物中雌性胚胎的完善则相同于雄性胚胎，它们在发育方面并不像在妇女中那样晚于雄性胚胎。在人类中，当雌性胚胎处于母体内时，要比雄性胚胎需要更长的时间发育；但在产生之后，雌性各个方面的完善要比雄性迅速，如青春期、成熟期和老年期，因为雌性在本性上更弱、更冷，因此我们必须把雌性的特点视为某种本性上的缺陷。当雌性在母体内，因其冷的本性发育故而迟缓，因为发育是整合活动，而整合活动由热量来启动，热量更多的东西就更容易整合；然而雌性产生后，因其脆弱的本性便迅即达到成熟期和老年期，因为所有低级次等的东西都较早地达到目的，这点对于技艺产品和自然天成之物同样如此。上述理由同样也可以解释在人类中雌雄双胞胎不容易存活，而在其他动物中可以存活这一现象。在人类中雌雄两性以同样的速度发育是与自然相悖的，因为其发育期并不等同，雄性必须晚一些，雌性则早一些。而在其他动物中以相同的速度发育并不与自然相悖。就妊娠期而言，人类也有别于其他动物。其他动物的肌体在绝大部分时间内处于良好状态，而大多数妇女在妊娠期并不舒服。这种情况的原因可以部分归为生活方式，因为静态的生活方式使妇女具有大量的剩余物，并且比其他动物还要多。在那些妇女们过着辛苦劳作生活的地方，妊娠期反应并不同样明显，在那些地方，那些习惯于劳动的妇女生儿育女极为容易。原因在于劳作可以消耗剩余物，而那些不太活动的妇女在躯体内具有大量的这种物质，这一方面由于缺乏劳动，另一方面由于在妊娠期间月经排放的中止，因为她们在生产时感到疼痛。劳动锻炼了她们，因此她们能够在生产时屏气用力，生 775b
产的难易系于此。上述所有这些因素造成妇女和其他动物在妊娠期方面的差异。但最主要的因素是在某些动物那里只有很少一点月经排放，而在另一些动物那里则完全看不到，在妇女那里月经的排放量最多。结果，当由于怀孕而停止排放月经时就会使妇女陷入麻烦。实际上，即使没有怀孕，只要不来月经就会生病。大多数妇女在怀孕不久的最初阶段麻烦更大，因为尽管胚胎能够中止月经排放，但中止的数量太少，一开始并未消耗一定数量的剩余物，当消耗一定数量之后才消除麻烦。在其他动物中恰好相反，剩余物数量很少，正好适合一个胚胎的发育生长所需，再者，妨碍营养的排放物被胚胎所消耗，因而母亲比平常的状态更好一些。水栖动物和鸟类同样如此。某些动物之所以在其胚胎发育到一定大小之后肌体状况不太良好的原因在于胚胎生长所需要的营养多于剩余物所供给的热量。为数不多的一些妇女在妊娠期处于良好状态，这种情况发生在那些肌体包含少量剩余物，因而同进入胚胎中的营养一起被全部消耗掉的妇女当中。

【7】 现在我们必须讨论所谓的“胎块”[1]，这种东西在妇女中偶而出现，有时在怀孕期间可以发现，因为她们产生所谓的“胎块”。对于某个妇女来说，当她性交完后，认为自己已经怀孕，最初腹部隆起，肌体的其他一切状况相应发生变化，但产期已到，她既没有产出任何东西，其体积也不见减小，这种状况持续三四年之久，直到威胁生命的痢疾来临，然后产下一块肉，叫做“胎块”。再者，这种状况甚至可以持续到年老和死亡。被排出来的胎块非常坚硬，甚至用铁器也难以切割开。有关这种现象的原因，我们在《问题集》中业已论述。处于子宫中的胎块相当于半生不熟的肉，
776a 这并不像某些人所说的那样是由于热量所致，而是由于热量的缺乏所致。（因为其本性似乎是虚弱的，不能完成自己的作业，不能使生成过程达到结果，因此胎块保持到老年或至少保持相当长一段时间，因为在本性上它既非完美之物，又非全部异体。）胎块之所以坚硬的原因在于缺乏整合，正像半生不熟的肉也是由于缺乏整合一样。

但问题在于如果不是完全没有观察到，那为什么这种现

① mulee。

象并未发生在其他动物那里？我们必须认为这种现象的原因在于妇女是唯一一种子宫易受影响的动物，她们排放过多的月经，又不能对之整合，因此当胚胎由这种难以整合的体液构成时便产生了所谓的“胎块”。这种情况只发生在妇女中或主要发生在妇女中乃是合乎道理的。

【8】 在所有体内胎生动物的雌性中乳汁形成于生产期，以备哺育之用。自然为出生后动物的营养创制了乳汁，因此在这段时间乳汁既不能不足，又不能过多，事实表明如此，除非与自然相悖的某种偶然事件发生。在其他动物中由于只有一个妊娠期，所以乳汁的整合同这段时间相一致。然而在人类中由于存在着几个妊娠期，所以乳汁必然在最早的日期备好。因此妇女的乳汁在七个月之前是无用的，只有到了七个月之后才有用。乳汁必然在妊娠期的最后阶段才被完全整合，这是合乎道理的。因为一开始当这种剩余物分泌出来时全部为胚胎的发育生长所消耗。既然在各种动物中营养是最甜的、整合最充分的东西，因此当这种甜的成分被吸收后，剩下的必然苦涩难以入口。当胚胎接近完善时，剩余的东西较多，因为胚胎消耗的热量逐渐变少。此时剩余物也较甜，因为经过充分整合的剩余物不再以同样的程度被胚胎所吸收，不再完全耗费于胚胎的形成上面，而是用于促进胚胎的细微生长，此时胚胎似乎达到完善，处于静止状态（因为在某种意义上甚 776b
至胚胎也有完善状态）。因此胚胎从母体内产出，改变了发育

生长方式，因为它现在具备了属于自己的东西，不再摄取不属于自己的东西。此时，乳汁才成为有用的。

乳汁聚集于躯体的上部和乳房中，这是因为肌体构成的原本秩序所致。躯体中膈之上的部分是支配生命的部分。而膈以下则是与营养和剩余物有关的部分，这是为了那些四处运动的动物可以在自身内具备充分的、自足的营养供给，以便能够从一处运动到另一处。从这里也排出生殖性剩余物，原因已在开始讨论时就讲过了。雄性的剩余物和雌性的月经都是血液性质的，而血液和血管的本原是位于躯体上部的心脏，因此这种剩余物的变化必然首先从这里开始变得显而易见。正是出于同样原因，当雄雌两性开始产生生殖性体液时其声音发生变化，因为声音的本原系于此，当使之运动的东西发生变化时它也发生变化。与此同时，雄性和雌性的乳房周围部分明显隆起，当然在雌性那里更为突出，因为在雌性中大量剩余物下倾，乳房周围区域变得空阔、松软。同样，在那些乳房位于下部的动物那里也是如此。

对于每种动物都熟悉的人来说，在其他动物中声音和乳房区域的变化也是显而易见的，但在人类中这种变化最为明显。原因在于人类的雄雌两性按其体积的比例比其他动物生出更多剩余物〔指女性的月经和男性的精液〕。因此，当胚胎不再吸收剩余物，同时又避免剩余物排出体外时，全部剩余物必然聚集于位于相同管道上的空闲场所。这个场所即为每种动物的乳房，出于两个原因：为了最好和出于必然。正是在此为子代提供的营养得以形成和被整合。至于整合的原因，或采用业已提及的解释，或采用相反的解释，因为胚胎较大，摄取的营养就更多，这是合乎道理的。因此剩下的营养较 777a
少，量少的东西整合起来就更为迅速。

显然，乳汁和每种动物由之构成的排放物具有相同的本性，这点在前面已经说了。作为营养的质料和自然由之构成生成中的动物的质料是一样的。在有血动物中，这种质料乃是血液状的液体，而乳汁则是经过整合的而非腐败的血液。当恩培多克勒描述乳汁是如何形成的时候，或其观点不正确，或其比喻不恰当：“在第八个月的第十天，产生了白色的脓液。”因为腐败和整合是相反的，脓液是一种腐败物，而乳汁则是一种经过整合的东西。妇女在哺乳期根据其本性是不会来月经的，也不会怀孕。如果怀孕，乳汁就会枯竭，因为在本性上乳汁和月经是相同的，自然不会如此之多产以致于同时供给两个方面。如果分泌物转移到一个方面，则必然意谓着中止另一方面，除非有某种相悖于大多数情况的强力发生作用。相悖于大多数情况就等于说相悖于自然或本性，因为在那些允许、并不排除不如此这般存在可能性的事物中，大多数情况是合乎自然或本性的东西。

动物生成的时间安排得相当完美。当通过脐带传递的营养由于胚胎的体积较大因而不足以供给胚胎时，与此同时乳汁则成为有用的营养，环绕着作为鞘而存在的脐带的血管崩溃解体，因为不再有营养由之通过。正是出于这些原因，此时子代便来到这个世界。

【9】 对于所有动物合乎本性的产生方式乃是首先产出头来，因为脐带之上的部分大于脐带之下的部分。整个躯体悬吊于脐带上保持一定的平衡状态，较重的一头即体积大的部分向下。

【10】 每种动物妊娠期的长短是确定的，一般说来与其生命的长短成一定的比例关系。生命较长的动物其形成所需要的时间也较长，这是合乎情理的。然而这并非真正的理由，只是大多数如此而已。较大和较完善的有血动物的确活
777b 得较长，但并非所有较大的动物都是长命的。就我们获得的可靠性经验而言，除了象之外，人类是生命最长的动物，但人类的体积小于 lophouroi 和其他动物。在任何动物中长寿的原因在于它以一种相似于周围空气的方式发生混合，另外还有其他一些内在于其本性的有关要素，这些要素以后再谈。妊娠期的长短则归因于子代的体积。因为体积大的东西在短时间内达到完善是不容易的，不管是动物还是其他什么东西。因此，马及其同类尽管寿命短于人类，但孕育子代的时间较长。因为马的妊娠期为一年，而人类则一般说来是十个月。出于相同的原因，象的妊娠期较长，由于其过大的躯体妊娠期持续两年。

人们有意以自然的日子来度量所有动物的妊娠和生成的

时间以及生命的长短是有道理的。所谓“日子”是指白天、黑夜、月、年和由这些单位所量度的时间；也指月亮的“日子”，即满月、亏月和界于两者之间的状态，因为这些状态是月亮朝向太阳的面不同造成的，月作为日子同时属于太阳和月亮。

月亮是本原，因为它与太阳发生联系并分有其光明，好像是第二位的小太阳，因此它有功于所有生成和完善活动。在一定限度内变化的热和冷使事物生成，超过这个限度则使事物毁灭，正是太阳和月亮的运动确定了这些过程的开端和结束。正像我们看到的大海和所有液体那样，随着风的运动或静止而耸立和变幻，空气和风又根据太阳和月亮的日期而变化，那些由之长成和寓于其中的东西必然随之变化。不太重要的东西随比较重要的东西变化是合情合理的。在某种意义上风也有生命，有生有死。至于太阳和月亮的转动，或许依赖其他本原。

自然的目的有意通过这些“日子”计算动物的产生和结束，然而自然的计算不能完全精确无误，因为质料的不确定性和本原的多样性这些因素妨碍合乎自然的生成和死亡，通常还会导致相悖于自然的现象发生。

我们已经分门别类地和从一般共同性上说了在母体内和生出后的动物的营养问题。

第 五 卷

【1】 我们必须研究动物各部分由之区别开来的各种状态[①]，这些状态是指眼睛的蓝和黑，声音的高和低，肤色、毛发和羽毛的差异。某些状态有时可以表示动物整个种类的特征，而有时则随意或偶然存在于某些动物中，人类尤其如此。再者，有些状态在所有动物中都具有相似性，它们伴随动物整个生命的变化而变化，但有些状态在不同动物中恰恰相反，即那些与声音和发色相关的状态。因此，某些动物到老年时毛发并不明显地变灰，而人类比其他动物更易受这种影响。某些此类状态在动物出生后即可呈现，而其他一些此类状态则随着年龄的增长或到老年时才变得明显起来。

对于这些以及诸如此类的状态，我们不应视之为出于相同的原因。如果某些状态既不属于一般意义上自然的特征，又不属于每种动物的个别特征，那么这些状态无一是其自身，也无一为了某种东西而产生。比如，眼睛为了某种目的而存在，

① pathemata。

但蓝色则并非为了某种目的而存在，除非这种状态是某种动物的个别特征。实际上，在某些情况下这种状态与动物的逻各斯毫无联系，相反，我们认为它是由必然性产生的，因此 778b 其原因必须归为质料和运动的本原。正如我们在讨论的开始所说的那样，当涉及自然的有规则的和确定的产物时，我们必定不能说每种状态之所以是这种状态乃是因为它成为这种状态，而应说它成为这种状态是因为它是这种状态，生成的过程伴随着存在并且为了存在，而不是相反。

然而，过去的自然哲学家持相反观点，原因在于他们没有看到原因是多种多样的，只看到质料因和动力因，并未对之加以区分，他们根本没有探究形式因和目的因。

每种东西都为了某种目的而存在，所有包含于每种动物的逻各斯中的特征，或为了某种目的而存在的特征，或本身就是目的的特征，它们都根据这种原因和其他原因而产生。那些没有按上述方式产生的特征，其原因必须在运动中即在生成过程中寻找，我们必须认为这些特征的差异是在形成过程中获得的。例如，动物必然有眼睛（因为动物的这种特征被认为是包含在其本质之中的），但它也必然有某种特殊的眼睛，而后一种必然性不同于前一种必然性，因为以这种或那种方式进行活动或承受是其本性的要求。

作出这种区分后，接下来讨论下列问题。当所有动物的子代，尤其是那些生来不完善的动物的子代刚刚产生时，它们有一种睡眠的习惯，因为它们在母体内最初获得感觉时就保持睡眠状态。但问题在于在生成的最早阶段，动物最初是以哪种状态存在的，睡眠还是清醒？既然随着动物的生长，它们显然更多地处于清醒状态，因此认为相反的状态即睡眠状态存在于生成的最初阶段是合理的。再者，从非存在到存在的变化必须经过中间状态，睡眠在本性上似乎正是这种状态，因为它似乎界于生与死之间，睡眠者既不是完全不存在，又不是完全存在。因为有感觉，生命绝大部分时间处于清醒状态。但另一方面，如果动物有感觉是必然的，如果动物在最初阶段具有感觉能力，那么我们应当认为其原初状态不是睡眠，而是类似于睡眠，这种状态也存在于植物中，因为此
779a
时动物的确过着植物般的生活。然而植物不可能睡眠，因为没有不能唤醒的睡眠，而植物的状态类似于不能唤醒的睡眠。

对于婴儿来说，大部分时间处于睡眠状态是必然的，因为其生长和重量都集中在躯体的上部（我们在其他地方已经讲过这就是睡眠的原因）。但他甚至在子宫中也有清醒的时候（这点在解剖中和在卵生动物中都是显而易见的），不过继而又处于睡眠状态。这就是动物出生后大部分时间用于睡眠的原因。

当清醒时婴儿不笑，但在睡眠时既笑又哭。因为动物甚至在睡眠中也有感觉，不仅在梦中，而且在其他状态中都有感觉。正像那些从睡眠中起床的人那样，他们做了许多事，但完全没有做梦。有些人从睡眠中起来，像清醒状态下的人一样四处行走和观察事物。他们对所发生的事有所感觉，尽管

并非处于清醒状态，但这种感觉毕竟不同于梦中的感觉。婴儿似乎尚未获得清醒状态的意识，由于先前的习惯力量所迫，其感觉和生活持续于睡眠中。随着时间的流逝，其生长发育的重心移到了躯体的下部，此时他们更多地处于清醒状态，大部分时间是醒着的。在最初阶段，婴儿比其他动物用于睡眠的时间都要多，因为婴儿生来比其他完善的动物较为不完善，其生长发育更多地发生在躯体上部。

所有婴儿在刚出生后眼睛是蓝色的，后来变为其本性的颜色，但在其他动物中这点并不明显。原因在于其他动物的眼睛更多地具有一种颜色，如牛的是黑色的，所有绵羊的是灰白色的，其他种类的动物的眼睛或是蓝色的或是灰色的，某些动物的眼睛像大部分山羊那样是黄色的，而人的眼睛具有多种色彩，或是蓝色的，或是灰色的，或是黑色的，或是 779b
黄色的。其他动物的个体在眼睛的颜色上相互之间没有区别，自身在不同的时间两只眼睛的颜色也没有区别，因为它们没有多于一种颜色的本性。在其他动物中马的眼睛的颜色最为复杂多样，因为某些马的确具有不同色彩的眼睛。这种现象除了在某些人那里之外，在任何其他动物那里都非明显地存在。

如果我们把刚出生时的状态同成熟后的状态相比较，为什么在其他动物那里眼睛的颜色没有明显的变化，而在婴儿那里却有如此变化？我们认为其真正的原因在于在其他动物中有关的器官是单一颜色的，而在婴儿那里则是多种颜色的。婴儿的眼睛之所以是蓝色的而没有其他颜色的原因在于新生的器官比较柔弱，而蓝色正是一种柔弱的象征。

我们必须把握这些一般性问题：为什么眼睛是相互有别的，为什么某些是蓝色的，某些是灰色的，某些是黄色的，某些是黑色的。按照恩培多克勒的说法，蓝色的眼睛是由火构成的，而黑色的眼睛则包含了更多的水而不是火，因此蓝色的眼睛由于缺乏水在白天并不敏锐，黑色的眼睛由于缺乏火在夜间也不敏锐。如果我们根据事实提出：视觉在各种情况下都与水而不是与火有关，则恩培多克勒的说法就是不恰当的。此外，有关眼睛色彩的原因可能还有另外的解释方式。如果我们在《论感觉》中，或更早地在《论灵魂》中的解释是正确的，即视觉器官是由水构成的，如果我们对这种感官由水构成而非由气或火构成的原因的分析是恰当的，那么我们必须认为水是上述各种颜色的原因。某些眼睛具有过多的液体，某些具有过少的液体以致于它们都不适合恰当的运动，而某些眼睛具有适中的液体。因此，那些液体太多的眼睛是黑色的，因为过多的液体是不透明的，而液体太少的眼睛是蓝色的。（我们发现在大海中透明的部分呈浅蓝色，不太透明的部分呈灰白色，不可测量的水域因其深度呈黑色或深蓝色。）在液体过多和过少两个极端之间的眼睛，其颜色只是或深或浅程度上的差异。

我们应当认为，出于相同的原因，蓝色的眼睛在白天视
780a 觉不敏锐，而黑色的眼睛在夜间视觉不敏锐。因为蓝色的眼睛中包含着少量的液体，在其流动性和透明性上，被光和视

觉对象所过分地运动。然而，正是与透明性相关的部分的运动，而非与流动性相关的部分的运动构成了视觉。黑色的眼睛因为存在着大量的液体，因而不太容易被运动。因为夜间的光线暗淡，一般说来液体在夜间难以运动。如果眼睛要获得最佳视觉效果，那它在透明性方面必须既非完全不被运动又非被过分地运动，因为较强的运动会把较弱的运动从眼睛中驱逐出去。因此在强烈的色彩转换过程中，或从太阳底下走进黑暗处，人们什么都看不到，因为已经存在于眼睛中的运动非常强烈，它阻碍了外面进来的运动。一般说来，既非过强又非过弱的视觉能够看到明亮的物体，因为液体被充分地作用和运动。受疾病影响的视觉也表明了这一点。白内障更容易侵袭蓝色的眼睛，而所谓的夜盲症更多地侵袭黑色的眼睛。白内障是一种眼睛的干燥化，因此这种疾病更多地在老年人那里发现，因为感官和躯体的其他部分一样，到老年时变得干燥；而夜盲症则是液体的一种过多现象，因此它更容易在年轻人当中发病，因为他们的脑具有更多的液体。界于液体过多和过少之间的眼睛视觉效果最好，因为这种眼睛的液体既不太少以致于被干扰并使色彩的运动受到阻碍，又不太多以致于难以产生运动。

视觉效果敏锐与否的原因不仅在于上述事实，而且还在于瞳孔之上皮肤的本性。这种皮肤应当是透明的，而透明的东西必然是单薄、白色和平滑的。单薄，是因为来自外面的运动可以从中穿越；平滑，是因为其褶皱不会造成阴影（因为这也是老年人视觉不敏锐的原因，眼睛的皮肤和其他部分的皮肤一样到老年时会起褶皱并变厚）；白色，是因为黑色不透明，凡不透明的东西正是黑色的意义，这就是用黑皮做的
780b 灯罩不透光的原因。正是由于这些原因，老人和病人的视觉不敏锐；正是由于液体的量较少，婴儿的眼睛最早呈蓝色。

为什么尤其是人类和马具有不同颜色的眼睛，其原因相同于只有人类毛发变灰，而在其他动物中只有马的毛发在老年明显变灰的原因。因为灰色意谓着脑中液体的虚弱，意谓着整合作用的缺乏。眼睛的蓝色同样如此，因为液体的过薄或过厚同液体的过少或过多具有一样的潜能。因此，一旦自然或通过整合或没有整合两个眼睛中的液体，从而不能使液体在双眼中相互对应，而是在一只眼中进行整合，在另一只眼中没有整合，那么就会造成不同颜色的眼睛。

某些动物视觉敏锐，而另一些不敏锐的原因有两个，因为敏锐一词有两种意义（对于听觉和嗅觉也是这样）。一方面，敏锐的视觉意谓着远距离观看的能力；另一方面，意谓着尽可能精确辨析感觉对象的能力。这两种能力通常不会同时存在于同一个人身上。一个用手遮盖眼睛上方的人或通过管道观看的人不会分辨出色彩或多或少的差异，但他可以看得更远一些，实际上人们在土坑里或在井里有时可以看到星星。因此，如果某种动物的眼睛上方相当凸出，如果瞳孔中的液体并不纯净，不太适合来自外面的运动，如果瞳孔表面的皮并不单薄，那么这种动物便不会精确地分辨不同的色彩，但能

够比那些眼睛中具有纯净的液体和纯净的覆盖物，但没有凸出于眼睛上方的眉骨的动物更好地从远距离（正像从近距离）观看。因为分辨力敏锐的视觉其原因在于眼睛本身，正像在干净的衣服上一点污垢便可以看得很清楚，因此在纯洁的视觉中十分细小的运动也是显而易见的，并产生感觉。而远距离进行观察的原因以及来自远距离的运动连续不断地到达眼睛的原因在于眼睛的位置或姿态。因为眼睛明显凸现的动物远距离视觉并不太好，而那些眼睛凹陷于头中的动物能 781a 够看到远距离的东西，因为运动不会分散于空间中，而会直接到达眼睛。无论我们像某些人那样说视觉是由眼中发出的光线产生的，还是说视觉是由来自对象的运动产生的，这两种有关视觉的说法是没有区别的。根据前一种说法，如果眼睛的上方没有凸出物，视线就会分散，很少一点击中对象，远距离的东西就看得不甚清楚；根据后一种说法，视觉观看的清晰度必然直接随运动的清晰度变化而变化。如果有一条连续的管道从眼睛直接通至观看对象，远距离的东西就会看得最清楚，因为来自对象的运动不会分散开来。如果这是不可能的，那么管道伸得越长，远距离对象就会看得越真切。

我们已经论述了各种不同眼睛及其颜色的原因。

【2】 对于听觉和嗅觉同样如此。精确地听和嗅一方面意谓着尽可能精确地感知对象中所有的差异，另一方面意谓着远距离地听和嗅。正像视觉那样，在听觉和嗅觉中辨析差

异的能力归因于感官本身，即感官及包围感官的膜必须纯净。〔正如在《论感觉》中所说，所有感官的管道都通至心脏，在没有心脏的动物中通至相当于心脏的部分。由于听觉器官由气构成，因而听觉管道在某些动物中终结于内在的气引起脉动的地方，在另一些动物中则终结于引起呼吸的地方。这就是我们能够理解所说和重述所听的原因，因为通过感官进入的运动无论属于何种性质，都与由声音引发的运动具有相通性，似乎产生同一种印象，因而人们能够叙说他们所听到的东西。再者，人们在打哈欠或吐气的时候比在吸气的时候听觉效果差，因为听觉器官的本原位于同气息密切相关的部分，当器官推动气息时器官本身受到震动和被推动，使气息产生运动的东西本身被运动。同样的情况也发生在潮湿的季节和
781b
潮湿的气候条件中，耳朵似乎充满了气，因为其本原位于同气息紧密相关的地方。因此，分辨声音和气味的差异性的精确程度依赖于感官本身和表层膜的纯净程度，因为在这种状态下正像在视觉中一样，所有运动变得显明和清晰。〕远距离的听觉和嗅觉也以相同于视觉的方式发生，因为那些具有从有关部分长出管道并凸现于感官前方的动物能够远距离感知。因此，所有长鼻子的动物嗅觉敏锐，如拉科尼亚猎狗，因为其管道凸出，来自远距离的运动不会分散，而会直接通到感官，正像发生在那些用手遮盖眼睛的人那里的情况一样。对于那些具有像屋檐一样突出的长耳朵的动物情况也是如此，例如，那些具有内在螺旋状长管道的四足动物，这些管道也

能获得来自远距离的运动并将之传到感官。

在运距离感知方面人类相对于其体积而言是所有动物中最差的，但在分辨对象之差异性方面又是最好的。原因在于人类的感官是纯净的，土性质料最少，是有形体的。此外，相对于其体积而言，人类在本性上是皮肤最为精细的动物。

自然在海豹身上的精心雕琢也是极有道理的，尽管作为胎生四足动物，海豹却没有耳朵，只有听觉管道。这是因为其生活是在水中度过的，耳朵是附加在管道上感知远距离空气运动的一个部分，因此耳朵对之毫无用处，只会带来相反的后果，有耳朵会使大量的水涌入。我们已经论述了视觉和嗅觉。

【3】 至于毛发，人类在生命的不同阶段不同于自身，也不同于其他有毛发的动物。几乎所有内在胎生动物都有头发，即使某些动物的覆盖物是刺也必须被视为一种毛发，如刺猬和其他此类胎生动物。毛发的差别表现在以下几个方面：软与硬、长与短、直与曲、疏与密；此外，在色泽方面也有 782a
差别，如白与黑及中间色彩。某些此类差别根据人生不同阶段表现出来，如年轻与年老，这点在人类中尤为明显。随着年龄的增长毛发会变得浓密，但某些人的前顶会变秃。儿童不会变秃，妇女也不会，但男人到了一定年龄会变秃。人类的毛发在进入老年时会变灰，但在其他动物中不太显明，尽管马相对突出一些。人类在前顶变秃，但首先在鬓角变灰，无

人在鬓角或头的后部变秃。这些状态有时也以相似的方式存在于那些没有毛发但有类似于毛发的东西的动物中，如鸟类的羽毛和鱼类的鳞片。

出于何种目的自然为动物创制了毛发，我们已在《论动物部分》中讨论过了。当下的任务在于表明毛发的每种状态是在什么条件下，出于什么必然原因形成的。毛发的厚与薄的主要原因在于皮肤，因为某些动物的皮肤厚，某些动物的皮肤薄；某些动物的皮肤松，某些动物的皮肤紧。存在于皮肤中的液体的差异也是一种原因，因为有些动物的皮肤是多油脂的，有些则是多水分的。一般说来，皮肤具有土的本性，因为皮肤处于躯体表层，当水分蒸发以后变得干燥，成为土性的东西。毛发以及相当于毛发的东西不是由肉而是由皮肤形成的，由于水分从中蒸发、升华，因而厚发生自厚皮肤，
782b 薄发生自薄皮肤。如果皮肤较松、较厚，毛发就较厚，因为其土性质料的量较多，毛孔较大。如果皮肤较紧，毛发就较薄，因为毛孔较小。再者，如果液体是多水分的则会迅速变干，毛发就达不到一定的长度；但如果液体是多油脂的则会产生相反的情况，因为油脂不易变干。因此，一般说来皮肤较厚的动物毛发也较厚。然而皮肤最厚的动物其毛发并不比皮肤较厚的动物更多，原因业已提及，通过把猪与牛、象和其他动物相比即可表明这点。出于同一原因，人类的头发最厚，因为头部的皮肤最厚，液体最多，此外也较为松弛。

毛发长的原因在于正在蒸发的液体不易变干，原因有两

个方面：量和质。如果存在着大量的液体并且如果液体是多油脂的，则不容易干燥。正是由于这个原因，人类的头发是最长的，因为人脑是液态的和冷性的，它提供了大量液体。

毛发的直和曲乃是由于内在水分蒸发所致。如果蒸气是烟性质的，并且较热、较干，则会使毛发卷曲。毛发变曲是因为它受制于两种方向的驱动力，土性成分使之向下，热性成分使之向上。由于毛发之脆弱，它很容易卷曲，这就是毛发卷曲的含义。可能这是一种原因，但也可能存在着另一种原因，即可能因为其中的水分过少，而土性质料过多，所以被周围的空气所干燥，蜷缩在一起。任何直的东西变曲，仅当其中的水分被蒸发，并像放在火上烘烤的毛发一样蜷缩起来。这就意谓着毛发的卷曲乃是一种因水分的缺乏引起的收缩现象，而水分的缺乏则是由周围的热量所致。有关这点的证据在于曲发比直发更为坚硬，因为干燥意谓着坚硬。拥有大量液体的动物是直发的，因为在它们的毛发中液体成涓涓细流，而非点点滴滴。因此，生活于黑海周围的司库提亚人和色雷斯人长有直发，因为他们本身和周围的空气都是潮湿的。而埃塞俄比亚人和生活在热带地区的人们长有曲发，因 783a
为其大脑和周围的空气是干燥的。

然而，某些厚皮肤的动物具有精致的毛发，原因业已提及，因为孔道越精致，毛发必然也精致。这就是绵羊拥有精致毛发的原因（因为羊毛数量众多）。还有一些动物其毛发柔软但不精致，同绵羊相比，野兔就是这样。这些动物的毛发位于皮肤表层，并不很长，恰似亚麻掉下的碎屑，这种东西虽然柔软，但不很长，不能用于纺织。在寒冷气候下绵羊的状态同人类恰好相反。司库提亚人的毛发是柔软的，而萨马提亚绵羊的毛发则是坚硬的。有关这点的原因相同于所有野生动物的原因。冷使之坚硬，通过干燥作用使之凝固，即是说，当热量排出时液体蒸发，毛发以及皮肤都变为土性的和坚硬的。对野生动物来说，其原因在于它们生活在野外；但在其他动物那里，原因在于其生活的场所的本性。发生在用于治疗尿急痛的海胆中的情况可以表明这一点。尽管它们的体积很小，但具有较大的和坚硬的刺，因为它们生活在寒冷的深水域（在60呩以下的深水中才能找到它们）。刺较大乃是因为其躯体的生长转移到这个方面，由于体内具有很少的热量，它们不能整合营养，因此具有大量的剩余物，正是由这些剩余物产生了刺、毛发以及其他类似的东西；刺是坚硬的，具有石化特征，这是由冷却作用的凝结所致。同样，如果植物生长的场所面北而非面南，如果在多风雨的场所而非在受遮避的场所生长，那么这些植物则更为坚实，更为土性化和石化，因为它们更容易遭受寒冷的侵袭，从而液体得以蒸发。硬化既可由热又可由冷产生，两者都能引起液体的蒸
783b 发，由热产生乃是根据自身的本性，由冷产生乃是根据偶性（因为液体往往伴随着热量而蒸发，没有任何液体没有热量），但冷不仅导致硬化，还导致凝缩，而热导致稀薄。

出于相同的原因，在那些有毛发、羽片和鳞甲的动物中，

其毛发、羽片和鳞甲在动物变老时变得坚硬。因为当它们变老时，其皮肤变得更硬、更厚，这是由于干燥之缘故，就老年一词的含义来讲即为土性的[①]，因为到老年时热量锐减，液体也随之减少。

在所有动物中，人类最明显地可以变秃。但变秃也是一种普遍存在的状态，因为某些植物虽然是常绿的，但还有一些则是落叶的，而那些越冬的鸟类也要换羽。在那些受其影响的人们中，变秃这种状态可以同其他动植物相类比。当然，部分地、逐渐地落叶发生在所有植物中，在那些具有羽片和毛发的动物中羽片和毛发的状况也是这样。当脱落影响了整个毛发、羽片等，这种状态正是上述语词所描述的，被称作“变秃”、“落叶”和“换羽”。造成这种状态的原因在于缺乏充满热量的液体，尤其是油脂性的液体，这是油脂性植物比其他植物更为常绿的原因。（然而，我们将在其他地方讨论这种状态的原因，另外还有其他造成这种状态的原因。）在植物中这种状态发生在冬天，因为对植物来说季节的转换比生命阶段的转换更为重要。对那些越冬的动物来说同样如此，它们在本性上比人类具有的热量和液体都要少。然而，对于人类来说正是生命的季节充当了夏与冬。这就是为什么没有一个人在能够进行性交之前会变秃，也是为什么当在本性上倾向于性交时才会变秃。原因在于性交由于排放出某些纯净的

① 从词源上讲，“老年”（geras）和“土性的”（geron）相似。

自然热量，因而使人发冷，而大脑在本性上是躯体最冷的一部分。因此，大脑应最早感受到这种影响是有道理的，任何虚弱的东西只需一点原因即可引起反应。如果我们推断：大脑本身具有不多的热量，脑周围的皮肤必然也具有较少的热量，而头发由于离脑最远必然具有更少的热量，那么秃头发生在人们具有大量精液的年龄则是有道理的。出于同一原
784a 因，人类只在头的前顶变秃，人类是唯一发生这种情况的动物。前顶变秃是因为大脑位于这个部分；是唯一发生这种情况的动物是因为人类的脑最大，液体最多。妇女不会变秃是因为其本性类似于儿童，两者都不能产生精液性质的排放物。阉人也不变秃是因为他们转变为雌性状态。至于在阉人那里后生的毛发完全不再生长，如果偶而生长也会脱落，但阴毛除外。与之相似，妇女虽然生长阴毛，但不再生长其他毛发。阉人的这种缺陷是一种从雄性到雌性的转变。

秃头不再生长毛发，而越冬动物的羽片和毛发以及落叶树木的叶子会再次生长出来的原因在于在这些动物和植物那里，一年的季节是它们生命的转折点，随着季节的转换它们也相应生长或脱落羽片、毛发或叶子。但在人类那里，生命的春夏秋冬不是历法上的季节，而是其自身年龄的季节，因此年轮不会回转，由之造成的状态也不会回转，尽管造成这种状态的原因具有某种相似性。

我们已经充分论述了除了发色之外的所有毛发的状态。

【4】 在其他动物中，皮肤的本性乃是毛发的颜色是单色的还是多色的原因。但在人类中皮肤的本性不是原因，除了毛发因疾病而不是因年老变灰之外，如在患所谓的麻风病时毛发变灰。相反，在人类那里如果毛发因年老变白，这种变白并非导因于皮肤。原因在于毛发从皮肤中生长出来，一旦皮肤生病和变白，毛发本身也随之生病，毛发的疾病显现为白色。另一方面，因年龄之故引起的毛发变灰乃是热量虚弱和缺乏的表现。在生命的每一阶段，一旦肌体的元气下降，就易遭受寒冷，这点在年老时尤为明显，因为老年是冷的和干燥的。我们必须记住，到达肌体每一部分的营养乃是由适合于每一部分的热量进行整合的。如果这种热量不能发生作用，那该部分就会损坏，缺陷和疾病就会由此而生。（我们在 784b
《论生长和营养》中更为详尽地论述这种原因。）有些人的毛发在本性上具有很少一点热量，过多的液体浸入其中，本身的热量不能整合这些液体，因而毛发被存在于环境中的空气的热量所败坏。所有的腐烂现象都由热量，但不是由内在的热量引起，这点已在其他地方述说了。水、土和所有此类有形体容易腐烂，土性蒸气也是如此。例如，所谓的霉，实际上就是一种土性蒸气的腐烂物。同样，毛发中的液体营养因为不能被整合而腐烂，所谓的灰发由之而生。毛发之所以是白色的，因为霉也是白色的，这是唯一一种呈白色的腐烂物，原因在于霉包含了大量的气，所有土性蒸气和浓厚的气具有相同的潜能。霉似乎与白霜相反。如果升腾的蒸气冻结就变

成了白霜，如果腐烂则变成了霉。两者都附着于物体的表层，因为蒸气也是如此。因此喜剧诗人作了一个很恰当的比喻，他们戏称白发人为“暮年的苍苔”或“两鬓如霜”。因为一种在种的意义上相同于灰白色，另一种在属的意义上相同于灰白色。白霜在种的意义上（因为两者都为蒸气），霉在属的意义上（因为两者都是腐烂物）。有关这点的证据在于：灰发往往在那些生病的人身上长出，康复之后又被黑发所替代。原因在于生病期间整个肌体缺乏本性的热量，因而各个部分，乃至很小的部分都分有了这种虚弱；再者，大量的剩余物在肌体内和各部中生成，而肉体内整合作用不足，因而产生了灰发。一旦人们恢复了健康和力量，他们便发生很大的变化，恰似老夫勃发青春，各种状态也随之发生相应的变化。的确，我们或许有理由把疾病称作“突如其来的老年”，把老年叫做“自然的疾病”，至少某些疾病和老年产生同样的影响。

785a 人老时两鬓首先变灰，因为头的后部没有脑，因而缺少液体。而囟门具有大量的液体，液体的数量多就不容易腐烂。然而，两鬓的毛发具有的液体既不过少，因而可以对之整合；又不过多，因而不会腐烂。由于两鬓界于两个极端之间，所以在两种极端状态之外。我们已经讨论了人类毛发变灰的原因。

【5】 为什么这种由年龄引起的变化并未明显地发生在其他动物那里，其原因同在秃头事例中所给出的一样。即它

们的脑较小，所包含的液体比人类的少，因而热量并非完全不能进行整合。在所有动物中，就我们所知而言，马的毛发的变化算是最明显的，原因在于同其体积相比，环绕着脑的骨骼比任何其他动物都薄。事实表明，猛击这一部位对马是致命的。因此，荷马有诗云：

在马头上，
毛发最早生长的地方，
此处不堪重伤。

由于头骨较薄，很容易使液体流入这一部位的毛发中，热量随着年龄增长而趋于下降，因此产生了灰发。红鬃比黑鬃更容易迅速地变灰，因为红色也是毛发虚弱的表现，所有虚弱的东西都比较迅速地老化。据说，鹤在老年时会变黑。如果这种传说是真实的，那么其原因在于鹤的羽毛中包含了较多的液体，当变老时羽毛中的液体过多因而不易腐烂。

毛发变灰由某种腐烂作用产生，而并不像某些人所认为的那样由枯萎造成。事实表明，被帽子或其他遮盖物保护的更易迅速地变灰，原因在于风吹的作用可以避免腐烂，而遮盖物挡住了风。另外，在毛发上涂抹油水混合液可以起到辅助作用。因为尽管水使毛发冷却，但与水混成的油可以避免毛发迅速变干，而水容易变干。下述事实表明：毛发变灰不是一种枯萎过程，毛发并不像草那样由枯萎变白，即某些毛发在开始生长时就是灰色的，而在枯萎状态下无物生长。许多毛发在尖端处变白，因为在极端处和最薄的部分中热量是最少的。

785b 某些其他动物的毛发呈白色，这是由其本性而非由任何影响造成的。在其他动物中发色的原因在于它的皮肤。如果毛发是白色的，那么其皮肤就是白色的；如果毛发是黑色的，其皮肤就是黑色的；如果毛发是斑驳陆离的，其皮肤就会一处白，一处黑。然而在人类中发色与皮肤没有直接的关系，甚至白皮肤的人也会拥有一头乌黑亮丽的秀发。原因在于与其体积相比，人类是皮肤最薄的动物，因而没有能力改变发色。相反，皮肤本身因其虚弱而变换颜色，因风吹日晒而变黑，毛发则完全没有随之变化。但在其他动物那里，皮肤由于较厚，具备了动物从中生存的区域的特征，因而毛发根据皮肤而变化，但皮肤完全不因风吹日晒而变化。

【6】 某些动物是单色的（我是指整个种类只有一种颜色，如所有狮子都是黄褐色的，这种状态也存在于鸟类、鱼类和其他种类中）；某些动物是多色的，同时也是整体一色的（我是指整个躯体浑然一色，如牛或者通体为白，或者通体为黑）；还有一些动物是杂色的。“杂色”有两个含义，或指动物的类，像豹、孔雀、某些鱼类如所谓的 thrattai；或指杂色的个体，但整个的类有时并非杂色。例如，母牛、山羊以及某些鸟类，如鸽子和其他具有这种状况的鸟。整体一色的动物比单色的动物在颜色变化上更为迅速，表现在同种个体单一颜色的相互变换上，如白变黑，黑变白，也表现在两种单

一颜色的混杂上。原因在于作为整体的类不只具备一种颜色是其本性，种类很容易向两个方向运动，因而个体颜色的相互变换和混杂时有发生。单色的动物恰恰相反，除非有某种影响，否则不会变换，变换是罕见的。但在某些个体中也看到过这种变换，如白色鹧鸪、渡鸦、麻雀和熊。仅当在生成过程中动物遭受某种扭曲才会发生这种变换，因为正处于生成中的动物体积较小，所有动物在生成之初各方面都较小， 786a
而小的东西容易遭受损害，容易发生转向。

颜色最易变换的是那些在本性上是整体一色的，而在种类上又是多色的动物。这是由它们所摄入的水造成的。因为热水使毛发呈白色，冷水使毛发呈黑色，在植物中也存在这种状况。因为热的东西自身内包含了更多的气而非更多的水，气闪烁其中造成了白色，正如使泡沫呈白色一样。正像由某种影响造成的白色皮肤不同于由本性造成的白色皮肤一样，因此由本性造成的毛发的白色不同于由疾病或年龄造成的毛发的白色，这种差异在于其原因的差异。前者因本性的热量呈白色，后者则因外部的热量呈白色。所有东西的白色都是由浸透弥漫其中的蒸气状的空气造成的。因此，这就是那些并非单色的动物其腹下比其他部位都要白一些的原因。出于同一原因，所有白色动物热量较大，味道尝起来更为鲜美。味道鲜美是由整合造成，而整合作用则由热量产生。同样的原因也可以解释那些或黑或白的单色动物，因为正是热和冷成为皮肤和毛发的原因，躯体的每一部分都适合于自身的特殊热量。

再者，动物舌头的颜色也是有所区别的，单色的动物[1]与杂色的动物相比，单色的动物中每个个体之间相比（如黑色与白色），其舌头的颜色各不相同。原因业已提及，即杂色的动物其皮肤乃是杂色的，白发动物的皮肤是白色的，黑发动物的皮肤是黑色的。我们不妨把舌头视为相当于手或足这样的躯体的外在部分，而不去考虑它被嘴遮盖这一事实。因此，正像杂色动物并非单色，关于肤色的原因同样也可用于解释舌头的颜色。

某些鸟类和野生四足类根据一年的不同季节而改变颜色。原因在于正像人类根据年龄改变颜色，因此这些种类根据季节改变颜色。对它们来说，根据季节造成的变化要比根据年龄造成的变化在差别性上大得多。

一般说来，越是杂食的动物，其颜色也就越是纷繁杂
786b 乱，这是合乎根据的，例如蜜蜂比大黄蜂和黄蜂的颜色更为单一。如果所摄入的营养物种类杂多构成颜色变化的原因，那么我们有理由认为种类杂多的营养物使营养经历的运动形式和来自营养的剩余物更为复杂多样，而正是由这些杂多的剩余物生成了毛发、羽片和皮肤。

我们已经充分论述了毛发的种种颜色。

① 此处显然等同于“多色的动物”。

【7】 至于声音，有的动物低，有的动物高，有的动物则音调适中，界于两个极端之间；再者，有的动物大，有的动物小；有的动物圆润，有的动物粗糙；有的动物柔韧，有的动物僵硬。我们必须研究造成这些差异的原因。

至于音调的高低，我们应当认为其原因相同于动物肌体由年轻到年老转变的原因。所有动物在年幼时音调较高，但牛犊例外，其音调较低。在雄雌两性中同样如此。除牛之外的所有其他动物其雌性的音调高于雄性，在人类中尤为明显，因为自然以最高的程度将语言能力赋予人类，只有人类才会使用语言，音调乃语言之质料。但在牛那里恰恰相反，因为母牛的音调低于公牛。

动物出于何种目的具有声音，何为声、何为音，这些问题一部分在《论感觉》中，一部分在《论灵魂》中业已解释。但既然低调依赖于慢的运动，而高调依赖于快的运动，那么这里就会提出一个疑问：究竟是运动者亦或被运动者成为运动快慢的原因。有人说量大的运动慢，量小的运动快，这就是某些动物音低，另一些动物音高的原因。在某些方面这种说法是恰当的，因为一般说来低音依赖于被运动的空气的一定数量，但这种说法并非完全正确，因为如果这是真实的话，那么同时发出既小又低、既大又高的声音决非易事。再者，低音似乎属于本性高贵的东西，在歌曲中低音优于高音，好的东西寓于高贵者之中，而低音正是一种高贵者。调低和调 787a
高不同于声大和声小，某些高调动物声大，而某些低调动物声小。同样，声调界于两个极端之间的动物也是如此。除了通过被运动的空气的量大和量小，还可以通过什么其他手段来确定声音的大和小？如果音调的高和低按照上面提及的界定方法作出区分，那么任何低调动物其声音也较大，任何高调动物其声音也较小。但事实并非如此。原因在于“大”和“小”、“量大”和“量小”这些语词有时在绝对意义上，有时在相对意义上被使用。如果一种动物的声音大，这是因为被运动的空气量在绝对意义上是大的；如果一种动物的声音小，因为被运动的空气量在绝对意义上是小的。而调子的高和低则是由于被运动的空气量相对大和相对小。因此，如果被运动者的力量超过了运动者，那么被运动者必然运动得慢；如果相反，则运动得快。强运动者，由于其力量较强，推动大量的空气，因而有时使运动较慢；一旦占据支配地位，则使运动较快。根据同样的道理，弱运动者有时推动过多的空气，因其力量较弱，因而使运动较慢；一旦因其力量较弱，而推动的空气量也较小，则会使运动较快。

这些即为下述对立现象的原因，即并非所有年幼或年老的动物，并非所有雌性或雄性都是高调的或都是低调的；再者，不仅病人，而且健康者也是高调的；当人们变老时其音调变高，尽管老年同青年相对。

大多数年幼的动物和大多数雌性动物因为缺乏能力，只使少量的空气运动，因而其音调较高，因为少量的空气被较快地推动，声音运动较快意谓着音调较高。然而牛犊由于年龄小，母牛由于雌性的本性，因而它们用来推动空气的那个部分力量不足；同时它们所推动的空气量太大，所以音调较低，因为大量的空气运动得慢，而运动慢的东西较重。这些动物使大量的空气运动，而其他一些动物则使少量的空气运 787b
动，原因在于在前者中气息最初通过的管道具有大的开口，因此必然使大量的空气运动，而在后者中气息受到较好的控制。在每种动物中，随着年龄的增长使空气进行运动的那一部分获得更强的力量，因此其音调变为相反的状态，高调的变得比以前低沉，低调的变得比以前高亢，这就是公牛比牛犊和母牛的音调高的原因。所有动物的力量在于腱，因此处于壮年期的动物比较强劲，而年幼的动物关节尚未分化，腱的力量较弱。再者，在年幼的动物那里腱尚未拉紧，而在年老的动物那里腱过于松弛。因此年幼和年老的动物在使空气运动方面虚弱无力。但公牛的腱尤为发达，甚至其心脏也是腱质的，使空气运动的那部分处于紧缩状态，像是拉紧的腱质的绳。公牛的心脏是腱质的可由下述事实表明：某些公牛的心脏中有骨存在，而骨接近于腱的本性。

所有动物一旦被阉割便变为雌性状态，发出类似于雌性的声音，因为在声音的本原中腱的力量处于松弛状态。这种松弛状态可以用以下例子说明。正像一个人试图挂上重物来拉紧绳子一样，如织女们通过挂上重石来拉直经线，因此以这种方式睾丸悬挂于输精管上，而输精管又与发源于心脏的血管相接，而心脏靠近使声音进行运动的部分。当接近能够排放精液的年龄，输精管发生变化，这一部分也随之发生变化。该部分由于发生变化，因而引起了声音的变化，在雄性中尤为明显，在雌性中也发生同样的变化，只是不太明显，
788a 当声音变得不平滑时，有人称为“羊咩”。经过这种变音之后，确定了后半生的音调或低或高。如果睾丸被切掉，输精管就会松弛下来，正像把重物从绳上或经线上去掉一样；输精管的松弛使声音运动的本原也相应松弛下来。这就是在被阉割的动物中，声音和其他形式变为雌性状态的原因，因为躯体的紧张状态所赖以存在的本原松弛下来。其原因并不像某些人所说的那样，在于睾丸是多个本原的中枢。小变化是大变化的原因，本原并非根据自身发生变化，而是当输精管变化时随之发生变化。本原尽管体积较小，但潜能较大，这就是本原的含义，即它本身是许多东西的原因，而没有任何其他东西高于它。

动物栖息地的热或冷也是一种造成某些动物音调低，另一些动物音调高的因素。因为热的气息较厚，因而造成低调；冷的气息较薄，造成相反状态。显然，在笛子演奏过程中如果笛手的气息较热，即如果呵气，音调则较为低沉。

声音的粗糙和圆润以及所有类似的不平滑状态，其原因在于声音从中传递的器官或部分或是粗糙的或是圆滑的，一般说来，或是平坦的或是不平坦的。显然，当气管中存在着液体，或当气管由于其他影响而变得粗糙，此时声音就会变得不平滑。

声音的柔韧与否依赖于器官的软或硬，因为柔软的东西能被控制，可以接受任何形式，而坚硬的东西则不能。因此，柔软的器官能够发出或大或小、或高或低的声音，因为它容易控制气流，它本身就容易或大或小。而坚硬的东西不能被控制。

我们已经充分论述了有关声音的种种问题，以前在《论感觉》和《论灵魂》中并未涉及。 788b

【8】 至于齿，我们以前已经讲过：在所有动物中齿并非为了一个单一的目的而存在，也非为了相同的目的而存在，而是某些为了营养，某些为了自我保护，某些为了语言。为什么前齿最早形成，臼齿后来形成？为什么臼齿不脱落，而前齿脱落并且重新生长？我们应当认为，在《论动物生成》中研究这些问题的原因是十分恰当的。

德谟克里特讨论了这些问题，但并不正确，因为他给出了普遍性的原因，而没有探究全部事实。他说，早生的牙齿脱落是因为它们生成得太早，因为只有当动物接近成熟时它们才根据自然或本性长出牙齿。吃奶是造成早生牙齿脱落的原因。然而，猪也吃奶，但并不换齿；再者，所有锯齿动物同样也吃奶，但除了犬类之外的某些种类并不换齿，如狮子。德谟克里特的错误在于他在没有考察全部事实的情况下作出了普遍性的陈述。这恰恰是我们应当注意的问题，因为任何试图作出普遍陈述的人必须将之诉诸所有事实。我们根据观察经验提出：自然在各种可能的情况下既不会不做任何事情，又不会无目的地做任何事情。如果在哺乳期结束后动物要摄取食物，那它必然应当具有处理食物的工具。如果像德谟克里特所说的那样，这种情况发生在动物的成熟期，那么自然就没有完成它可能完成的工作，那么自然的活动就会与自然本身相悖，因为由强力完成的事情意谓着与自然相悖，而德谟克里特声称最早的牙齿乃是由强力生成的。因此显然，由这些以及其他事实可以表明德谟克里特的观点是不正确的。

前齿比臼齿生成得早，首先因为其功能发生得早（因为分割早于磨碎，臼齿用于磨碎，前齿用于切割）；其次因为较小的东西在本性上比较大的东西形成得迅速，即使两者同时开始也是这样，前齿比臼齿小，因为颌骨在这一部位比较
789a 扁平，在靠近嘴的部位比较狭窄。因此，从较大的部分中必然流出更多的营养形成牙齿，从较窄的部分中则流出较少的营养形成牙齿。

吮吸本身无助于牙齿的形成，但乳汁的热量会使牙齿出来得更快一些。事实表明：在吃奶的种类中，那些可以享用较热乳汁的子代其牙齿生长得迅速，因为热量可以加速生长。

前齿形成后会脱落，一方面这是因为脱落更好，因为尖锐的东西往往过快地变钝，因此需要更新牙齿以便工作，而臼齿不会变钝，只会随着时间因磨擦而破损。另一方面这是出于必然之结果，因为臼齿的根扎在颌的宽阔的部分中和强劲的骨上，而前齿的根位于较薄的部分中，因此它们比较脆

弱，易被移动。它们可以重新生长，因为它们脱落时骨依然在生长，而动物此时还处于长齿的年龄。事实表明，甚至臼齿也要花长时间生长，最后的臼齿大约在 20 岁时长出。事实上，有些人年龄很大时最后的齿才生长完毕。这是因为在骨的宽阔部分中存在着大量的营养，而前面部分由于较薄很快达到完善，里面没有剩余物，营养被消耗在该部分的生长 789b
上了。

然而德谟克里特忽视了目的因，把自然的所有活动都归为必然性。当然，这些活动由必然性确定是真实的，但同时这些活动也是为了某种目的，为了各方面最好的东西而存在的。没有任何东西可以阻止牙齿以这种方式生成和脱落，然而这种情况的发生并不是根据这些原因，即运动者、工具和质料，而是根据目的因。自然以气为工具完成大部分活动是可能的，气在自然作品中有多种用途，正像技艺中的某些工具，如铁匠的锤和铁砧。但承认必然性是原因无异于认为水从水肿病人身上被排出的原因是刺血针，而不是病人的健康，但正是为了病人的健康，刺血针才进行切割。

我们已经讨论了牙齿，讨论了为什么某些可以脱落和再生，某些则不能，一般说来出于什么原因它们得以生成。我们还讨论了影响躯体某些部分的种种状态，这些状态不是为了终极目的而存在，而是出于必然性，根据动力因而存在。